W0073769

Der Einbruch der sexuellen Zwangsmoral

Liebe, Arbeit und Wissen sind
die Quellen unseres Lebens.
Sie sollten es auch beherrschen.

Wilhelm Reich

Der Einbruch der sexuellen Zwangsmoral

Zur Geschichte der sexuellen Ökonomie

Kiepenheuer & Witsch

© 1972 by Mary Boyd Higgins as Trustee of the Wilhelm Reich Infant Trust Fund. Published in English by Farrar, Straus & Giroux, Inc. as THE INVASION OF COMPULSORY SEX-MORALITY, © 1971 by Mary Boyd Higgins as Trustee of the Wilhelm Reich Infant Trust fund. A substantial portion of the text was published in different form in the German language as DER EINBRUCH DER SEXUALMORAL · ZUR GESCHICHTE DER SEXUELLEN ÖKONOMIE, © 1932, 1935 Verlag für Sexualpolitik. Present edition, revised and with a new foreword by the author, *never* previously published in the German language.

Die erste Ausgabe von DER EINBRUCH DER SEXUALMORAL wurde vom Autor 1932 veröffentlicht. Ihr folgte 1935 eine zweite erweiterte Ausgabe. 1950 übersetzten zwei Lehrer aus der Schweiz freiwillig diese spätere Ausgabe ins Englische und schickten das Manuskript an Reich. Da Reich die Publikation erwartete, machte er ausgiebige Korrekturen und Revisionen in diesem Übersetzungsentwurf und erweiterte den Titel, indem er das Wort »compulsory« einschob und ein neues Vorwort mit der Datierung 1951 einfügte. Alle diese Änderungen, von Reich in Englisch geschrieben, wurden nachträglich ins Deutsche übersetzt und bilden zusammen mit der deutschen Ausgabe von 1935 den endgültigen Text der vorliegenden Ausgabe.

Mary Higgins, Trustee
The Wilhelm Reich Infant Trust Fund
New York, New York 1971

Alle deutschsprachigen Rechte bei
Verlag Kiepenheuer & Witsch Köln
Gesamtherstellung Druckerei Am Fischmarkt Konstanz
Schutzumschlag Hannes Jähn Köln
Printed in Germany 1972
ISBN 3 462 00852 8

Inhalt

I. Die Herkunft der Sexualverdrängung

II. Das Problem der Sexualökonomie

Vorwort zur dritten Auflage

Das klinische und ethnologische Material für dieses Buch wurde zwischen 1920 und 1930 zusammengestellt. Es wurde abgerundet durch das ungewöhnliche Material, das Bronislaw Malinowski 1930 in seinem umfassenden Buch »Das Sexualleben der Wilden« vorlegte. Meine Arbeit über den Ursprung der menschlichen Sexualmoral wurde im September 1931 geschrieben, mitten in dem sozialen Aufruhr, der die deutsche Republik vor Hitlers Machtübernahme erschütterte; und die starke politische Tendenz des Buches geht auf die Erfahrungen dieser Zeit zurück. Nichts von dem, was unsere soziale Existenz in jener Zeit (1930–45) erschütterte, hat im *politischen* Sinn überlebt. Die Fakten jedoch über die Geschichte der menschlichen Charakterentwicklung haben nicht nur die letzten zwanzig Jahre überlebt, sondern an Konsequenz und sozialem Einfluß zugenommen, und das ist, auf lange Sicht, die wahre soziale Macht.

Die scharfe Diskrepanz zwischen dem Geschrei eines grausamen politischen Vaganten und der ruhigen Wirksamkeit einer Arbeit über Grundprobleme der menschlichen Natur mag heute als Warnung dienen, wenn ein anders gefärbter, aber grundsätzlich ähnlicher politischer Lärm unsere friedlichen Bestrebungen stört, zu lernen und den Weg zu neuen Existenzformen, den die Menschheit in den letzten Jahrzehnten genommen hat, immer besser zu bestimmen. In einigen Jahren wird der große Lärm wieder abebben, und die Menschheit wird, wie wir jedenfalls hoffen, ihren Weg weniger qualvoll fortsetzen.

Kein einziger soziologischer Begriff, der einmal von großer Bedeutung war, kann heute gebraucht werden, ohne Verwirrung zu stiften. Daran sind die *Prostituierten der Politik* schuld, die mit der »Freiheit hausieren« gingen und denen es gelungen ist, jede Spur eines klaren, ehrlichen Denkens, dem es nur darum geht, Fakten aufzudecken, zu zerstören. Für sie ist jeder Begriff ein Mittel politischen Betrugs geworden. In diesen Jahrzehnten haben wir angefangen, uns damit zu beschäftigen, den Zwang des Menschen zur Unterwerfung und Führervergötzung zu verstehen. Ohne überhaupt zu wissen, was sie tun, mißbrauchen die Führer die sexuellen und mystischen Glücksbedürfnisse des hilflosen

Massenindividuums. Deshalb hat sich die *soziale Sexualökonomie* seit Anfang der zwanziger Jahre dem Studium dieses sozialen Phänomens zugewandt, das völlig neu ist und mit dem sich die Soziologie vorher nie beschäftigt hat. Die neue Methode des massenpsychologischen Denkens entwickelte sich jedoch natürlich im alten Rahmen sozialer Forschung und Terminologie. Nichts kann besser die fortschreitende Auflösung der alten Perspektiven und das Deutlichwerden des neuen massenpsychologischen Aspekts der sozialen Umwälzung in den letzten dreißig Jahren zeigen als die Untauglichkeit jedes Begriffs, der sich auf die alte Terminologie bezieht, und die Bestätigung der neuen massenpsychologischen (sexualökonomischen) Denkweise. So konnten die meisten Begriffe, die in den letzten zwanzig Jahren veralteten, eliminiert werden, ohne im geringsten den sexualökonomischen Kontext des Buchs zu verändern. Die ökonomistischen Bewegungen, die durch den Einfluß von Karl Marx auf die Soziologie entstanden sind, haben durch das Hervortreten eines neuen menschlichen und sozialen Problems die Basis ihrer Wirksamkeit verloren. Die großen Schwierigkeiten, denen diese Bewegungen weiterhin bei ihrer Durchsetzung, in welchem Land auch immer, begegneten, spiegeln ihre Hilflosigkeit in menschlichen und sexuellen Fragen wider. Der Bereich der menschlichen und sozialen Probleme ist weit tiefer und umfassender als der, mit dem sich die Marxsche Ökonomie befaßt. Die Zeit geht weiter, und die politischen Bewegungen treten auf der Stelle. Neue menschliche Bestrebungen zeigen sich und korrigieren die Trends im öffentlichen Bewußtsein des sozialen Prozesses.

Das Problem ist heute nicht mehr, daß es Unterdrückung und Sklaverei gibt und die Befreiung von jeder Art Unterdrückung notwendig ist. Das ist für alle – Konservative, Liberale und Sozialisten – selbstverständlich. Das Problem ist, wie sich die Menschen damit abfinden und warum sie irrational jenen Politikern folgen, die die Unterdrückung vermehren und die wichtigen menschlichen Probleme völlig aus der öffentlichen Diskussion ausschließen. *Was geht in den Menschen vor, daß sie dem ganzen politischen Unsinn folgen:* das ist das Problem der Jahrhundertmitte und wird die größte Sorge in den kommenden Jahren bleiben.

Dieses Buch war der erste Schritt zu einer Antwort auf dieses Problem. Ihm folgten »Die Massenpsychologie des Faschismus«

(1933) und »Die sexuelle Revolution« (1929–35). »Die Massenpsychologie des Faschismus« wandte die Prinzipien der individuellen und sozialen Sexualökonomie auf die neue Bewegung des Irrationalismus in den Massen der Durchschnittsmenschen an. »Die sexuelle Revolution« untersuchte die Prozesse in der ersten Hälfte des zwanzigsten Jahrhunderts in bezug auf sexuelle und emotionelle Massenhygiene. Dieser neue soziale Trend ist fest verwurzelt und lebendig in dem in den Vereinigten Staaten weitverbreiteten Bewußtsein vom Problem der menschlichen Natur.

Diese beiden Hauptwerke, die sich mit der zeitgenössischen sozialen Sexualökonomie befassen, hätten nicht über zwei Jahrzehnte hinweg gültig bleiben können – wie sie es tatsächlich sind, bis zur Jahrhundertmitte und darüber hinaus –, wenn ihnen nicht eine gründliche Arbeit über die Geschichte der sozialen Sexualökonomie und Massenpsychologie, die in den zwanziger Jahren begann, vorausgegangen wäre. Die historische Untersuchung, die sich auf der klinischen Arbeit mit Patienten aufbaute, die an der Pest emotionaler Krankheiten litten (»Charakteranalyse«, 1. Aufl., 1933), führte mehrere entscheidende neue Gesichtspunkte in die Theorie der Mentalhygiene und der Bildung der menschlichen Charakterstruktur ein: *die Dynamik und Wirkung der sexualbejahenden Regulierung der menschlichen Sexualökonomie*, der erste Versuch dieser Art in der Geschichte der Wissenschaft; *die klare Unterscheidung zwischen primären, bioenergetisch bestimmten und sekundären, kulturell bedingten Trieben*, die nie zuvor dargestellt worden ist; *das Prinzip der sexualökonomischen Selbstregulierung*, im Unterschied zur »Idee« der Selbstregulierung ohne irgendein bioenergetisches Prinzip (das *bioenergetische Gesetz* der Sexualökonomie lieferte der Psychologie einige naturwissenschaftliche Prinzipien, auf denen die Forschung aufbauen konnte); *klare Bejahung und Unterstützung der Sexualität des Kindes und des Jugendlichen; die Funktion der Panzerung der menschlichen Charakterstruktur*, wie sie in patriarchalischen, autoritären Zivilisationen gefördert wird (vgl. »Charakteranalyse«, 3. Aufl., 1949).

Diese neuen Prinzipien in der Theorie der menschlichen Charakterbildung, gleichzeitig bestätigt durch und gestützt auf *ethnologisches, klinisches* und *soziologisches* Material, haben das Wissen von der menschlichen Natur – das bis jetzt unterdrückt war durch Mangel an wissenschaftlichen Prinzipien, durch Mystizismus, moralistisches Vorurteil und erzieherische Brutalität gegenüber Kindern und Jugendlichen – in die Kanäle eines rationaleren Verfahrens geleitet, mit Hilfe eines biosoziologischen Denkens, das sich langsam und vorsichtig in der Jahrhundertmitte vor allem in den USA herauszubilden begann.

Obgleich die frühe orgonomische (sexualökonomische) Pionierarbeit den Weg für ein *lebensbejahendes, sexualpositives Verhalten* in der Mentalhygiene der zwanziger und frühen dreißiger Jahre dieses Jahrhunderts gebahnt hat, wird die allgemeine Entwicklung der Arbeit auf diesem Gebiet aufgehalten durch die Furcht, das heiße Eisen zu berühren, das ich aus dem Feuer eines überalterten, vorurteilsvollen Moralismus in Psychiatrie und Soziologie genommen und zwei volle Jahrzehnte allein getragen habe. Aber das Ergebnis ist die unentwegte Anstrengung wert. Der Umschwung in der Mentalhygiene wird bleiben und zu weiteren Kenntnissen führen. Der lebensbejahende, nichtmoralistische, rationale Trend in Biopsychiatrie und Soziologie umgeht ruhig und bestimmt, was übriggeblieben ist von dem alten, überalterten, vorurteilsvollen Denken in Dingen der »menschlichen Natur«.

Die Entdeckung der *Lebensenergie (Orgonenergie)* in den späten Dreißigern gab schließlich den allgemeinen Anstrengungen weiteren Anstoß, der *emotionellen Pest,* die das menschliche Leben und die Zivilisation so lange Zeit heimgesucht hat, Herr zu werden. Die Grundlagen für diese Struktur in der Medizin, Erziehung und Soziologie geschaffen zu haben, ist Lohn genug.

W. R.

Orgonon, Rangeley, Maine, USA
Juli 1951

Vorwort zur zweiten Auflage

Die seit dem Erscheinen der ersten Auflage verflossene Zeit brachte zu den hier vertretenen Anschauungen zwei wichtige Bestätigungen: erstens die familienpolitischen Maßnahmen des Nationalsozialismus in Deutschland, die sich der patriarchalischen Ideologie des Faschismus und seiner Art, sich gesellschaftlich zu reproduzieren, restlos einfügen; ich behandelte sie in einer mittlerweile erschienenen Schrift »Massenpsychologie des Faschismus« (Verlag für Sexualpolitik, Kopenhagen 1934, II. Aufl.); zweitens die Ergebnisse der Roheim'schen Expedition, die die Theorie vom Einbruch der Sexualmoral in die primitive Kultur auf eine breitere empirische Basis stellen, als es bisher möglich war; sie tun es freilich ohne den Willen Roheims, ja gegen seine eigene theoretische Grundposition. Dies nachzuweisen, ist die Aufgabe des »Nachtrags«.
Im übrigen erscheint die Schrift wenig verändert.

Im November 1934   *Wilhelm Reich*

Vorwort zur ersten Auflage

Die vorliegende Untersuchung eines Abschnitts aus der Geschichte der sexuellen Ökonomie will ein Stück Grundlage einer zielbewußt sozialen Sexualökonomie sein. Es ist notwendig, mit einer Übersicht einzuleiten, die den Werdegang der Fragestellung, die diesem Buch zugrunde liegt, verständlich macht.

Von der Naturwissenschaft zur Psychiatrie und Psychoanalyse gelangt, gewann ich den stärksten Eindruck von den Möglichkeiten der kausalen, also theoretisch wohlfundierten psychoanalytischen Therapie der seelischen Leiden, die so vorteilhaft von den rein intuitiven oder gar den oberflächlichen Persuasionsmethoden der alten Schulen abstach. War auch die psychoanalytische Therapie weit hinter der Theorie der Neurosen zurückgeblieben, so ergab sich doch bei der ersten Vertrautheit mit dem Stoff eine Fülle von Möglichkeiten zur Vereinheitlichung von psychologischer Theorie und psychotherapeutischer Praxis. Man wußte doch, daß man eine Neurose verstehen mußte, um heilen zu können, und konnte sich darauf stützen, auch wenn der therapeutische Alltag einen sehr oft mit Mißgeschick bei den Heilungsversuchen überhäufte. Bald zeigte es sich, und zwar in dem Maße, wie die therapeutischen Fragen theoretisches Interesse weckten, daß es keinen besseren Zugang zum Verständnis der noch reichlich ungelösten Fragen der Neurosenentstehung gibt als die konsequente Verfolgung der Frage: Wie kann die kranke psychische Apparatur in eine gesunde verwandelt werden? Die Beobachtung des lebendigen Prozesses der Wandlung der psychischen Mechanismen im Verlaufe einer Behandlung war unausgesetzt von der Frage begleitet, wodurch sich der psychisch Gesunde vom psychisch Kranken unterscheidet. Sie enthüllte weitere Einblicke in die Dynamik der psychischen Apparatur.

Freuds ursprüngliche Formel: die Neurose ist ein Produkt einer mißglückenden sexuellen Verdrängung, die erste Voraussetzung ihrer Heilung ist daher die Aufhebung der Sexualverdrängung und die Befreiung der verdrängten sexuellen Ansprüche, führte zur nächsten Frage: Was geschieht mit den befreiten Trieben? In der psychoanalytischen Literatur gab es im ganzen zwei Antworten auf diese Frage: 1. Die bewußt gewordenen Sexualwünsche lassen sich beherrschen oder verfallen der Verurteilung. 2. Die Sublimierung der Triebe ist ein wichtiger therapeutischer Ausweg. Von der Notwendigkeit der direkten sexuellen Befriedigung war nirgends die Rede. Im Laufe mehrerer Jahre, die reichlich Erfahrungen brachten, konnte man feststellen, daß die überwiegende Mehrzahl der Kranken nicht über die Sublimierungsfähigkeit verfügt, die zur Heilung einer seelischen Krankheit notwendig ist. Die Beherrschung und Verurteilung befreiter infantiler Triebansprüche erwies sich immer dann bloß als frommer Wunsch, wenn das Sexualleben nicht in Ordnung kam, das heißt, wenn die Behandlung dem Kranken nicht die Fähigkeit gegeben hatte, befriedigenden und regelmäßigen Geschlechtsverkehr aufzunehmen. Es stellte sich bald nicht nur heraus, daß es keine Neurose ohne genitale Störungen und grobe Zeichen der sexuellen Stauung gibt, daß also die seelische Erkrankung durch die Fixierung kindlicher Sexualpositionen die normale genitale Organisation und dadurch einen geordneten sexuellen Haushalt nicht zustande kommen läßt; die Herstellung der vollen genitalen Organisation *und der genitalen Befriedigung* erwies sich vielmehr als der wesentlichste und unerläßliche heilende Faktor. Ist doch die genitale Befriedigung allein imstande, im Gegensatz zu den nichtgenitalen sexuellen Antrieben die sexuelle Stauung zu beheben und dadurch den neurotischen Symptomen die Energiequelle zu entziehen. War man einmal so weit, glaubte man schon, den Schlüssel zur sexuellen Ökonomie und damit zur Therapie der Neurose gefunden zu haben, so belehrten einen die weiteren Erfahrungen, daß man zwar die genitale Organisation auch bei manchen sehr schweren Fällen herstellen konnte, daß sich aber die Umgebung, in der der Kranke und nun Genesende lebte, seiner Heilung widersetzte. Das geschah und geschieht in den verschiedensten Formen. Das unverheiratete 17- oder 18jährige Mädchen war betreffs Keuschheit aufs strengste bewacht, wenn sie einem bürgerlichen Elternhause entstammte, oder die sozialen Verhältnisse waren so desolat im Falle des proletarischen Mädchens (Wohnungsfrage, Empfängnisverhütungsfrage, sehr oft strenge moralistische Einstellung auch der Eltern), daß der mühsam aus der Neurose sich herausarbeitende Kranke vor den Schranken, die die Gesellschaft dem Sexualleben zieht, in die vielen Bequemlichkeiten seiner Neurose zurückfliehen konnte. Er war an der sexuellen Versagung in der Kindheit gescheitert und konnte jetzt wegen der äußeren Versagung der Genitalität nur mit Mühe oder gar nicht zur Genesung gelangen. Der Fall lag kaum anders bei der unglücklich verheirateten Frau, die ökonomisch vom Manne abhängig war oder Rücksicht auf Kinder zu nehmen hatte. Bald stellte es sich auch heraus, wie schwer es für einen in Heilung begriffenen neurotischen Menschen ist, einen geeigneten Partner zu finden. Die Potenzstörungen und sexuellen Rücksichtslosigkeiten der Männer, die sexuellen Störungen und charakterlichen Verbiegungen der Frauen, die als Partner im Sexualleben das Heilungswerk der Behandlung vollenden sollten, wurden ein neues Problem. Es wurde klar: Die gleichen gesellschaftlichen Bedingungen, die seinerzeit im Kindesalter die Neurose geschaffen hatten, widersetzten sich jetzt beim Erwachsenen, wenn auch in anderer Form, seiner Genesung. Dazu kam die zuerst merkwürdig anmutende Kritik, die meine Behauptung, ohne die Herstellung eines befriedigenden genitalen Liebeslebens gäbe es keine Gesundung von einer Neurose, bei den Kollegen hervorrief. Man wehrte sich dagegen, schob die Sublimierung oder die Notwendigkeit der Resignation auf sexuelles Glück als wesentlichen Faktor in den Vordergrund, kurz, man spürte immer mehr: Hier wirkte die gesellschaftliche Schranke. Und die Vernachlässigung dieses Problemgebietes in der bisherigen Fachliteratur schien sich angesichts der Vordringlichkeit der klinischen Tatsachen aus den gleichen Motiven zu erklären: *Die konsequente kausale Therapie der Neurosen forderte in den allermeisten Fällen Überwindung des gesetzten gesellschaftlichen Moralismus seitens des Patienten.* Davor schreckte man zurück. Und die wiederholte, jahrelang fortgeführte Kontrolle der therapeutischen Formel brachte immer wieder das Ergebnis: die Neurose ist ein Produkt der Sexualverdrängung und der Stauung der sexuellen Energie, ihre Heilung setzt Aufhebung der Verdrängung und gesundes genitales Leben voraus; und alles, worauf man im gesellschaftlichen Leben stieß, widersprach der praktischen Durchführung dieser strengen Formel.

Dazu kam die Schwierigkeit, daß die überwiegende Mehrzahl der Menschen unserer Kulturkreise mit sexuellen und neurotischen Störungen verseucht ist; und da die einzige kausale Therapie, die Psychoanalyse, sehr lange Zeiträume beansprucht, ergab sich die Frage der Neurosenprophylaxe von selbst. Es hatte wenig Sinn, der individuellen Therapie die ganze Aufmerksamkeit zu schen-

ken; man mußte sich nur wundern, daß die Frage der Neurosenprophylaxe nicht einmal angeschnitten war, und wenn dies gelegentlich der Fall war, mit allgemeinen Redensarten erledigt wurde. Es kam also auf die Frage an: Wie sind Neurosen zu verhü-
ten? Die offizielle Psychopathologie hielt nach wie vor, trotz
Freud, an der Erstrangigkeit der hereditären Ätiologie fest. Daß
diese falsche und fruchtlose Anschauung soziologisch begründet
ist in der Notwendigkeit der reaktionären Wissenschaft, insbesondere der Hereditätslehre, von den Außenweltbedingungen ab-
zulenken, wurde durch das Studium der Marxschen Soziologie
später vollends klar.

Zu *Marx* führte ein gerader Weg, nachdem man einmal die sexuellen Daseinsbedingungen des Menschen als Verursacher der
Neurosen in der Kindheit und als die erschwerenden Faktoren der
Heilung später erkannt hatte. Das Problem zerfiel in einige getrennte Fragestellungen. *Freud* hatte im Konflikt des Kindes mit
den Eltern, insbesondere in seinen sexuellen Anteilen, im Ödipuskomplex, das Kernelement der Ätiologie der Neurosen erkannt. Warum wirkte die Familie in dieser Weise? Die Neurose
entsteht aus dem Konflikt zwischen Sexualität und versagender
Außenwelt. Die Sexualverdrängung kommt also aus der Gesellschaft. Die Familie und die ganze Erziehung setzt die Sexualverdrängung mit allen Mitteln durch. Warum geschieht das? *Welche
gesellschaftliche Funktion hat die Familienerziehung und die von
ihr bewirkte Sexualverdrängung?*

Freud behauptete, die Sexualverdrängung sei die wichtigste Voraussetzung der kulturellen Entwicklung; Kultur baue sich auf
verdrängter Sexualität auf. Eine Zeitlang konnte man sich damit
zufriedengeben, aber man konnte auf die Dauer nicht übersehen,
daß der sexuell kranke Mensch und der Neurotiker in kultureller
Hinsicht lange nicht an den sexuell gesunden und befriedigten
heranreicht. Von der Klassenfrage war man noch weit entfernt.
Aber die Behandlung von Arbeitern und Angestellten am psychoanalytischen Ambulatorium brachte die so völlig verschiedene
Welt der ärmeren Schichten näher, ein sexuelles und materielles
Leben, das sonderbar abwich von der Umgebung, die man in der
Behandlung der gut zahlenden Privatpatienten kennenlernte: andere sexuelle Anschauungen und doch daneben die gleichen, die
man bei der Mittelklasse fand. Vor allem verblüffte die sexuell
und auch sonst zerrüttende Familienerziehung aller Klassen. Und

die Psychoanalyse hatte bisher so wenig, und wenn, so völlig unzureichende und milde Kritik an dieser Erziehung geübt. Die tägliche Erfahrung aber zeigte, daß die Psychoanalyse das schärfste Instrument zur Kritik der Sexualerziehung war. Warum wurde es nicht benützt? Es konnte nicht stimmen, daß die Erziehung, dieses Zerbrechen der kindlichen Sexualität, dieses Elend der Pubertätsjahre, die genitale Unterdrückung in der Ehe, mit einem Worte, daß alle Erscheinungen der Gesellschaft, die die Sexualverdrängung in den einzelnen Menschen durchsetzen und eine Volksseuche schufen, Vorbedingung der kulturellen Entwicklung sein sollten. Am psychoanalytischen Ambulatorium und an der psychiatrischen Klinik bekam man die seelischen Störungen en masse zu Gesicht. War man nicht durch den Beruf einseitig eingestellt worden? Man begann, die nähere und weitere Umgebung, in der man lebte, abzusuchen. Überall, von vereinzelten Ausnahmen abgesehen, die gleiche Verzerrung des Sexuallebens, die gleiche Seuche der Neurosen in verschiedensten Abwandlungen, hier als Hemmungen der Aktivität eines talentierten Menschen, dort als Ehegezänk, an anderer Stelle als Charakterverbiegung, und überall Genitalstörungen, Symptom- und Charakterneurosen, auch bei Menschen, bei denen man sie nie vermutet hätte. *Freud* hatte recht mit seiner Behauptung, daß er die ganze Menschheit zum Patienten habe. Er hatte die Neurose klinisch verstehen gelehrt, aber keine Konsequenzen gezogen. Aus welchem gesellschaftlichen Grunde also wurden die Menschen zu Neurotikern gemacht? War es immer so gewesen?

Es dauerte geraume Zeit, bis sich der Satz: die Sexualverdrängung kommt aus der Gesellschaft, nach Ablehnung des Freudschen: sie gehört zur kulturellen Entwicklung der Gesellschaft, zur weiteren Frage ausbaute: *»Welches Interesse hat die Gesellschaft an der Sexualverdrängung?«* Die Soziologie gab keine Antwort außer dem stereotypen »Kultur braucht Sittlichkeit«. Bei *Marx* und *Engels* eröffnete sich endlich eine Fülle von Einblicken in das Getriebe unseres materiellen Seins, und man mußte zunächst staunen, daß man Mittel- und Hochschule absolviert hatte, ohne je davon gehört zu haben. Später begriff man es ja.

Klasseninteresse und Klassenkampf bestimmen also unser gegenwärtiges Dasein, auch die Philosophie, auch die Wissenschaft; hinter ihrer »Objektivität« wirkt Klasseninteresse. Die Moral ist ein jeweils entstehendes und vergehendes gesellschaftliches Produkt und steht im Klassenstaat im Dienste der herrschenden Klasse. *Engels'* »Ursprung der Familie« führt in die Ethnologie. Die Moral hat sich also aus bestimmten anderen Formen entwickelt, und die Familie stand nicht, wie behauptet wurde, am Ursprung der Zivilisation. *Morgan* befriedigte durch seine historischen Neuentdeckungen. Aber seine Befunde und die gesamte Konzeption der Marx-Engelsschen Theorie widersprachen »Totem und Tabu« in der Grundauffassung des gesellschaftlichen Prozesses. *Marx* behauptete, daß die materiellen Daseinsbedingungen fortlaufend die Wandlung der moralischen Anschauungen bestimmen, was sich aus jedem Alltagserlebnis klar bestätigte. *Freud* leitete die Moral aus einem einmaligen Geschehnis aus dem Urvatermord ab, dort sollte das Schuldgefühl in die Welt gekommen sein; dieses Ereignis sollte die Herkunft der Sexualverdrängung erklären. Er erklärte zwar die Sexualverdrängung aus einem gesellschaftlichen Ereignis, aber dieses Ereignis war nicht aus den Seinsbedingungen abgeleitet, sondern nur aus der gewalttätigen Eifersucht des Urvaters. Diese Frage erwies sich als der kardinale Punkt der gesamten Fragestellung. Sie blieb in engster Verbindung mit dem praktischen Interesse an der Neurosenprophylaxe. Wenn *Freud* recht hatte, wenn die Sexualunterdrückung und Triebeinschränkung zur Entwicklung der Zivilisation und Kultur überhaupt gehörten, wenn weiter, woran kein Zweifel war, die Sexualunterdrückung die Neurosen en masse schuf, so stand die Angelegenheit der Neurosenprophylaxe hoffnungslos. Wenn aber *Morgan* und *Engels* eine richtige Darstellung der Geschichte der Familie gegeben hatten, so mußte sich ja die Moral wieder einmal wandeln und damit konnte auch die Frage der Neurosenprophylaxe und im weiteren auch die Frage der sexuellen Verelendung zu einer Lösung kommen. Konnte –, mußte aber nicht, denn es blieb fraglich, ob die weitere Wandlung der Moral eine den Anforderungen der sexuellen Ökonomie entsprechende sein würde.

Man mußte, um sich über die Soziologie der Perversionen, der Störungen, der sexuellen Dissozialität zu unterrichten, das reale Sexualerleben des Primitiven kennenlernen. Die sexuologische und ethnologische Literatur gab eine Überfülle an Berichten; es stand fest, manche primitiven Völker lebten anders, andere aber sollten die gleichen moralischen Anschauungen, besonders betreffs Ehemoral, wie unsere Kulturkreise haben. Es ergab sich keine Lösung, denn die Berichte widersprachen einander, waren verzerrt durch moralische Wertungen, oder sie offenbarten den lebhaften Wunsch der Autoren, unsere moralischen Satzungen zu rechtfertigen, sei es, daß die einen, wie etwa *Westermarck*, die Ewigkeit der Familien- und Eheordnung zu beweisen versuchten, sei es, daß die anderen unseren »Fortschritt« über das »wilde« Stadium und die »Zügellosigkeit« priesen (*Ploss* u. a.). Aber daneben gab es lyrische Berichte über das sexuelle Paradies der Primitiven gleichzeitig mit dem Jammern der wissenschaftlichen und ethischen Literatur über den Niedergang der Moral unserer Zeit. Die Eindrücke waren zunächst nur verwirrend. Fest stand nur, daß das Gros der ethnologischen Literatur moralistisch befangen war, daß die Primitiven, jedenfalls manche von ihnen, andere Anschauungen hatten und die Sexualität anders erlebten, und daß die Arbeiterklasse neben der Mittelklassen-Sexualmoral ebenfalls eigene, von denen der Mittelklasse verschiedene Ansichten produzierte.

Es lag gewiß nahe, genaue Kenntnis von der Umwälzung der sexuellen Ideologien in dem Arbeiter- und Bauernstaat Sowjetrußland erlangen zu wollen. Die reaktionäre Presse jeder Art tobte über den Untergang der Kultur und der Moral durch die soziale Revolution. Der Wortlaut der sowjetischen Sexualgesetzgebung verblüffte dagegen durch seine Selbstverständlichkeit und Einfachheit, durch seinen kompletten Gegensatz zur reaktionären Sexualgesetzgebung und durch den Mangel jedes Respekts vor den bisher meist behüteten »Errungenschaften der Kultur« und der »sittlichen Natur« des Menschen. Abtreibung freigegeben, ja legalisiert, staatlich befürsorgte Empfängnisverhütung, sexuelle Aufklärung der Jugend, Abschaffung des Begriffs »unehelich«, praktische Aufhebung des Ehezwangs, Aufhebung der Strafe für Inzest, Beseitigung der Prostitution, wirkliche Gleichstellung der Frau und vieles andere, welches klar zeigte: *Die Moral wandelte sich, und zwar im Sinne der Sexualbejahung,* also der völligen Umkehrung des Bisherigen. Aber die reaktionäre Presse und Wissenschaft rasten weiter wegen des »Niederganges der Kultur«. Hatte also *Freud* mit seinem Satze doch recht? Ein Besuch in der Sowjetunion lehrte auf den ersten Blick, daß nicht nur von Untergang der Kultur keine Rede war, sondern daß sich merkwürdigerweise drüben eine moralische Atmosphäre kundgab, die zunächst asketisch anmutete. Keine sexuelle Aufdringlichkeit auf der Straße, alles zurückhaltend, ernst, die Prostitution zwar noch vorhanden, aber im Stadtbild nicht zu bemerken, hier und dort am Abend Pärchen auf den Bänken, aber lange nicht wie in Wien oder Berlin. In den geselligen Zusammenkünften Mangel sexueller Anspielungen und Zoten, die unsere verschiedenartigen Zirkel kennzeichnen. Dazu sonderbare Anekdoten: Wagt es ein Mann, eine Frau nach Art unserer Gegenden auf das Gesäß zu schlagen oder in die Wange zu kneifen, so kann er leicht, wenn er Parteiangehöriger ist, vor das Parteigericht kommen; aber die Frage, ob man sexueller Partner sein wolle, wurde immer mehr offen und unumwunden gestellt; sexuelle Gemeinschaft ohne Kniffe, Genitalität der Frau Selbstverständlichkeit. Eine Bekannte im achten Monat der Schwangerschaft, aber noch nie hat sie jemand nach dem Vater des Kindes gefragt. Eine Familie nimmt einen Gast auf, der Raum reicht nicht aus, worauf die sechzehnjährige Tochter vor den Eltern offen und freimütig sagt: »Ich werde zu X. (ihrem Freund) schlafen gehen.« Zwei Komsomolzen melden sich beim Alimentenamt mit der Bitte, beide zur Zahlung zu verpflichten, denn sie hätten beide mit dem Mädel geschlafen und kämen also beide als Väter in Betracht. In den Kliniken für Geburtshilfe offizielle Schwangerschaftsunterbrechung. Im Kulturpark ganz öffentlich, jedem Jugendlichen zugänglich, Tabellen und Bildtafeln über Zeugung, Geburt, Schwangerschaftsverhütung und Geschlechtskrankheiten. Daneben bei den alten Ärzten die gleiche Sexualscheu wie bei uns, die Sexuologie noch vielfach in Händen von moralisierenden und sexualpsychologisch ungebildeten Urologen und Physiologen. Widersprüche, aber die Gesamtheit verändert, und zwar sexualbejahend, mit selbstverständlicher Einstellung zu diesen Fragen, nur in manchen Kreisen der Akademiker und älteren Staatsfunktionäre die alte Art bis zur pfäffischen Ehemoral. Eine deutliche Veränderung, noch weit entfernt von endgültigen Formen, aber klar die ökonomischen Umrisse einer künftigen sexuellen Hygiene der Massen offenbarend in den grandiosen wirtschaftlichen Anstrengungen, die Gesamtheit der Gesellschaftsmitglieder durch Steigerung des Lohnes und durch Verkürzung der Arbeitszeit sowie durch kulturelle Massenbildung und Kampf gegen die Religion auf ein hohes kulturelles Niveau zu heben[1]. Trotz dieser Wandlung im objektiven sexuellen Sein wurde der Mangel einer

1. (1934). Dieser Prozeß stieß seither auf schwere Hindernisse und machte teilweise einer Rückentwicklung zu autoritären Regelungsversu-

entsprechenden Sexualtheorie deutlich spürbar. Die Psychoanalyse wurde wegen ihrer falschen soziologischen Extratouren und wegen mancher reaktionären Publikation von Analytikern abgelehnt; sie hatte ja auch von den großen Umwälzungen, die hier vor sich gingen, keine Kenntnis genommen. In den letzten Jahren hatte ferner innerhalb der Psychoanalyse ein deutlicher Rückzug von der strengen und umwälzenden Libidotheorie stattgefunden. Mit *Freuds* ersten Arbeiten über das Ich und den Todestrieb setzte eine Flut von Versuchen ein, die Neurosentheorie zu entsexualisieren und in die Terminologie der Theorie vom Todestrieb zu übersetzen; es entstanden auch Theorien, die den Ursprung des Leidens in einem biologischen »Willen zum Leiden«, im Strafbedürfnis und im Todestrieb, suchten, statt in den äußeren Bedingungen des Daseins. Man konnte als überzeugter psychoanalytischer Kliniker diesen Umschwung nicht mitmachen, weil die Klinik klar dagegen sprach und die Marxsche Soziologie das Verständnis dieses Umschwungs ermöglichte: Die Psychoanalyse, ursprünglich eine revolutionäre Sexualtheorie und Psychologie des Unbewußten, begann sich, was die Sexualtheorie anlangt, den autoritären Daseinsbedingungen anzupassen und somit reaktionär gesellschaftsfähig zu werden.

Man konnte nicht behaupten, daß man in der Sowjetunion den revolutionären Charakter der psychoanalytischen Sexualtheorie erkannt hatte oder daß man sie wegen ihrer reaktionär gewordenen Haltung ablehnte, aber die letzte erschwerte zumindest ihre Anerkennung. Die verschiedenen marxistischen Kritiker der Psychoanalyse übersahen, abgesehen von ihrer sachlichen Unorientiertheit, den Wandel in der Theorienbildung der Psychoanalyse, der sie aus einer angefeindeten in eine den Reaktionär begeisternde Disziplin verwandelte. So wie die marxistischen Gegner mit der Ablehnung der soziologischen Exkurse der Psychoanalyse auch ihre klinische Psychologie verwarfen, so bejahten marxisti-

chen Platz. Die Behandlung der sowjetistischen Sexualökonomie ist einer kommenden ausführlichen Untersuchung vorbehalten.
(1951). Inzwischen hat sich die UdSSR in Sexualfragen völlig reaktionär zurückentwickelt, in vollem Einklang mit der Entwicklung eines wuchernden Imperialismus, der die Welt unter dem Dogma des »Fortschritts« gefährdet. Dieses Buch, gleich vielen anderen sexualökonomischen Schriften, ist in den vom roten Faschismus beherrschten Ländern unterdrückt und verboten worden.

sche Freunde die psychoanalytische Soziologie, weil ihnen die klinische Psychologie einleuchtete. Da es außer der psychoanalytischen Sexualtheorie, die abgelehnt wird, keine befriedigende Lehre von der Sexualität gibt, vollzieht sich die Wandlung des Sexuallebens in der Sowjetunion weit unbewußter, von subjektiver Lenkung weit weniger beeinflußt als etwa die Wandlung in anderen Fragen des kulturellen Seins. Wie klar und zielbewußt vollzieht sich dagegen die Vernichtung der Religion durch naturwissenschaftliche Aufklärung der Massen und durch die aufblühende Technik, die in den Händen der Werktätigen liegt! Auf Grund der ärztlichen Erfahrung war klar, daß die sexuelle Erziehung in Kindheit und Jugend ohne die analytisch entdeckten Tatsachen einen schweren Stand haben würde. Dabei fiel auf, daß die sexuell freiere Atmosphäre es manchen maßgebenden Stellen ermöglicht hatte, viele von den Tatsachen zu sehen, die die Psychoanalyse entdeckt hatte, etwa die Umsetzung sexueller Energie in Arbeitsinteresse (Sublimierung – »Pereklutschenie«); auch die Tatsache der kindlichen Sexualität war hier und dort bekannt, aber die Psychoanalyse wurde abgelehnt. In der Diskussion nach einem Vortrage am neuropsychologischen Institut in Moskau sagte ein hoher Funktionär des Volksgesundheitsamtes, daß man auf eine brauchbare Theorie der Prophylaxe der Neurosen warte. Ich mußte leider feststellen, daß es eine solche noch nicht gibt. Es stand aber fest, daß sie erarbeitet werden muß, und zwar medizinisch ebenso wie soziologisch.

Mit den ermutigenden und belebenden Eindrücken aus der Sowjetunion zurückgekehrt, ging ich an die Aufgabe heran, den aktuellen politischen Sinn der Sexualunterdrückung in der reaktionären Gesellschaft durch praktische Arbeit im engen Kontakt mit der Arbeiterbewegung festzustellen. Bald ergab sich, daß die Ehe- und Familieninstitution der fixe Punkt ist, um den sich der Kampf auf sexuellem Gebiet, vorwiegend noch unterirdisch, dreht und an dem die Sexualwissenschaft und Sexualreform scheitert. Eine Skizze dieser Frage und ihrer Lösung wurde in einer Schrift »Geschlechtsreife, Enthaltsamkeit, Ehemoral. Eine Kritik der bürgerlichen Sexualreform« (Münsterverlag 1930) entworfen. Das für die künftigen sexualsoziologischen Arbeiten vielleicht wesentlichste Ergebnis der politischen Arbeit war, daß die Sexualunterdrückung eines der kardinalen ideologischen Mittel der herrschenden Klasse zur Unterjochung der werktätigen Bevölkerung ist, und daß die Frage der sexuellen Not der Bevölkerung nur von der Freiheitsbewegung von jeglicher Form von Unterdrückung gelöst werden kann. Weniger erfreulich war die Überlegung, daß die endgültige Aufhebung der Wirkungen jahrtausendealter Sexualunterdrückung und die Einrichtung eines befriedigenden, die Neurosenseuche aufhebenden Liebeslebens der Menschen erst dann möglich sein würden, wenn die Arbeitsdemokratie in der Welt hergestellt, gefestigt und die wirtschaftliche Sicherung der Bevölkerung gewährleistet sein wird.

War so der Rahmen für die weitere Arbeit geschaffen, so mußte man sich auf eine schwierige theoretische Arbeit an den Grundlagen der sexuellen Ökonomie vorbereiten. Sie durfte keinen Augenblick den Kontakt mit der Klinik verlieren, sollte sie nicht Gefahr laufen, in leerem Herumtheoretisieren zu versanden. Man mußte ja auch mit der Verwurzelung der Sexualunterdrückung in den unterdrückten Massen selbst rechnen und hatte noch keinen richtigen Überblick über die Reaktionsart der verschiedenen Schichten der Bevölkerung auf die Aufrollung dieser Frage, zumal der Kernpunkt des Problems unzweifelhaft auf dem Gebiete der Ehe und Familie und des Genitallebens der Kinder und Jugendlichen lag. Die mehrjährige Erfahrung durch Arbeit auf sexualpolitischem Gebiet und in eigens dazu gegründeten Sexualberatungsstellen überzeugte davon, daß die Menschen auf Antwort in dieser Frage ebenso brennend warten wie in der des unmittelbaren wirtschaftlichen Lebens. Gegenwärtig überzieht sich Deutschland mit einer jungen, aber entschlossen sexualpolitischen Bewegung unter revolutionärer Führung.

Der Versuch, die Frage der Sexualstörungen und Neurosen historisch zu klären, wäre fast daran gescheitert, daß die bisherige ethnologische Literatur auf die inneren Erlebnisweisen, auf den Charakter der Genitalbefriedigung und auf die Frage der Neurosen keine Rücksicht genommen hatte. Wollte man sich etwa auf Bücher in der Art der »indischen Liebeskunst« von R. Schmidt stützen, so stellte sich bald heraus, daß sie unbrauchbar waren, weil sie Ratschläge und keine Beschreibung des Sexuallebens der fremden Völker gaben, auch auf die Zusammenhänge des Sexuallebens mit der Wirtschaft keine Rücksicht nahmen. Die übrige Literatur, die diese Zusammenhänge darzustellen suchte, wie bei *Cunow*, *Müller-Lyer* und anderen, verharrte bei der Betrachtung der äußeren Formen der Ehe und Familie, drang nicht bis zur genitalen Funktion und zum realen Sexualerleben vor. Überdies konnte man sich vertrauensvoll doch nur auf die Morgan-Engelssche Theorie stützen. Da erregten die Forschungen *Malinowskis*, des englischen Ethnologen, die Aufmerksamkeit dadurch, daß sie den Zusammenhang der Sexualformen und der Wirtschaft mit denen des sexuellen Lebens bei mutterrechtlichen Primitiven herstellten und das lange erwartete und gesuchte Material über das reale Sexualerleben mit Einbeziehung der Neurosenfrage brachten. Seine Entdeckungen übertrafen alle Erwartungen.

Auf Grund dieses neuen Materials, das als direkte Fortsetzung der *Morgan-Engelsschen* Forschungen imponierte, konnte man es wagen, an die ethnologische Seite des Problems der sexuellen Ökonomie heranzugehen. Die Ergebnisse bringt die vorliegende Schrift. Ich hoffe, daß mir in Details keine groben ethnologischen Schnitzer unterlaufen sind. Sollte dies doch der Fall sein, so kann ich nur ersuchen zu bedenken, daß ich nichts anderes tun konnte, als mich auf die erreichbare ethnologische Literatur zu stützen, da mir die Möglichkeit persönlicher ethnologischer Forschung, bisher wenigstens, nicht gegeben war. Ich hätte eine solche Möglichkeit mit Freuden ergriffen. Überdies kann ich nicht verhehlen, daß ich, vorausgesetzt, daß meine historische Grundauffassung der sexuellen Ökonomie richtig ist, einige Fehler in Details nicht gar zu tragisch nehmen könnte, da mich das Studium der ethnologischen Literatur überzeugt hat, daß Fachwissen nicht vor groben Irrtümern in Fragen des Geschlechtslebens schützt.

Berlin, im September 1931   *Wilhelm Reich*

I. Die Herkunft der Sexualverdrängung

I. Die sexuelle Ökonomie in der Mutterrechtlichen Gesellschaft

Im Jahre 1929 erschien von dem englischen Professor der Ethnologie, *Bronislav Malinowski,* der mehrere Jahre auf den Trobriand-Inseln in Nordwest-Melanesien die mutterrechtliche Organisation der Trobriander studiert hatte, ein ausführlicher Bericht über das Sexualleben dieser Primitiven[1].

Wir verdanken diesem Autor nicht nur die erste derartige, sondern auch die gründlichste Beschreibung der sexuellen Verhältnisse im Zusammenhang mit den wirtschaftlichen und sozialen Grundlagen, die wir im zweiten Kapitel wiedergeben werden. Wo *Malinowski* nicht ausdrücklich zitiert ist, liegen die Ergebnisse meiner eigenen Analyse vor, die sich auf seine Forschungen stützen. Diese ermöglichen uns, den *ethnologischen* Beweis für einige Gesetze der sexuellen Ökonomie zu führen.

Die sexuelle Misere in der autoritär patriarchalischen Gesellschaft ist eine Folge der zu ihr gehörigen Sexualvereinigung und -unterdrückung, welche zunächst sexuelle Stauungen bei allen ihr unterworfenen Individuen und auf diesem Wege Neurosen, Perversionen und Sexualverbrechen erzeugt. Daher muß eine Gesellschaft, die kein Interesse an der Sexualunterdrückung hat, oder historisch betrachtet, solange und insofern sie es nicht hat, frei sein von sexueller Misere. Wir können dann sagen, die Mitglieder dieser Gesellschaft leben *sexuell ökonomisch,* was keine Wertung, sondern den Tatbestand meint, daß sie einen *geordneten sexuellen Energiehaushalt* haben.

Wir werden dann zu untersuchen haben, *wie* sich das Sexualleben odnet und nehmen hier vorweg, daß es sich *durch die sexuelle Triebbefriedigung* reguliert und nicht durch moralische Normen. Wir sind darauf vorbereitet, in der sexuellen Lebensweise der Trobriander ungefähr das gerade Gegenteil von der der Mitglieder unserer Gesellschaft vorzufinden: ungestörtes Sexualleben der Kinder und der heranwachsenden Jugend und volle Befriedi-

1. »Das Sexualleben der Wilden in Nordwest-Melanesien«, Grethlein, 1930. Von dem gleichen Autor erschienen noch folgende hier benützte Werke:»Sex and Repression in Savage Society« (1927) und »Crime and Custom in Savage Society« (1926), beide Kegan, London.

gungsfähigkeit der genital Herangereiften, das heißt orgastische Potenz der Masse der Individuen.

1. DAS SEXUALLEBEN DER KINDER BEI DEN TROBRIANDERN

Beginnen wir mit der Kindheit und hören wir *Malinowski* selbst. Die Eingeborenen haben ihre ersten geschlechtlichen Erlebnisse in sehr frühem Alter.

»Der ungeordnete und sozusagen launenhafte Verkehr dieser frühen Jahre festigt sich im Heranwachsen zu dauerhafteren Beziehungen, die sich später zu festen Verhältnissen entwickeln.« (S. 38).

»Die Freiheit und Unabhängigkeit des Kindes erstreckt sich auch auf das sexuelle Gebiet. Zunächst einmal hören und sehen die Kinder vieles vom Geschlechtsleben der Älteren. Da das Haus der Eltern nicht die Möglichkeit bietet, sich abzuschließen, hat das Kind Gelegenheit, aus eigener Anschauung sich über den Geschlechtsakt zu informieren. Es wurde mir mitgeteilt, daß Kinder durch keinerlei besondere Vorkehrungen daran verhindert werden, den geschlechtlichen Vergnügungen ihrer Eltern zuzuschauen. Das Kind wird nur ausgezankt und angewiesen, den Kopf unter die Matte zu stecken.« (S. 40)

Diese Mahnung hat nicht das geringste mit Sexualverneinung zu tun, sondern bedeutet bloß eine Maßnahme zur Fernhaltung einer Störung der Koitierenden. Die Kinder können sich gegenseitig beschauen und sonst sexuell spielen, soviel sie wollen. Hervorzuheben ist, daß trotz oder besser gerade wegen der sexuellen Freiheit in der Kindheit Voyeurtum als Perversion nicht vorkommt. Daraus können alle Ängstlichen lernen, wenn sie nicht schon durch die psychoanalytische Erforschung der Perversionsentstehung überzeugt wurden, daß Freiheit des sexuellen Partialtriebes in der Kindheit nicht an sich, sondern erst unter der Bedingung sonstiger Sexualverdrängung zur Perversion führt. Weiter:

»Knaben und Mädchen haben reichlich Gelegenheit, sich von ihren Gefährten in erotischen Dingen unterweisen zu lassen. Die Kinder weihen sich gegenseitig in die Geheimnisse des Geschlechtslebens ein auf durchaus praktische Art und Weise und in sehr frühem Alter. Lange, ehe sie imstande sind, den Geschlechtsakt wirklich auszuführen, beginnt ihr frühzeitiges Liebesleben. In ihren Spielen und Zeitvertreiben befriedigen sie ihre Neugier nach Aussehen und Funktion der Geschlechtsorgane und erleben dabei, wie es den Anschein hat, ein gewisses Lustgefühl. Abtasten der Geschlechtsorgane und leichte Perversionen, wie etwa orale Reizung der Organe, sind typische Arten dieser Vergnügungen. Es heißt, daß kleine Mädchen und Knaben häufig von ihren etwas älteren Geschwistern eingeweiht werden, die sie bei ihren eigenen Liebeständeleien zuschauen lassen. Allein von dem Grad ihrer Neugier, ihrer Reife und ihres ›Temperamentes‹ oder ihrer Sinnlichkeit hängt es ab, wie sehr oder wie wenig sie sich geschlechtlichem Zeitvertreib hingeben, denn sie sind durch keinerlei elterliche Autorität gezügelt und durch keinen Sittenkodex gebunden, abgesehen von dem besonderen Stammes-Tabu.

Die Erwachsenen, ja, sogar die Eltern, verhalten sich gegenüber solch kindlicher Hemmungslosigkeit entweder völlig gleichgültig oder durchaus wohlwollend – sie finden es natürlich und sehen nicht ein, warum sie einschreiten sollten. Meistens bekunden sie eine Art nachsichtiges, belustigtes Interesse und erörtern die Liebesaffären ihrer Kinder im leichten Scherzton. Oft habe ich im wohlwollenden Geplauder Aussprüche wie etwa die folgenden gehört: ›Die und die – (ein kleines Mädchen) hat schon Verkehr gehabt mit dem und dem – (einem kleinen Jungen)‹; und wenn es sich gerade so trifft, wird etwa hinzugefügt, es sei ihre erste Erfahrung. Wird der Liebhaber gewechselt oder spielt sich sonst ein kleines Liebesdrama in der Welt der Kleinen ab, so erörtert man es halb ernst, halb scherzend. Der kindliche Geschlechtsakt, oder was ihn ersetzen muß, wird als unschuldiges Vergnügen betrachtet. ›Sie spielen eben kayta (Geschlechtsverkehr haben)‹. ›Sie schenken sich gegenseitig eine Kokosnuß, ein kleines Stück Betelnuß, ein paar Perlen oder einige Früchte aus dem Busch, und dann verstecken sie sich und kayta.‹ Doch gilt es als ungehörig, wenn die Kinder ihre Liebesgeschichten im Hause betreiben, es hat vielmehr stets im Busch zu geschehen.« (S. 41)

Alle Reigenspiele, die von Kindern beiderlei Geschlechts auf dem Dorfplatz gespielt werden, haben einen mehr oder weniger ausgesprochenen »geschlechtlichen Beigeschmack.« (S. 42)

Für unser Thema ist nicht sehr wesentlich, *daß* die Trobrianderkinder sexuell spielen; denn das tun die allermeisten Kinder unserer Kulturkreise besonders in den unteren Klassen auch (mit

Ausnahme der bereits schwer neurotisch Gehemmten); aber wie es bei der sexuellen Umarmung nicht darauf ankommt, *daß* man es tut, sondern mit welcher inneren Einstellung und in welcher sozialen Umgebung, ist es wichtig, wie die Erzieher und Eltern sich zu den Kindern, ihren sexuellen Spielen und ihrer natürlichen Motilität überhaupt verhalten. Das bestimmt ja erst letzten Endes den sexualökonomischen Wert dieser Sexualbetätigungen. Wir heben dies hervor, weil dieser Gesichtspunkt nirgends sonst gilt in der sexuologischen Literatur, die nur die Tatsache des stattfindenden Spiels registriert – oder übersieht. Erst die psychoanalytische Betrachtung der Ökonomie der Genitalfunktion lehrte, den Akt als solchen als minder wichtig zu betrachten, gegenüber der psychischen bewußten und unbewußten Einstellung, die ihn begleitet[1]. Und diese Einstellung ist, von der biologischen Seite der Sexualfunktion betrachtet, von vornherein durch den Lustmechanismus eindeutig *positiv*; erst die Haltung der sozialen Umgebung entscheidet darüber, ob sich diese ursprünglich positive Einstellung erhalten kann oder ob sie Schuldgefühlen und sexueller Angst weichen muß, die die Gesellschaft auf verschiedenartige Weise in das Geschlechtsleben hineinträgt.

Bei den Trobriandern, das steht nun fest, haben die Eltern nicht nur keine störende, sondern vielmehr eine wohlwollend freundliche Einstellung, so daß wir sagen können: Mit Ausnahme des engen Kreises, in dem das Inzestverbot gilt, besteht *keine sexualverneinende Moral*, vielmehr entwickelt sich ein eindeutig bejahendes Ich und, wie wir auch später sehen werden, ein *sexualbejahendes Ichideal*[2]. Da die Sexualität frei ist, kann das Inzestver-

1 Vgl. hierzu meine Darstellung der orgastischen Potenz in »Die Funktion des Orgasmus«, Int. Psa. Verlag 1927. »Die Funktion des Orgasmus«, Köln 1969.

2. (1934). So geringfügig der Unterschied zwischen bloßer Duldung und Bejahung des kindlichen und puberilen Geschlechtslebens äußerlich erscheinen mag, für die psychische Strukturbildung im Zögling ist er entscheidend. Man muß die heute in kleinen Kreisen übliche duldende Einstellung der Erzieher als vollgültige Sexualverneinung ansprechen. Nicht nur empfindet das Kind die Duldung als das Nichtbestrafen von etwas im Grunde Verbotenen; das bloße Dulden oder »Gestalten« des sexuellen Spiels bietet kein Gegengewicht gegen den übermächtigen Druck der gesellschaftlichen Atmosphäre. Die ausdrückliche und unmißverständliche Bejahung des kindlichen Liebeslebens seitens der Erzieher

bot nicht als Sexualeinschränkung angesehen werden. Bleiben doch der Sexualität in sexualökonomischer Hinsicht überreichlich Befriedigungsmöglichkeiten. Man kann nicht von Einschränkung der Befriedigung des Nahrungstriebes sprechen, wenn einem Menschen verboten wird, grüne Bohnen und Hammelfleisch zu essen, er aber jedes andere Gemüse und Fleisch ohne Einschränkung genießen kann. Das heben wir gegenüber den vielen Behauptungen von den Einschränkungen des Trieblebens bei den Primitiven hervor. Diese Einschränkungen haben keine ökonomisch-dynamische Bedeutung. Zur ökonomischen und dynamischen Überwertigkeit des Inzestwunsches wie auch aller anderen Triebregungen gehört doch eine Überbesetzung mit Interesse, die sich einzig und allein aus sonstiger, *allgemeiner* Triebeinschränkung ergibt. So erklärt es sich, daß dem Primitiven das Inzest*verbot* ganz bewußt ist, und nicht verdrängt werden muß, weil sich der Inzest*wunsch* nicht besonders abhebt von anderen Wünschen, solange diese befriedigt werden.

Jeder Trobrianderjunge weiß, daß er seine Schwester nicht als geschlechtliches Wesen betrachten darf. Die bewußte Vermeidung jedes engeren Kontaktes spricht für die Bewußtheit der sexuellen Regungen gegenüber der Schwester. Wäre das Sexualleben auch sonst verboten, sein Inzestbegehren würde sich infolge des örtlichen und familiären Kontaktes mit der Schwester sofort dermaßen steigern, daß eine tiefe Verdrängung des Begehrens notwendig würde, das dann eine krankhafte Lösung suchen müßte. Diese Tatbestände sind wesentlich für die Beurteilung der *Intensität* des

dagegen vermag auch dann die Grundlage sexualbejahender Ichstruktur-Bestandteile zu werden, wenn sie die gesellschaftlichen Einflüsse nicht zu entkräften vermag. Diese Anschauung will als Kritik des Verhaltens derjenigen Psychoanalytiker gelten, die den wichtigen Schritt vom Dulden zum Bejahen nicht zu machen wagen. Die Auskunft, man müsse es den Kindern überlassen, ist nichts als eine Entlastung von Verantwortung. Setzt man in der Kinder-, Jugendlichen- oder Erwachsenen-Analyse kein Gegengewicht gegen die gesellschaftlichen Einflüsse, dann bleibt die Behebung der Sexualverdrängung theoretisch. So wenig man etwas nicht organisch Gewolltes aufdrängen darf, so unerläßlich ist die Unterstützung von Tendenzen im Kinde oder Kranken, die in der Richtung der sexuellen Ökonomie wirken. Zwischen Duldung der Geschlechtlichkeit und ihrer Bejahung wirkt die gesellschaftliche Sexualschranke. Sexualität bejahen heißt die Sexualschranke überschreiten.

Inzstwunsches bei unseren Kindern. Sie ergibt sich bis zu einem unbestimmt hohen Grade neben der natürlichen Bindung an Eltern und Geschwister wesentlich aus der kompletten Versagung anderweitiger Sexualbeziehungen und, gewiß nicht in letzter Linie, aus der sexuellen Bindung der Eltern an die Kinder; diese ihrerseits wieder mitbestimmt durch die sexuelle Unbefriedigtheit der Erwachsenen.

Es ist bezeichnend für die trobriandrische Erziehung, daß auch sonst das Verhalten der Eltern zu den Kindern jener autoritären Note entbehrt, die unseren Erziehungsmaßnahmen anhaftet. Und wir kommen zu einem vollen Begreifen der innigen Beziehungen zwischen Sexualverneinung und -unterdrückung und sonstiger patriarchalischer Erziehung, wenn wir ihr Gegenteil bei den Trobriandern wie folgt schildern hören:

»Kinder genießen auf den Trobriand-Inseln beträchtliche Freiheit und Unabhängigkeit. Früh lösen sie sich los von der Bevormundung ihrer Eltern, die übrigens nie sehr streng gehandhabt wird. Manche Kinder gehorchen ihren Eltern bereitwillig, doch das hängt nur vom persönlichen Charakter beider Parteien ab: eine regelrechte Disziplin, ein System häuslichen Zwanges ist ganz ausgeschlossen. Oft war ich bei Eingeborenen zu Besuch und habe irgendein Familienerlebnis miterlebt, etwa einen Streit zwischen Eltern und Kind; da wurde dann dem Kind dieses oder jenes gesagt, meist, als ob eine Gunst von ihm erbeten würde, obschon man zuweilen das Verlangen sogar durch Androhung von Gewalt unterstützte. Entweder schmeichelten oder schalten die Eltern, oder sie stellten ihr Verlangen an das Kind wie an einen Gleichgestellten. *Nie geben Trobriandereltern ihrem Kind einen einfachen Befehl in der Erwartung natürlichen Gehorsams.*

Die Leute werden manchmal böse auf ihre Kinder und schlagen sie in einem Anfall von Wut; doch ebenso häufig habe ich ein Kind zornig auf Vater oder Mutter losschlagen sehen. Ein solcher Angriff wird entweder mit gutmütigem Lächeln hingenommen, oder der Schlag wird ärgerlich zurückgegeben; jedoch der Gedanke an klare Vergeltung oder zwangsläufige Bestrafung ist dem Eingeborenen nicht nur fremd, sondern direkt zuwider. Ein paarmal habe ich nach einer offenkundigen kindlichen Missetat zu verstehen gegeben, daß es für künftige Fälle besser sei, das Kind zu schlagen oder sonstwie kalten Blutes zu bestrafen; doch dieser Gedanke erschien meinen Freunden *unnatürlich* und *unsittlich*.

34

Diese Freiheit gibt den Kindern Spielraum zur *Bildung einer eigenen kleinen Gemeinschaft*, einer unabhängigen Gruppe, in die sie ganz von selbst mit vier oder fünf Jahren hineinwachsen und wo sie bis zur Pubertät verbleiben. Wie es ihnen gerade in den Sinn kommt, verbringen sie den Tag bei den Eltern oder gesellen sich zu ihren Spielgefährten in ihrer kleinen Republik. Diese Gemeinschaft innerhalb einer Gemeinschaft handelt meistens nach dem Willen ihrer Mitglieder und steht den Älteren oft in einer Art *Kollektiv-Opposition* gegenüber. Wenn die Kinder sich in den Kopf setzen, etwas Bestimmtes auszuführen, etwa einen Tagesausflug zu machen, so sind die Erwachsenen, ja, auch der Häuptling, nicht imstande, sie daran zu hindern, wie ich oft beobachtet habe. Bei meinen ethnographischen Arbeiten konnte, ja mußte ich mir meine Informationen über Kinder und ihre Angelegenheiten direkt von ihnen selbst holen. Ihr *geistiges Eigentumsrecht an Spielen und kindlichen Tätigkeiten wurde durchaus anerkannt;* sie konnten mich auch sehr gut belehren und mir die Schwierigkeite ihrer Spiele und Unternehmungen erklären.« (Alles Kursive vom Ref.) (S. 38/39)

So wie unter diktatorischer Herrschaft die autoritäre Unterdrückung des Kindes der Herstellung einer zweckentsprechenden Untertanenstruktur dient, entsprechend der Organisation der Gesellschaft überhaupt, die sich in den kindlichen Strukturen selbst ständig reproduziert; so wie hier die Eltern Vollzugsorgane der herrschenden Ordnung sind und die Familie deren Ideologiefabrik ist, reproduziert sich auch die mutterrechtliche Gesellschaft, soweit sie noch klar ausgeprägt ist, ideologisch, indem sie der seelischen Gestaltung des Kindes freien Lauf läßt, die sich mit den sozialen Ideologien dieser Gesellschaft bereits in der Kinderkommune erfüllt. Und so wie in der wirtschaftlichen autoritären Gesellschaft die Sexualunterdrückung der Boden für die psychische Hemmung überhaupt wird, so wird in der mutterrechtlichen die sexuelle Freiheit die Grundlage der charakterlichen Freiheit, die gerade eine libidinös gut fundierte soziale Bindung an die Mitglieder der Gesellschaft garantiert. Diese Tatbestände beweisen die Möglichkeit der Selbststeuerung des sexuellen Gemeinschaftslebens durch Triebbefriedigung (im Gegensatz zur moralischen Regulierung).

2. DAS SEXUALLEBEN DER JUGENDLICHEN

Gehen wir nun über zum Sexualleben der trobriandrischen Jugendlichen. Wir sehen wohl sexuelle Konflikte und bis zu einem gewissen Grade seelisches Leiden, das den Schwierigkeiten mancher Liebesbeziehung entspringt, aber wir vermissen jede Art äußerer Einschränkung, wir sehen keine »Pubertätsneurosen«, keine Selbstmorde, keine Askese »um der Kultur willen«.

»Wächst der Knabe oder das Mädchen heran, so wird sein (oder ihr) Geschlechtsleben von größerem Ernst erfüllt. Es ist nicht mehr bloßes Kinderspiel, sondern nimmt einen hervorragenden Platz unter den Lebensinteressen ein. Was früher eine unbeständige Beziehung war, die im Austausch erotischer Betastungen oder in einem unreifen Geschlechtsakt gipfelte, wird jetzt zur nachhaltig beschäftigenden Leidenschaft, zur Angelegenheit ernsten Strebens. Der Jugendliche erscheint nun endgültig einer bestimmten Person zugetan, wünscht sie zu besitzen, arbeitet vorsätzlich auf dieses Ziel hin, sucht seine Wünsche durch magische und andere Mittel durchzusetzen und freut sich schließlich der Erfüllung. Ich habe es erlebt, daß junge Leute dieses Alters aus unglücklicher Liebe tatsächlich krank und elend wurden. Dieses Altersstadium unterscheidet sich auch vom vorhergehenden dadurch, daß nun eine entschieden persönliche Vorliebe ins Spiel kommt und damit die Neigung zu Bindungen von längerer Dauer. Der junge Mann *möchte* sich *die Treue* und *ausschließliche Zuneigung* der Geliebten erhalten, wenigstens für einige Zeit. Doch ist diese Neigung bis jetzt *keineswegs so stark, daß der Gedanke an eine einzige ausschließliche Liebesbeziehung aufkäme;* Jugendliche denken noch nicht entfernt ans Heiraten. Der junge Mann oder das junge Mädchen *will erst noch viele andere Erlebnisse haben;* er oder sie freut sich noch der vollkommenen Freiheit und empfindet keinerlei Wunsch, Verpflichtungen auf sich zu nehmen. Wenn ihn auch die Vorstellung freuen mag, daß seine Partnerin ihm treu ist, fühlt sich doch der jugendliche Liebende nicht verpflichtet, diese Treue zu erwidern . . .

Diese Altersgruppe führt ein glückliches, freies, arkadisches Leben voller Freude und Lustbarkeit . . .

Viele Tabus sind für sie noch nicht recht bindend; die Last der Magie liegt noch nicht auf ihren Schultern . . .

. . . Abgesehen davon, daß junge Leute dieses Alters ihre Liebesgeschichten ernster und intensiver betreiben, suchen sie auch den Schauplatz ihrer Liebesabenteuer zu erweitern und vielfältiger zu gestalten. Beide Geschlechter arrangieren Picknicks und Ausflüge und verbinden so den Geschlechtsverkehr mit der Freude an neuartigen Erlebnissen in schöner Landschaft. Sie knüpfen auch geschlechtliche Beziehungen außerhalb ihrer eigenen Dorfgemeinschaft an; findet nämlich irgendwo eine jener rituellen Feiern statt, bei denen nach Sitte und Brauch volle Ungebundenheit herrscht, so machen sie sich dorthin auf, meist entweder eine Gruppe junger Männer oder eine Schar junger Mädchen, denn in solchen Fällen ist immer nur für das eine Geschlecht Gelegenheit zur Zügellosigkeit gegeben.« (S. 46 f.)

Psychoanalytische Ethnologen versuchten, aus den Pubertätsriten mancher primitiven Organisationen die These abzuleiten, daß auch bei diesen die puberile Betätigung mit Strafen belegt werde, genauso wie bei uns, nur mit dem Unterschied, daß die Strafe der Aufnahme des genitalen Liebeslebens vorangehe. Es ist begreiflich, daß das Studium der ethnologischen Literatur gegen alle Deutungen mißtrauisch machen muß, denen die Absicht, unsere Verhältnisse ethnologisch zu rechtfertigen, allzu deutlich anhaftet, und die bedenkenlos Deutungen, die für Erscheinungen gelten, die in unseren Produktionsverhältnissen wurzeln, auf Tatbestände anderer sozialer Organisationen anwenden. Damit will ich noch nichts gegen die Richtigkeit dieser Theorien aussagen. Aber sie werden für uns erst dann Bedeutung gewinnen, wenn man wird zeigen können, welche wirtschaftlichen Interessen hier bereits eingreifen und das gesamte Sexualleben umgestalten. Daß solche Strafen für die Genitalität der Jugendlichen in der Triebstruktur des Menschen (Ambivalenz, Haß, Eifersucht etc.) wurzeln, scheint ganz unwahrscheinlich, wenn man die sexuelle Ökonomie *historisch* betrachtet. Denn da sich Organisationen, wie etwa die trobriandrische, finden, in denen nicht nur nichts von Strafen, sondern vielmehr ausgesprochene sexuelle Fürsorge (das bukumatula, die Jugendweihen und -feste und anderes) festzustellen ist, müßten uns die Vertreter und Verfechter der einseitig biologisch-psychologischen Auffassung erst erklären, warum in dieser Organisation sexuelle Herrschsucht und andere negierende Eigenschaften, die angeblich angelegt sind, fehlen. Wir sagen, daß diese Erscheinungen bereits Folge des Eingriffs ökonomischer Interessen in die rein natürliche genitale Befriedigung sind und wir sind gerade dabei, dies zu beweisen.

Kehren wir zum Thema zurück. Die Sexualbejahung geht bis zur gesellschaftlichen Befürsorgung:

»Brauch und Sitte dieses Stammes kommen diesem Bedürfnis entgegen und bieten Unterkunft und Abgeschlossenheit in Gestalt des bukumatula, des bereits erwähnten Ledigenhauses. Hier wohnen eine beschränkte Anzahl von Paaren, zwei, drei oder vier, auf längere oder kürzere Zeit in vorübergehender Gemeinschaft. Gelegentlich bietet das bukumatula auch jüngeren Paaren Obdach, wenn sie sich auf ein paar Stunden ungestört dem Liebesgenuß hingeben wollen ... Augenblicklich gibt es fünf Junggesellenheime in Omarakana und vier im Nachbardorf Kasana'i. Ihre Zahl hat sich infolge des Einflusses der Missionare stark verringert. Aus Angst, der Missionar könne ihn durch Aussonderung bloßstellen, ihn verwarnen oder gegen ihn predigen, errichtet mancher Eigentümer eines bukumatula dieses jetzt im äußeren Ring, wo es weniger auffällig ist. Meine Gewährsleute haben mir erzählt, daß es noch vor zehn Jahren fünfzehn Ledigenhäuser in beiden Dörfern gab, und meine ältesten Bekannten erinnern sich der Zeit, da es etwa dreißig waren. Dieser Rückgang ist natürlich zum Teil in der ungeheuren Bevölkerungsabnahme begründet, und nur zum andern Teil in der Tatsache, daß heutzutage manche Junggesellen bei ihren Eltern wohnen, manche in Witwenhäusern und noch andere in Missionsstationen. Doch was auch der Grund sei – es braucht kaum gesagt zu werden, daß dieser Stand der Dinge wahre Geschlechtsmoral nicht fördert ... Es ist mir erzählt worden, daß zuweilen ein Mann für seine Tochter ein Haus als bukumatula gebaut habe, und daß in alten Zeiten auch Mädchen Ledigenhäuser zu besitzen und zu bewohnen pflegten; jedoch ist mir kein tatsächliches Beispiel dieser Art bekannt geworden.« (S. 51 ff.)

»Der ulatile (Jüngling) hat entweder sein eigenes Lager in einem Junggesellenhaus, oder es steht ihm die Benutzung einer Hütte frei, die einem seiner unverheirateten Verwandten gehört. Auch gibt es in einer bestimmten Art von Yamshaus einen leeren, abgeschlossenen Raum, wo sich die jungen Leute manchmal kleine ›Kosewinkel‹ einrichten, die Raum für zwei bieten. Aus trockenen Blättern und Matten machen sie ein Bett zurecht und schaffen sich so eine gemütliche ›garçonnière‹, wo sie ihre Angebetete empfangen und ein paar glückliche Stunden mit ihr verbringen können. Solche Einrichtungen sind natürlich nötig, da der Liebesverkehr aus einem Spiel zu einer Leidenschaft geworden ist. Doch noch immer nicht trifft sich das Paar regelmäßig im Junggesellenhaus (bukumatula), wo man zusammenlebt und Nacht für Nacht dasselbe Lager teilt. Sowohl das Mädchen als auch der Jüngling ziehen heimlichere und weniger bindende Zusammenkünfte vor; noch suchen sie eine dauernde Beziehung zu vermeiden, die vielleicht ihre Freiheit unnötig einschränken würde, wenn sie allgemein bekannt wäre. Deshalb ist ihnen meistens ein kleines Nest im sokwaypa (geschlossenes Yamshaus) oder die zeitweilige Gastfreundschaft eines Junggesellenhauses lieber.« (S. 48 f.)

Diese Befürsorgung in der Lokalfrage für die Umarmung ist der trefflichste Ausdruck für die gesellschaftliche Sexualbejahung, die über das bloße Gewährenlassen weit hinausgeht. Und ebenso entspricht das Nichtkümmern beziehungsweise die aktive Behinderung der Jugendlichen in der autoritären Gesellschaft, auch in Hinsicht auf die Örtlichkeit der Umarmung vollkommen der zu ihr gehörigen Sexualverneinung. Hat die Befürsorgung wesentlichen Einfluß auf die sexuelle Gesundheit der primitiven Jugendlichen, so hat die Behinderung eine Verkrüppelung und Verrohung des Liebeslebens zur Folge, das durch diese Maßnahme ja doch nicht verhindert wird, nur daß statt ruhiger hygienischer Stätten Hausflure und Zaunecken dem hastigen und ängstlichen Geschlechtsverkehr dienen. Und die »Kultur«, auf die wir von den ängstlichen Gemütern immer wieder verwiesen werden? Man vergleiche das Bordelleben unserer Jugend mit folgenden Tatsachen:

»Das Wort ›Gruppenkonkubinat‹ würde zu Mißverständnissen führen; wir haben es hier zwar mit einer Anzahl von Paaren zu tun, die in einem gemeinsamen Hause schlafen, doch jedes Paar streng für sich – nicht mit jungen Leuten, die alle unterschiedslos miteinander leben; nie werden die Partner ausgetauscht, und ›wildern‹ oder ›gefälligsein‹ kommt nicht vor. Im Gegenteil, innerhalb des bukumatula wird ein besonderer Ehrenkodex beobachtet, der jedem Bewohner auferlegt, geschlechtliche Rechte innerhalb des Hauses viel sorgsamer zu achten als außerhalb. Falls jemand gegen diesen Ehrenkodex verstieße, würde man von ihm das Wort kaylasi gebrauchen, was soviel heißt wie ›sich geschlechtlich vergehen‹.« (S. 53)

»Im bukumatula (Junggesellenhaus) herrscht strenge Zucht. Nie geben sich die Bewohner orgiastischen Vergnügen hin, und es gilt für höchst ungehörig, ein anderes Paar bei seinem Liebesspiel zu beobachten. Meine jungen Freunde erzählten mir, daß man entweder warte, bis die andern alle eingeschlafen seien, oder daß alle Paare eines Hauses übereinkämen, die andern nicht zu beachten. Ich habe bei dem durchschnittlichen jungen Mann auch nicht die leiseste Spur eines Voyeurinteresses gefunden und auch keinerlei Neigung zu Exhibitionismus. Im Gegenteil, wenn ich die verschiedenen Stellungen und die Technik des Geschlechtsaktes erörterte, wurde mir ganz von selbst mitgeteilt, daß es besonders unauffällige Arten der Ausführung gäbe, ›damit man die anderen Leute im bukumatula nicht aufweckt‹.« (S. 53/54)

Das jugendliche Paar ist durch keinerlei Gesetz oder Sitte aneinander gebunden; sie werden nur durch die persönliche Zuneigung und die geschlechtliche Leidenschaft zusammengehalten und können sich nach Belieben trennen. Wir hörten auch, daß dieses Verhältnis keinerlei Besitzanspruch in sich schließt, jedem steht die Umarmung mit anderen Partnern insbesondere anläßlich der Ernte- und Mondfeste frei. Es kommt zwar zu Äußerungen von Eifersucht, aber bei gewissen Gelegenheiten ist sogar dies »unsittlich«, so etwa, wenn die jungen Mädchen anläßlich eines Trauerfalles die trauernden Männer durch Geschlechtsumarmung trösten. Trotz alledem, oder vom Standpunkt der sexuellen Ökonomie gerade deshalb, sind die Beziehungen auch häufig (ohne äußeren oder inneren Zwang) dauernder, inniger und befriedigender als diejenigen, die unsere sexuell verkrüppelte Jugend zustande bringt.

Die Interessengemeinschaft der jungen Paare bezieht sich nur auf das Geschlechtliche. Niemals nehmen sie gemeinsame Mahlzeiten ein, die, wie wir später hören werden, geradezu zum Symbol der richtigen Ehe werden.

Wir sehen, wie wenig die hochtrabend wissenschaftlichen Kategorien der »Monogamie«, »Polygamie«, »Polyandrie«, »Promiskuität« mit diesen nur von der genitalen Bedürfnisbefriedigung gelenkten und geregelten Sexualbeziehungen zu tun haben. Diese Paare sind ebensowohl monogam wie gelegentlich polygam, bei Festen sogar promiskue; doch die Klassifizierungen sagen nichts aus in dieser Gesellschaft und *bekommen erst ihren Sinn und Gehalt als Prinzipien unserer moralistischen Regulierungsbestrebungen*, nicht mehr. Auch bei uns decken sie keinen Tatbestand. Auch bei uns sind die sexuellen Beziehungen verschiedenstartig.

Der Unterschied zum Primitiven – das sei besonders hervorgehoben, weil es unsere sexualökonomische Betrachtungsweise von jeder anderen in jeder Beziehung trennt – liegt nicht darin, daß jene polygam oder promiskue und wir monogam leben; es läßt sich auch keine monogame Forderung aus dem monogamen Leben der Primitiven, wie manche Sexualforscher und Ethnologen versuchen, ableiten, sondern er ist einzig und allein ausgedrückt in der *sozialen Ordnung des Geschlechtslebens* und in der *verschiedenartigen Erlebnisweise* der Umarmung, die von jener abhängt. Der Genitalapparat an sich ist mit allen seinen Konsequenzen hier wie dort gleich angelegt, abgesehen von Unterschieden der Rasse und der phylogenetischen Einwirkung jahrtausendealter Sexualverdrängung (Schwächung des somatischen Sexualapparates?). Und das macht das Kopfzerbrechen unserer Sexualforscher aus, daß er ihre Kategorien der verschiedenen »-gamien« nicht kennt, sondern nur das Ziel der Sexualbefriedigung. Die Hauptfrage ist dann nur, ob die konkrete Gesellschaftsordnung diese Funktion anerkennen will und kann oder nicht. Das aber ist rein soziologisch begründet.

Mit dem Alter werden die Dauerbeziehungen immer fester und länger, was, ganz wie wir es an anderer Stelle[1] ausgeführt haben, der allmählich platzgreifenden Absättigung der sinnlichen Bedürfnisse nach der Pubertät zuzuschreiben ist, die nunmehr die zärtlichen Neigungen mehr hervortreten läßt. Gäbe es keine Eheinstitution, auch diese Beziehungen würden nicht ewig dauern, sondern im Laufe der Zeit anderen Platz machen. So aber läuft die festere Dauerbeziehung in eine Ehe aus. Zunächst wird eine »Probezeit« eingeschaltet, die dem jungen Paar sowohl Zeit läßt zur Prüfung ihrer Zuneigung und Beständigkeit, als auch den Eltern zu der eigentlichen Prozedur, den wirtschaftlichen Vorbereitungen.

An diesem Punkte treffen die Sexualbedürfnisse zusammen mit bestimmten wirtschaftlichen Interessen.

3. DIE SEXUELLEN FESTLICHKEITEN

Die hochentwickelte Sexualkultur der Trobriander kommt besonders in den verschiedenen Veranstaltungen zum Ausdruck, die keinem anderen Zwecke als dem des sexuellen Spiels mit darauffolgender Befriedigung der Genitalität dienen. Sie unterscheiden sich von ähnlichen Veranstaltungen der Jugend in unserer Gesellschaft erstens durch den Wegfall der Verhüllung des eigentlichen Zweckes, zweitens durch den Mangel der Ableugnung und inneren Ablehnung oder äußeren Hemmung der Endbefriedigung und drittens durch den Wegfall der Genitalangst und der Schuldgefühle, die die genitale Befriedigung unserer Jugend zersetzen, sofern sie sich die Endbefriedigung gestattet. – »Die endgültige Erfüllung seiner (des Jugendlichen) erotischen Wünsche ist nicht vom Zufall abhängig, sondern er nimmt sie einfach vorweg. Alle Sitten, Bräuche und Einrichtungen verlangen einfaches, unmittelbares Drauflosgehen.« (l. c. S. 221)

Ein weiterer wesentlicher Unterschied ist der Wegfall jeder Art von Sentimentalität in den Geschlechtsbeziehungen, doch entbehrt das Sexualleben der trobriandrischen Jugend nicht einer gewissen Romantik. Das wirft ein Licht auf das Wesen der von der reaktionären Romanliteratur hochgezüchteten und von den Verlegern zu Profitzwecken ausgenützten sexuellen Sentimentalität: Sie setzt die Hemmung der Endbefriedigung voraus, bedeutet eine ins Unendliche entrückte Erfüllung der orgastischen Befriedigung und die ewige Sehnsucht nach ihr, deren unzureichender Ersatz sie ist. »Die Werbung des Trobrianders kennt keine Umwege; er erstrebt auch nicht reiche persönliche Beziehungen, wobei geschlechtlicher Besitz nur eine Folgeerscheinung bedeuten würde. Ganz einfach und unverblümt erbittet er eine Zusammenkunft mit der offen bekannten Absicht geschlechtlicher Befriedigung. Wird die Bitte erfüllt, so ist damit jede romantische Einstellung, jede Sehnsucht nach dem Unerreichbaren und Geheimnisvollen hinfällig. Wird der Freier abgewiesen, so bleibt nicht viel Raum für eine Tragödie, denn seit seiner Kindheit ist er gewohnt, seine sexuellen Wünsche von irgendeinem Mädchen durchkreuzt zu sehen, und er weiß bereits: das sicherste und schnellste Mittel gegen diese Art Mißgeschick ist eine neue Liebesgeschichte.« (S. 223)

Wir sehen also, daß die Neigung zu langdauernder unglücklicher Verliebtheit bei vollentfalteter Genitalität wegfällt, und verstehen jetzt besser diese für unsere Jugendlichen typische Neigung

1. »Geschlechtsreife, Enthaltsamkeit, Ehemoral« (Münsterverlag, Wien 1930). Diese Arbeit wurde später in dem Buch »The Sexual Revolution« (1945), »Die sexuelle Revolution«, 1967, mit eingeschlossen.

als Folge einer Überschätzung des Sexualobjekts, die durch die Hemmung der Endbefriedigung zustande kommt. Unsere berühmten Jugendforscher stellen allerdings »statistisch« fest, daß die sexuelle Sentimentalität und die schlechten Gedichte im »Wesen der Pubertät« liegen. Gewiß, im Wesen der Pubertät *unserer* Puberilen, die unter zermürbenden Bedingungen aufwachsen.

Bei diesen Primitiven und auch bei anderen, soweit sie nicht bereits Opfer der Entwicklung des Patriarchats oder der weißen Missionare wurden, ist es anders: »Die geschilderten Tatsachen zeigen uns, daß innerhalb gewisser Grenzen jeder ein großes Maß an Freiheit und vielerlei Gelegenheit zu geschlechtlichen Erlebnissen hat. Nicht nur braucht kein Mensch unter unbefriedigten Trieben zu leiden, sondern jedem stehen auch reiche Auswahl und vielerlei Gelegenheiten offen.« (S. 168)

Die Frau ist im Sexualleben nicht anders gestellt als der Mann: »In Sachen der Liebe fühlt sich die trobriandrische Frau dem Mann keineswegs untergeordnet, und sie steht ihm auch an Unternehmungslust und Selbstbehauptungskraft nicht nach. Das ulatile hat sein Gegenstück im katuyausi, dem Liebesausflug der Mädchen nach den anderen Dörfern.« (S. 191)

Über das ulatile werden wir später in anderem Zusammenhange berichten und geben hier nur den Bericht des *katuyausi* wieder:

»Die katuyausi-Teilnehmerinnen sind ruhig sitzengeblieben, als ginge sie das Ganze nicht viel an. Die Jünglinge und älteren Männer stehen ihnen gegenüber und unterhalten sich anscheinend gleichgültig miteinander. Nach einer Weile kommt es zwischen den beiden Parteien zum Austausch von Scherzen und Neckereien. Die Burschen nähern sich den Mädchen, und die feierliche Wahl beginnt. Die Sitte verlangt, daß die Initiative von den Gastgebern ausgeht und daß jeder Gast jedes Angebot annimmt. Aber natürlich fehlt es nicht an bestimmten Vorlieben zwischen den angesehenen Mitgliedern jeder Gruppe; diese Wünsche sind auch bekannt, so daß etwa ein unbedeutender Bursche nicht wagen würde, dem Vergnügen seines stärkeren, älteren und einflußreicheren Kameraden im Wege zu stehen; in Wahrheit beruht also die Wahl auf früheren Neigungen und Liebeleien. Jeder Bursche bietet dann dem Mädchen seiner Wahl ein kleines Geschenk an – einen Kamm, eine Halskette, einen Nasenpflock, ein Büschel Betelnüsse. Nimmt sie die Gabe an, so nimmt sie damit auch den Burschen als Liebhaber für diese Nacht an. Kennt der

Bursche das Mädchen gut, so gibt er ihr selbst ein Geschenk: kennt er sie noch nicht, oder ist er zu schüchtern, so bittet er einen älteren Mann um seine Vermittlung: dieser überreicht dem Mädchen die Gabe mit den Worten: ›kam va otu‹ (va otu = Besuchsgeschenk, Lockgabe), ›Soundso schenkt es dir; du bist seine Liebste.‹ Ganz selten nur wird ein solches Geschenk von einem Mädchen zurückgewiesen oder ignoriert; sie würde den jungen Mann dadurch schwer kränken und beleidigen.

Nachdem sich so die Paare gefunden haben, gehen sie meistens alle zusammen an eine Stelle im Wald und verbringen den größten Teil der Nacht mit Betelkauen, Singen und Rauchen, wobei die Paare immer zusammenbleiben. Ab und zu schlägt sich ein Bursche mit seinem Mädchen seitwärts in die Büsche, ohne daß irgend jemand darauf achtet. Es kommt auch vor, daß ein junger Mann seine Liebste auffordert, den Rest der Nacht mit ihm in einem bukumatula im Dorf zu verbringen; doch das ist meist mit Schwierigkeiten verbunden. Katuyausi sowohl als ulatile sind durch strengen Anstand und das Fehlen jedes orgiastischen Elementes gekennzeichnet. In den südlichen Dörfern geht es bei diesen Gelegenheiten zweifellos weniger zurückhaltend zu als im Norden, doch auch im Süden sind katuyausi und ulatile streng unterschieden von orgiastischen Bräuchen wie kamalibiu oder der Sitte des yausa.« (S. 193)

Außer dem ulatile der Jünglinge und dem katuyausi der Mädchen herrscht, zwar nicht bei dem von *Malinowski* durchforschten Stamm, wohl aber bei den südlichen und nördlichen Ortsgemeinschaften, noch der Brauch des sogenannten *kayasa*, bei dem »vollkommen zügelloses Sichgehenlassen die Regel sei; der Geschlechtsakt würde öffentlich auf dem Dorfplatz ausgeführt; verheiratete Leute beteiligten sich an der Orgie, Mann und Frau benähmen sich ohne jede Hemmung, sogar in Rufweite voneinander; die Zügellosigkeit ginge so weit, daß geschlechtliche Vereinigung sogar vor den Augen des (der) luleta (Schwester, wenn der Mann spricht; Bruder, wenn die Frau spricht), stattfindet – also vor den Augen derjenigen Personen, auf die sich die strengsten Tabus beziehen, die auch stets eingehalten werden. Die Zuverlässigkeit dieser Angaben wird dadurch bestätigt, daß mir in Gesprächen über andere kayasa-Formen im Norden wiederholt versichert wurde, daß im Süden alles viel orgiastischer vor sich gehe; so bildeten zum Beispiel beim Tauziehen-kayasa im Süden Männer und Frauen stets entgegengesetzte Parteien; die Sieger verhöhnten feierlich die Besiegten mit dem typisch kreischenden Geheul (katugogova), dann stürzten sie sich über die am Boden liegenden Gegner, und der Geschlechtsakt würde in der Öffentlichkeit ausgeführt. Einmal besprach ich die Sache mit einer aus nördlichen und südlichen Eingeborenen gemischten Gesellschaft, und beide Parteien bekräftigten mir kategorisch, daß es sich wirklich so verhalte.« (S. 184)

Warum dieser Brauch bei den Trobriandern unterging, läßt sich aus den Berichten Malinowskis nicht ermitteln. Ist es die fortgeschrittenere Entwicklung der Besitzinteressen des beginnenden Vaterrechts, oder sind es andere historische Gründe? Wir wissen es nicht. Doch wird berichtet, daß in nicht lange zurückliegenden Zeiten, als noch die einzigen Fremden, die zu den Trobriand-Inseln kamen, die Teilnehmer der sogenannten Tula-Expedition (Handelsverkehr zwischen den Inseln) waren, der Brauch herrschte, daß Mädchen aus dem Dorfe die Fremden am Strand besuchten, nachdem der Güteraustausch stattgefunden hatte. Es galt als ein durch die Sitte geheiligtes Recht, daß die Mädchen aus dem Dorfe mit den Fremden schliefen; deswegen durften die eigenen Liebhaber sie nicht tadeln und keine Eifersucht zeigen. Wie immer diese Sitte auszudeuten ist, sei es als Überrest alter Frauenraubzüge fremder Stämme, sei es als Urform exogamer Liebesbeziehungen, das Wesentliche daran ist für unser Thema das geordnete Gemeinschaftsleben trotz des Wegfalls des Sexualmoralismus.

4. DIE ORGASTISCHE POTENZ DER PRIMITIVEN

Wenn wir von solchen Einrichtungen wie ulatile- und katuyausi-Expeditionen hören, sind wir wie von etwas Fremdartigem berührt, das sich mit Kultur und Zivilisation nicht verträgt, ja sie geradezu ausschließt. Dabei entwickeln unsere Kulturgenossen eine sonderbare Neugierde, von solchen Einrichtungen zu hören, die »Sehnsucht nach dem paradiesischen Urzustand« macht sich bemerkbar. Es läßt sich leicht zeigen, daß wir dabei einer Täuschung verfallen, daß wir uns nicht nach den ulatile-Expeditionen sehnen, sondern nach der genitalen *Erlebnisfähigkeit* der Primitiven. Denn ulatile-Expeditionen und katuyausi gibt es bei uns genug. Die gemeinsamen Bordellausflüge der Studenten, die Wanderungen der Jugend, die zu genitalen Betätigungen führen, unsere Maskenbälle und Redouten, die Tänze und das »Fensterln« der Bauern unterscheiden sich bis auf *einen* wesentlichen Punkt im Prinzip nicht von den sexuellen Festen der Primitiven; aber der eine unterscheidende Punkt ist der einzig ausschlaggebende. Unsere Sexualfeste enden mit Katzenjammer aus der unerfüllten, ja vor sich selbst meist verschleierten und mit Heuchelei und »Ehrbarkeit« verdeckten Erwartung genitaler Befriedigung. Diese Einrichtungen der Primitiven haben sich bis in unsere Zeit, wenn auch in anderer Form, fortgesetzt, sie verloren nur ihren sexualökonomischen Wert, statt zu befriedigen, steigern sie bloß die sexuelle Spannung. Wir haben ja auch die Jugendweihefeste beibehalten, aber mit restloser Verschleierung ihres ursprünglichen Sinnes und mit ihrer Verkehrung ins Gegenteil: statt Einleitung des genitalen Liebeslebens, Einleitung verschärften kirchlichen Einflusses zu seiner Unterdrückung.

Es gibt in unseren Kulturkreisen sicher nicht weniger genitale Umarmung als in den primitiven; die Promiskuität der männlichen Jugend ist sicher ausgesprochener. Die eheliche Untreue ist infolge des strengeren ökonomischen und moralischen Druckes und infolge der Genitalstörungen sicher verbreiteter als bei den »Wilden«. Und wenn auf der einen Seite die moralische Heuchelei uns einreden will, daß wir uns von den »Wilden« durch die Sittlichkeit unterscheiden, auf die wir das Monopol besitzen, so wird auf der anderen gegen die »Verwilderung der Sitten« Sturm gelaufen, vom Papst bis zum Hakenkreuzstudenten und reaktionären Sexuologen. Und doch liegt ein sehr einfacher Tatbestand vor: *Die Primitiven haben ihre volle genitale Erlebnisfähigkeit, die »Zivilisierten« können zu keiner Genitalbefriedigung gelangen, weil ihre Sexualstruktur durch die infolge der Erziehung erworbenen moralischen Hemmungen neurotisch zersetzt ist.* Statistische Stichproben ergaben, daß durchschnittlich etwa 90 Prozent der Frauen und etwa 60 Prozent der Männer seelisch krank, genitalgestört und befriedigungsunfähig sind[1]. Wenn wir so den Grundmechanismus der ungeordneten Sexualökonomie unserer Gesellschaftsmitglieder erfassen, so bleibt zu beweisen, daß die

1. Vgl. meine Arbeit »Die seelischen Erkrankungen als soziales Problem« in »Der sozialistische Arzt«, 1931.

Primitiven keine Störungen der Sexualfunktion haben und die orgastische Befriedigung beim Akt die Regel ist.

Es ist *Malinowskis* großes Verdienst, hier zuerst Tatbestände über das Sexualleben der Primitiven erhoben zu haben, wie man sie sonst in der Literatur, die nur die äußeren Formen des Geschlechtsaktes registriert, nie vorfindet.

Wir können also auf Grund dieses Berichtes folgende Beweise dafür vorbringen, daß der Trobriander *und* die Trobrianderin orgastisch potent sind:

Zunächst sind die Trobriander überzeugt, »daß der weiße Mann den Geschlechtsakt nicht wirksam auszuführen vermöge« (S. 239), das heißt, daß er die Frau nicht zum Orgasmus zu bringen vermag; »tatsächlich finden die Eingeborenen, daß der weiße Mann es viel zu schnell zum Orgasmus kommen läßt.« (S. 240) Hier haben wir eine klare Bestätigung erstens dafür, daß der Trobriander genau weiß, was die *richtige* Befriedigung ist, zweitens, daß die Weißen (was ich an anderer Stelle als die für den von der sexuellen Unterdrückung betroffenen Mann typische »physiologische ejaculatio praecox« bezeichnete) im Verhältnis zu dem von moralischen Hemmungen unbeschwerten Primitiven zu früh zum Orgasmus kommen. Daß es sich dabei nicht um Rassenunterschiede handelt, beweist der Tatbestand, daß solche chronische, nicht als krankhaft empfundene Verfrühung des Samenergusses durch psychoanalytische Beseitigung der erworbenen Sexualhemmungen behebbar ist. Die Verfrühung des Samenergusses bei der überwiegenden Mehrzahl der Männer unserer Kulturkreise bedeutet gleichzeitig eine beträchtliche Herabsetzung der Genitalbefriedigung, denn die volle Befriedigung setzt eine längere Friktionszeit zur Konzentration aller freien Libido am Genitalapparat voraus[1].

Beweis ist ferner für die orgastische Potenz der Frauen bei den Trobriandern, daß sie in der Bezeichnung keinen Unterschied ausdrücken zwischen dem Orgasmus der Frau und dem des Mannes: Beide werden mit dem Ausdruck ipipisi momona bezeichnet, das heißt, »die Samenflüssigkeit fließt aus. Momona bedeutet gleichzeitig den männlichen und weiblichen Ausfluß.« (S. 240) Ferner

---

1. »Die Funktion des Orgasmus«, Int. Psa. Verlag (Kap. »Die orgastische Potenz«). Vgl. »The Function of the Orgasm«, Orgone Institute Press, 1942; »Die Funktion des Orgasmus«, 1969.

ist selbstverständlich, daß der Mann wartet, bis die Frau zur Befriedigung kommt.

Auch aus persönlichen Berichten dieser Primitiven geht ihre sexuelle Erlebnisfähigkeit eindeutig hervor. Wir lassen einen solchen Bericht folgen:

»Wenn ich mit Dabugera schlafe, umarme ich sie, umschlinge ich sie mit meinem ganzen Körper, wir reiben unsere Nasen aneinander. Wir saugen einer des anderen Unterlippe, so daß wir in leidenschaftliche Erregung geraten, wir saugen einer des anderen Zunge an, wir beißen uns in die Nasen, wir beißen uns in das Kinn, wir beißen in die Wangen und streicheln zärtlich über Achselhöhle und Weichen. Dann sagt sie wohl: ›O, mein Liebster, es juckt sehr . . . stoße weiter, mein ganzer Leib schmilzt . . . vor Lust . . . stoße heftig zu, stoße schnell zu, damit der Saft ausströme . . . tritt weiter, ich habe ein so angenehmes Gefühl dabei‹.« (S. 241 f.)

Man vergleiche mit diesem Wissen der Primitiven die Theorien mancher unserer Sexualforscher, daß die Befriedigung nicht unbedingt zur Natur der Frauen gehöre, oder daß die Natur es so eingerichtet habe, daß die Frauen, nur um keine Schmerzen bei der Geburt zu haben, in der Scheide unempfindlich seien, und ähnliche »wissenschaftliche« Ergüsse moralistisch befangener Hirne.

Die Mehrzahl unserer Frauen ist unfähig zu der bestimmten Art von rhythmischer Beckenbewegung beim Akt, die den eigenen Orgasmus herbeiführt und die Befriedigung des Mannes erhöht, eine Aktion, die von den Prostituierten bewußt kalt durchgeführt wird, um dem Manne Erregung zumindest vorzutäuschen. Um diese Bewegung besser auszuführen, also um größere Befriedigung zu erzielen, üben die Primitiven den Geschlechtsakt in Hockstellung aus und spotten über die Koitusstellung des Europäers, die die Frau bei der Gegenbewegung behindert. »Den Eingeborenen gilt die Hockstellung als vorteilhafter, einmal weil der Mann sich freier bewegen kann als beim Knien, dann aber auch, weil die Frau weniger behindert ist bei ihren Gegenbewegungen . . . Mancher Weiße hat mir von dem vielleicht einzigen Wort der Eingeborenensprache erzählt, das er gelernt habe kulilabala (»bewege dich weiter horizontal«); es wurde ihm während des Geschlechtsaktes mit einiger Heftigkeit immer wieder zugerufen.«

Und wie wenig sonst Berichte von Missionaren und befangenen

Ethnographen, die ihre Kenntnisse nicht von den Eingeborenen selbst beziehen wie *Malinowski,* für die Beurteilung der Genitalität der Frauen der Primitiven wert sind, beweisen die Klagen weißer Männer, daß die eingeborenen Frauen schwer zu erregen seien. Bei uns schließt man von der Geschlechtskälte der Frauen nicht auf die Impotenz der Männer und auf die gesellschaftliche Sexualunterdrückung, sondern auf die »von der Natur angelegte Geschlechtskälte oder sexuelle Bedürfnislosigkeit der Frau«; und aus solchen Berichten von weißen Männern mit verbildeter Genitalität läßt sich leicht sogar der »ethnologische Beweis« dafür schöpfen.

Zur Herstellung der orgastischen Potenz gehört auch eine entsprechende Sexualerziehung. Bei den Trobriandern üben sich der Körper und der seelische Apparat von früh auf, wie wir bereits gehört haben, in der natürlichen Technik des Lustgewinns beim Akt, die ihnen die spätere Erlernung einer künstlichen »Liebes«-Technik erspart. Aber es gibt primitive Völker, bei denen der Unterricht im Sexualakt durch die Frauen eine große Rolle spielt. Es wäre wichtig festzustellen, ob dieser aktive Unterricht durch die Erwachsenen nicht bereits eine *Reaktion auf Schädigungen der Sexualstruktur* dieser Primitiven durch das Eingreifen patriarchalischer Unterdrückung der kindlichen Sexualität ist, ob er nicht ein Nachhelfen bedeutet in den ersten Stufen des Patriarchats, das zwar an der Keuschheit der Mädchen, aber nicht an der Genitalstörung der Frauen interessiert ist. So berichtet *Angus* über die Zeremonie des »Chensanwali« bei den Azimba in Zentralafrika (Zeitschrift für Ethnologie, 1898, S. 479):

»Bei den ersten Zeichen der ersten Menstruation führt die Mutter das junge Mädchen in eine abgelegene Grashütte, wo dasselbe die Tatsachen des Geschlechtsverkehrs und die verschiedenen Stellungen, in denen sich die Kohabitation ausführen läßt, von Frauen lernt. Zur Erweiterung der Vagina wird ein Horn in dieselbe eingeführt und durch eine Bandage befestigt. Nach dem Ablauf der Menstruation führen Frauen vor dem Mädchen einen Tanz auf. Das Mädchen sitzt im Kreise der Tänzerinnen auf der Ende; kein Mann darf zusehen. Das Mädchen muß dann mimisch die Vollziehung des Koitus vorführen; sodann wird es durch Gesänge über das Geschlechtsleben und die Pflichten einer Ehefrau unterrichtet; sie erfährt auch, daß sie während ihrer Menstruation tabu ist und solange ein Büschel Gras vor der Vulva tragen soll. Die

Gesänge lehren auch die Pflichten der *ehelichen Treue*, der Schwangerschaft, die Künste, durch die sie ihren Mann anziehen kann, um ihre Macht über ihn zu behalten. Diese Belehrung gilt als etwas Selbstverständliches, keineswegs Unanständiges; die *Frauen dieses Stammes sind meist keusch*.« (Zitiert nach *Havelock-Ellis:* »Geschlecht und Gesellschaft«, I. B. S. 368.)

Ferner: »In Abessinien und auf Zansibar werden die jungen Mädchen in Beckenbewegungen eingeübt, welche den Genuß der Kohabitation erhöhen sollen; diese sog. ›duk-duk‹ nicht zu kennen, gilt für eine Schande. Auch die Swaheli kultivieren Übungen in Hüft- und Gesäßbewegungen. Die Übung geschieht in Gruppen von 60 bis 80 Frauen, nackt, manchmal acht Stunden täglich. *Zuschauer* werden nicht zugelassen. *Zache* hat diesen Tanz näher beschrieben. (Zeitschrift für Ethnologie, 1899, S. 72.) (Ebenda S. 368.) Diese Trainierung der jungen Mädchen dauert fast ein Vierteljahr, worauf sie festlich geputzt nach Hause zurückkehren. Ähnliche Gebräuche sollen auch in den ostindischen Kolonien der Holländer und anderwärts im Schwang sein.«

Dieser Bericht enthält gewiß Übertreibungen, aber an der Tatsache des sexuellen Unterrichts brauchen wir nicht zu zweifeln. Daß diese Frauen keusch leben oder in strenger ehelicher Treue, deutet auf fortgeschrittenes Patriarchat hin, und unsere Vermutung, daß es sich um Versuche handelt, die gestörte Genitalität der Frauen wiederherzustellen, gewinnt an Wahrscheinlichkeit.

5. KEINE NEUROSEN – KEINE PERVERSIONEN

Bei sexualökonomischem Leben der überwiegenden Mehrheit einer Gesellschaft kann es – so folgt aus der Libido-Theorie und Neurosenlehre, wenn man sie konsequent zu Ende denkt, keine Neurosen geben, weil diese Folgeerscheinungen behinderten Genitallebens sind[1]. Und weiter folgt aus unseren soziologischen Untersuchungen über die Herkunft und Wirkung der sexualverneinenden Moral, daß sie es ist, die die Sexualverdrängung, da-

1. (1934). Für diese Anschauung trage ich die Verantwortung allein; Freud und seine Schule lehnen sie ab und wehren sich dagegen; sie wollen sie nicht im Namen der Psychoanalyse vertreten sehen. Ich muß Freud darin beistimmen: Diese Grundauffassung der Sexualökonomie ergab sich erst, als die orgastische Funktion der Genitalität entdeckt war

durch die sexuelle Stauung setzt und mit deren Hilfe die alltäglichen seelischen Konflikte zu neurotischen gestaltet. Aus der psychoanalytischen Erforschung der Perversionen geht ebenfalls hervor, daß sie letzten Endes Ergebnisse der Abdrängung der sexuellen Energie von ihrem normalen genitalen Ziel sind; durch diese Hemmung der Genitalität werden alle prägenitalen Ansprüche mit Energie übersetzt, so daß sie unter bestimmten Bedingungen als Perversionen zum Vorschein kommen. Und die Fixierung an einem kindlichen Triebziel, die die psychoanalytische Theorie als ihre Grundlage ansieht, ist selbst die Folge der Hemmung des natürlichen genitalen Liebeslebens der Kinder und der Jugendlichen durch die sexualverneinende Sexualordnung, deren Vollzugsorgane die Eltern sind.

Da die sexualmoralistische Erziehung aber erst mit dem Interesse am wirtschaftlichen Gewinn in die Geschichte der Menschen eintritt und sich mit ihm entwickelt, sind die Neurosen Erscheinungen der patriarchalischen Gesellschaftsordnung.

Nun liefern uns *Malinowskis* Beobachtungen und seine vergleichenden Untersuchungen den unwiderleglichen Beweis für diese Zusammenhänge in ebenso klarer Weise, wie sie uns von der Möglichkeit der Selbststeuerung des Geschlechtslebens durch die genitale Befriedigung überzeugen.

Malinowski hatte Gelegenheit, neben der beschriebenen noch überwiegend mutterrechtlichen Gesellschaft der Trobriander eine Gesellschaft von Primitiven südlich von den Trobriand-Inseln auf den Amphletts zu beobachten. Dieses Volk ist, schreibt *Malinowski*, den Trobriandern sehr ähnlich in Rasse, Bräuchen und Sprache, unterscheidet sich aber von diesen beträchtlich in ihrer sozialen Organisation; sie weisen bereits strikte sexuelle Moral in bezug auf voreheliche Geschlechtsverkehr auf, den sie verurteilen, und sie haben keine Institutionen wie die Trobriander, die das genitale Liebesleben fördern; bezeichnend ist, daß ihr Familienleben bedeutend mehr gebunden ist. Obwohl noch mutterrechtlich organisiert, haben sie eine weit stärkere patriarchalische Autorität entwickelt und »dies, kombiniert mit der sexuellen Un-

und in das psychoanalytische Lehrgebäude eingefügt wurde. Dadurch veränderte sich jedoch die Anschauung von der Ökonomie der seelischen Erkrankungen wesentlich. Gerade dies bedingte die Kluft, die die sexualökonomische Theorie von der heutigen psychoanalytischen Neurosenlehre trennt.

terdrückung, bedingt ein Bild des kindlichen Lebens, das dem unseren sehr ähnlich ist.« *Malinowski* schreibt: »Bei den Trobriandern, die ich sehr genau kenne, könnte ich keinen einzigen Mann und keine Frau nennen, die hysterisch oder auch nur neurasthenisch waren. Nervöse Tics, Zwangshandlungen oder Zwangsgedanken waren nicht zu finden.« Es kommen gelegentlich Kretinismus, Idiotie und Sprachstörungen vor; ferner gelegentliche Ausbrüche von Zorn und Gewalt. Dies alles wird von den Eingeborenen schwarzer Magie zugeschrieben. Dagegen glauben die Trobriander, daß es auf den Amphlett-Inseln eine andere Art »schwarzer Magie« gibt, die verschiedene Formen von Zwangsakten, -gedanken und nervösen Symptomen erzeugt: »... während meines Aufenthaltes auf der Amphlett-Insel war mein erster und stärkster Eindruck, daß das eine Gemeinschaft von Neurasthenikern ist ... Von den offenen, freudigen, herzlichen und zugänglichen Trobriandern kommend, war es erstaunlich, sich in einer Gemeinschaft zu finden, die jedem neuen Ankömmling mißtraute, ungeduldig war bei der Arbeit, arrogant in ihrem Auftreten. Die Frauen rannten weg, als ich landete und hielten sich die ganze Zeit über verborgen ... Ich fand sofort eine Reihe von Leuten von Nervosität erfaßt (affected with nervousness)«[1].

Noch interessanter und für unsere ganze Auffassung des Zusammenhanges zwischen sozialer Organisation, sexueller Ökonomie und Neurosen maßgebend ist, was *Malinowski* von den Mailu, einem die südliche Küste von New-Guinea bewohnenden Volksstamm, berichtet, der bereits völlig patriarchalisch organisiert ist: »... sie haben eine ausgesprochen väterliche Autorität in der Familie und strikte Vorschriften verdrängender Sexualmoral. Unter diesen Primitiven fand ich eine Reihe von Neurasthenikern, die sich deshalb als unfruchtbar erwiesen zu ethnographischen Forschungen und Informationen.« (l. c. S. 89) Und weiter: »Es trifft für die Trobriander völlig zu, daß dort das freie Sexualleben keinerlei Homosexualität aufkommen läßt. Es flammte auf den Trobriand-Inseln auf nur durch den Einfluß des weißen Mannes, spezieller seiner Moral. Die Knaben und Mädchen in der Missionsstation lebten in gesonderten und streng isolierten Häusern, ... mußten einander helfen, so gut sie konnten, seitdem das, was

1. *Malinowski:* »Sex und Repression in Savage Society« (S. 86 f.), London, Kegan 1927.
2. Ebenda (S. 88).

jeder Trobriander als sein gutes Recht und als seine Pflicht betrachtet, ihnen versagt wurde. Sehr sorgfältige Untersuchungen der Stämme mit und solcher ohne Missionare bei den Eingeborenen zeigen, daß die Homosexualität die Regel bei denjenigen ist, denen die Moral des weißen Mannes aufgezwungen wurde auf eine derartig unrationale und unwissenschaftliche Weise.«

Hier wirkt bereits die ökonomische Expansion der kapitalistischen Wirtschaft, die die Missionare vorausschickt, um die Eingeborenen zu präparieren mit Moralismus, Alkohol, Religion und anderen »Gütern der Kultur«, zu deren Verteidigung und Rechtfertigung dann die emotionelle Pest die besten und genialsten Forscher heranzuziehen versteht. Wir müssen aber auch feststellen, daß die Eigenentwicklung der matriarchalischen Gesellschaft mit Notwendigkeit, wenn auch unvergleichlich langsamer und milder, zu qualitativ gleichen Erscheinungen der Sexualmoral führt. Die Missionare und sonstigen weißen Räuber beschleunigen bloß diesen Prozeß und erfüllen ihn mit der Grausamkeit des impotenten und besitzgierigen »Kulturträgers«.

Fügen wir noch an, was *Malinowski* in seinen Werken über das Geschlechtsleben der Trobriander über Perversionen berichtet: »Widernatürliche Unzucht« kommt nicht vor. Erscheinungen wie Sodomie, Homosexualität, Fetischismus, Exhibitionismus und Masturbation gelten den Eingeborenen nur als armselige Ersatzmittel für die natürliche genitale Umarmung und deshalb als schlecht und nur eines Toren würdig. Besonders kränkend für seine Eitelkeit wäre die Voraussetzung, er müsse wohl unfähig sein, seine Triebe auf natürlichem Wege genußreich zu befriedigen, da er zu solchen Ersatzmitteln greife. Der Trobriander verachtet Perversionen, wie er einen Menschen verachtet, der geringe oder unreine Dinge verzehrt statt guter reiner Nahrung.

»Im folgenden gebe ich einige typische Bemerkungen zum Thema ›Perversionen‹ wieder: ›Kein Mann und keine Frau in unserm Dorfe tut es.‹ ›Niemand durchbohrt gern Exkrement.‹ ›Kein Mensch hat seinen Hund lieber als seine Frau.‹ ›Nur ein Idiot (tonagawa) würde das tun.‹ ›Nur ein tonagawa onaniert. Es ist eine große Schande; wir wissen dann, daß keine Frau mit ihm koitieren will; wir wissen: ein Mann, der das tut, kann keine Frau erwischen.‹ Alle Aussagen der Eingeborenen betonen das Unbefriedigende des Ersatzes, des Notbehelfs, und sie folgern daraus sowohl die bedauernswerte Armseligkeit des Betreffenden, als

auch sein sexuelles Manko. Es wird etwa Orato'u als Beispiel angeführt, der Dorfnarr von Omarakana, der verkrüppelt ist und nicht richtig sprechen kann, oder verschiedene Albinos oder ein paar besonders häßliche Frauen; die mögen sich vielleicht der einen oder anderen Perversion hingeben, sagen die Eingeborenen, doch nie ein normaler Mann oder eine normale Frau... Wird Inversion definiert als eine Beziehung in der Detumeszenz, die regelmäßig durch Berührung mit einem gleichgeschlechtlichen Körper herbeigeführt wird, so sind die Männerfreundschaften auf den Trobriandinseln nicht homosexuell, und Invertiertheit kommt überhaupt nicht häufig vor. Denn wie gesagt, gilt diese Betätigung wirklich als schlecht und unrein, weil sie mit Ausscheidungen in Berührung bringt, die dem Eingeborenen wahrhaft Ekel einflößen. Und während die üblichen Zeichen der Zuneigung zwischen Angehörigen desselben Geschlechts durchaus gebilligt werden, würde jede erotische Zärtlichkeit, wie Kratzen, Wimpern-Abbeißen oder Berührung mit den Lippen die Eingeborenen empören.«
(*Malinowski*, Das Geschlechtsleben der Wilden, S. 336 ff.)
Der Trobriander entwickelt also einen genitalen Stolz und dementsprechendes Ehrgefühl *(sexualbejahendes Ichideal)*, das ihn zu einer trefflichen Einschätzung der eigentlichen Natur der Perversion befähigt. Unsere sexualverneinende gesellschaftliche Atmosphäre hat es zuwege gebracht, daß die besten unserer Sexualforscher diesen einfachen Zusammenhang zwischen der Störung der Potenz durch gesellschaftliche Unterdrückung des natürlichen Liebeslebens und den Perversionen als Ersatzbefriedigungen der Genitalität nicht erkannten. »In mancher Hinsicht sind seine Regelungen biologisch besser begründet und gesünder als unsere eigenen, in anderer Hinsicht feiner und scharfsinniger, und in noch anderer Hinsicht ein wirksamer Schutz für Ehe und Familie«, (l. c. S. 315) schreibt *Malinowski*.
Nur die ersten zwei Feststellungen sind richtig: Das Genitalleben dieser Primitiven ist natürlich, sexualökonomisch geregelt; auf dieser Grundlage entwickelt sich eine hohe Sexualkultur. Aber den angeblichen Schutz für Ehe und Familie, den das bedeuten soll, trägt *Malinowski*, der sich trotz seiner eigenen Forschungen von der biologischen Auffassung der Familie nicht freigemacht hat, in die Tatsachen hinein.
»Die Formen der Zügellosigkeit, wie sie auf den Trobriand-Inseln vorkommen, passen so gut in das Gefüge von Individualehe, Fa-

milie, Clan und örtlicher Gruppe und erfüllen gewisse Aufgaben
so durchaus zweckmäßig, daß nichts Wichtiges und Unverständli-
ches durch Hinweise auf hypothetische frühere Zustände wegzu-
erklären bleibt. Diese Formen existieren noch heute, weil sie Seite
an Seite mit Ehe und Familie, ja zum Besten von Ehe und Familie
gute Dienste leisten; und es besteht kein Grund zu der Annahme,
daß in der Vergangenheit andere Ursachen für ihr Bestehen maßgebend waren als in der Gegenwart.« (Geschlechtsleben der Wilden, S. 385) Wir werden an *Malinowskis* eigenen Berichten zeigen können, daß das »zügellose«, biologisch regulierte Genitalleben der Trobriander doch in Widerspruch zu ihrer Ehe und Familie steht, und daß uns, wenn wir schon unbedingt Partei ergreifen
wollen für die »Zügellosigkeit« *ohne* Neurosen und Perversionen
oder für Ehe und Familie *mit* Perversionen und Neurosen und
sexuellem Elend, nichts übrigbleibt, als uns für eines von beiden
zu entscheiden.

»Ob diese einander ergänzenden Perversionen im Geschlechtsleben der Eingeborenen eine große Rolle spielen, vermag ich nicht
zu sagen. Die grausamen Formen der Zärtlichkeit – Kratzen, Beißen, Spucken –, die der Mann mehr noch als eine Frau über sich
ergehen lassen muß, beweisen, daß sie als Element der Erotik im
Liebesspiel der Eingeborenen nicht unbekannt sind. Andererseits
ist Geißelung als erotischer Brauch gänzlich unbekannt, und die
Vorstellung, daß Grausamkeit an sich – ob nun aktiv begangen
oder passiv hingenommen – eine wohltuende Detumeszenz her-
beiführen könnte, erscheint den Eingeborenen nicht nur unver-
ständlich, sondern lächerlich. Ich möchte daher annehmen, daß
diese Perversionen in ihrer ausgesprochenen Form nicht existieren . . .

Fellatio wird beim vertraulichen Liebesspiel wahrscheinlich geübt.
Ich habe meine Kenntnisse ausschließlich von Männern bezogen,
und da wurde mir gesagt, daß ein Mann niemals die weiblichen
Genitalien in dieser Art berühren würde; gleichzeitig aber versi-
cherte man mir, Penilinctus werde in ausgedehntem Maße geübt.
Ich bin jedoch von der Wahrheit dieser männlichen Darstellungs-
weise keineswegs überzeugt. Der Ausdruck ikanumwasi kalu momona, ›den Ausfluß aus den Genitalien auflecken‹, bezeichnet
beide Formen der Fellatio (l. c. S. 340).

Masturbation ist ein anerkannter Vorgang, auf den oft im Scherz
angespielt wird. Die Eingeborenen behaupten jedoch, nur ein Idiot

täte so was, oder ein unglücklicher Albino oder ein Mann, der nicht richtig sprechen könnte: mit anderen Worten: nur jemand, der bei den Frauen nichts erreichen kann. Masturbation gilt daher als unfein und eines Mannes nicht würdig, doch mehr im spaßhaften Sinne; jedenfalls wird sie sehr milde beurteilt. Genau dieselbe Haltung wird gegenüber der weiblichen Masturbation eingenommen.

... Exhibitionismus gilt bei den Eingeborenen als wahrhaft verächtlich und widerlich.

... Wenn man die Seitenpfade des Geschlechtstriebes behandelt, so läßt sich keine strenge Grenze ziehen zwischen gewissen Praktiken – wie Fellatio und leidenschaftlichen überschwenglichen Liebkosungen – als vorbereitenden geschlechtlichen Zärtlichkeiten einerseits und als Selbstzweck, das heißt als endgültige Perversion andererseits. Entscheidend ist, ob sie nur als Teil des Liebesspiels zum normalen Koitus führen oder an sich schon genügen, die Detumeszenz herbeizuführen. In diesem Zusammenhang sollte man nicht vergessen, daß die nervöse Reizbarkeit der Eingeborenen viel geringer ist als unsere eigene; ihre erotische Phantasie ist verhältnismäßig träge; geschlechtliche Erregung und Tumeszenz wird nicht nur durch Anblick, Geruch oder Berührung der Geschlechtsorgane erreicht; um beim Mann oder Weib Orgasmus herbeizuführen, ist stärkere körperliche Berührung, vorbereitendes Liebesspiel und vor allem direkte Reibung der Schleimhäute nötig. Es ist daher anzunehmen, daß bei den Eingeborenen das vorbereitende Liebesspiel weniger leicht zum Selbstzweck wird, also sich zu Perversionen entwickelt, als bei leichter erregbaren Völkern.« (S. 341) – »Szenen, wie sie nach Einbruch der Dunkelheit und schon vorher in jedem europäischen Park häufig zu sehen sind, wären in einem Trobrianderdorf ganz ausgeschlossen.« (S. 343) – »Die ganze Einstellung der Trobriander gegenüber geschlechtlichen Exzessen zeigt, daß sie Zurückhaltung, Würde und Erfolg hoch einschätzen und bewundern; nicht nur, weil es einem Menschen wohl ansteht, sondern weil es beweist, daß er es nicht nötig hat, den Draufgänger zu spielen. Das sittliche Gebot, bei der Werbung Gewalttätigkeit, drängendes Ungestüm und Überredungskünste aus dem Spiel zu lassen, liegt in der starken Überzeugung begründet, daß solche Mittel schimpflich seien; denn wahrer Wert und wahre Würde liegt darin, daß man begehrt wird, daß man durch persönliche Vorzüge, durch Schönheit und Magie erobert.« (l. c. S. 351)

Wir sehen, die moralischen Wertungen des Trobrianders sind von den unsrigen prinzipiell verschieden. Bei uns wird aus allgemeiner Sexualverneinung gewertet, der Trobriander wertet aus einer *positiven* Einstellung zum genitalen Geschlechtsleben in trefflicher Erfühlung der Krankhaftigkeit oder Defektuosität der Perversionen. »Wenn eine Frau keine Männer hat, die zu ihr kommen, und sie selbst die Initiative ergreift und zu einem Manne geht, nennen wir sie eine Hure.« »Es liegt auf der Hand«, schreibt *Malinowski* mit Recht, »daß solche Frauen deshalb moralisch verurteilt werden, weil erotische Erfolglosigkeit als Schande gilt.« (S. 350) Das ist zwar auch bei uns der Fall, aber diese Wertung bleibt geheim, hat keine offizielle Geltung. Die autoritäre Anschauung von Zucht und Moralität wertet nicht negativ, weil Erfolglosigkeit, sondern im Gegenteil, weil sexuelles Verlangen außerhalb und in gewissen Schichten auch innerhalb der Ehe als Schande gilt. Die Konsequenzen dieser beiden verschiedenen Wertungen, der sexualökonomischen und der moralistischen, sind nicht geringfügig: Jene treibt zu Vollentfaltung von genitaler Tüchtigkeit, körperlicher Schönheit und Anziehung an; diese bedingt das Gegenteil, Verkrüppelung der Genitalität, Verbergen des Körpers und Verunstaltung (vgl. die Kirche als Feind des weiblichen Turnens).

Nehmen wir ein anderes Beispiel der sexualökonomischen Wertung des Trobrianders. Er verurteilt sexuelle Lüsternheit und Geilheit, die typischen Produkte der Sexualunterdrückung. »Die Unfähigkeit, seinen Trieb zu beherrschen«, berichtet *Malinowski*, »welche zu fortgesetzter, aggressiver geschlechtlicher Betätigung führt, wird an Mann und Frau als verächtlich angesehen.« (S. 350) Es handelt sich offenbar um eine Ungenauigkeit des Ausdrucks. Der Trobriander wird nicht die Unfähigkeit, sich zu beherrschen, sondern die Grundlage der pathologischen Sexualaggression, die gestörte Befriedigbarkeit ablehnen. Das geht aus der Gesamteinstellung des Trobrianders, der ja täglich verkehren kann und keine genitalen Hemmungen kennt, eindeutig hervor.

Hier muß eine wichtige Tatsache vermerkt werden: Der geheilte Neurotiker oder Perverse, der vorher lüstern, sexuell aggressiv oder unersättlich war, weil seine Befriedigbarkeit gestört war, beginnt nach der Behandlung, in dem Maße wie seine Genitalität vom moralistischen Druck befreit wird und er von der Sexualverneinung zur Sexualbejahung fortschreitet, ähnliche Züge der natürlichen Zurückhaltung, der Auswahl des Partners nach sexualökonomischen Gesichtspunkten, der Ablehnung des Verkehrs mit Prostituierten, der Onanie und selbständiger perverser Akte hervorzukehren wie der von vornherein sexualökonomisch organisierte Trobriander. Wir dürfen daher sagen, daß der Wegfall der moralischen Hemmung die sexualökonomische Regulierung des Liebeslebens zur Geltung kommen läßt, während der Sexualmoralismus das gerade Gegenteil des Beabsichtigten erzielt.

Wir werden im nächsten Abschnitt die Veränderungen im Sinne der europäischen und amerikanischen Moral zu behandeln haben, die die Entwicklung des Patriarchats in diese sexualökonomisch regulierte Gesellschaft wie einen Keil hineintreibt. Und wir werden sehen, daß mit dem Vordringen des Sexualmoralismus und in gleichem Schritt mit ihm, sich die Erscheinungen unserer Kulturkreise deutlich ausbilden, so vor allem in Verbindung mit all dem, was mit der Eheinstitution und ihrer wirtschaftlichen Grundlage zu tun hat.

II. Die ökonomischen und sexuellen Widersprüche der Trobriander

1. DIE MUTTERRECHTLICHE ORGANISATION UND DAS AUFSTEIGENDE PATRIARCHAT

Die von *Malinowski* durchforschte mutterrechtliche Organisation der Trobriander in Nordwest-Melanesien ist ganz besonders geeignet, Licht auf die so dunkle Entstehungsgeschichte der sexualverneinenden Moral und ihren Zusammenhang mit dem Beginn der Klassenteilung zu werfen, und dies aus folgendem Grunde: *Malinowski* betont an verschiedenen Stellen seines Berichtes, daß sich bei den Trobriandern sehr merkwürdige Widersprüche ergeben zwischen der mütterlichen Erbfolge und der mütterlichen Clan-Einteilung einerseits und der Rolle, die der Mann, sei es als Bruder der Mutter, sei es als Gatte in dieser Gesellschaft spielt. Wir wollen zuerst das Material zusammentragen, um daraus später unsere Schlüsse zu ziehen, und nehmen nur vorweg, daß es sich um Widersprüche zwischen (noch) mutterrechtlicher und (schon) beginnender vaterrechtlicher Organisation handelt. Hören wir zunächst *Malinowskis* Bericht über die wirtschaftliche und soziale Organisation der Trobriander, die er immer wieder und mit Recht als die Grundlage der sexuellen Verhältnisse bezeichnet[1].

Der Trobriand-Archipel liegt im Nordosten von Neu-Guinea und besteht aus einer Gruppe flacher Koralleninseln, die eine weite Lagune umrahmen. Die Landflächen sind sehr fruchtbar und die Lagunen fischreich. Die Bewohner der einzelnen Inseln stehen in Handelsverkehr miteinander, ebenso die Küstenbewohner mit den Bewohnern des Innern der Inseln. Ackerbau und Fischfang sind die wirtschaftlichen Grundelemente. Es herrscht reger Tauschhandel an Gartenfrüchten gegen Fische und umgekehrt. Die Produktion ist gesellschaftlich, ebenso die Produktenverteilung. Aus Malinowskis genauer Beschreibung etwa der Besitzverhältnisse an Kanus geht der ursprünglich gemeinschaftliche Cha-

---

1. Die nächstfolgende Beschreibung entnehmen wir »Crime and Custom in Savage Society«, S. 1 bis 39.

rakter der Wirtschaftsordnung unter den Trobriandern eindeutig hervor. In jedem Kanu findet sich nur ein Mann, der der rechtmäßige Besitzer (»rightful owner«) ist; alle Männer, die ein Kanu bedienen, gehören in der Regel einem Unterclan an; sie sind aneinander durch bestimmte Verpflichtungen gebunden: Wenn die Gemeinschaft fischen geht, kann der Eigentümer sein Kanu nicht verweigern. *Malinowski* spricht an verschiedenen Stellen von ausgesprochenem Besitz und erwähnt dabei das Kanu. Wir sehen an der genannten Verpflichtung, daß dieser »Besitz« wenig mit unserem ausschließlichem Eigentum an Produktionsmitteln zu tun hat, daß es sich vielmehr praktisch um Gemeineigentum handelt. Wenn der »Eigentümer« nicht selbst ausfahren kann, muß er entweder das Kanu überlassen oder einen Vertreter schicken. Jeder Mann aus einer Kanugruppe hat einen bestimmten Platz und eine bestimmte Aufgabe und ist verpflichtet, teilzunehmen. Jeder bekommt auch seinen Teil von den gefangenen Fischen. *Malinowski* erwähnt an keiner Stelle, daß der »Besitz« des Kanus besondere Vorrechte einräumt. Die Bezeichnung »toli« (Eigentümer) drückt nur einen Wert aus, bedeutet nur eine Auszeichnung, »selbst wenn sie keinen Anspruch auf ausschließliche Benützung des Gegenstandes erteilt.« (»Geschlechtsleben« S. 17) »Thus the ownership and use of the canoe consists of a series of definite obligations and duties uniting a group of people into a working team.« (»Crime and Custom«, S. 18)

Sowohl der »Besitzer« wie die übrigen Gruppenmitglieder sind berechtigt, ihre Rechte an irgendeinen Verwandten oder Freund abzutreten. Dies geschieht oft, aber immer gegen irgendein Entgelt. *Malinowski* spricht sich streng gegen die Auffassung dieser Verhältnisse als kommunistischer aus und sagt, man könnte mit dem gleichen Rechte eine moderne joint-stock company als Kommunismus bezeichnen. Er stellt fest, daß ein bestimmtes System herrscht von Arbeitsteilung und gegenseitigen Verpflichtungen, in das ein bindendes Pflichtgefühl und die Erkenntnis der Notwendigkeit der Zusammenarbeit Seite an Seite mit Selbstinteresse (»self-interest«) und Privilegien eingreifen. Was *Malinowski* über den Kanubesitz berichtet, entspricht vollkommen den marxistischen Beschreibungen des Urkommunismus. Der Besitzer des Kanus (»the master of the canoe«), der gleichzeitig der Führer der Gruppe ist, hat vor allem den Bau eines neuen Kanus zu finanzieren (es herrscht Naturalwirtschaft), wenn das alte abgebraucht ist, und er hat es in gutem Zustande zu erhalten, wobei ihm die übrigen Mitglieder der Kanugruppe helfen. So bleiben die Mitglieder in ständiger wechselseitiger Verpflichtung. Jeder Mitbesitzer (»joint owner«) hat das Recht auf einen bestimmten Platz und die Privilegien, die damit verbunden sind. Er hat dafür seinen Posten auszufüllen und bekommt einen bestimmten Titel (»Eigentümer«, »Beobachter der Fische«, »Netzhalter« etc.). Wir finden also Gemeinbesitz, Arbeitsteilung, Vergesellschaftung der Arbeit und der Arbeit entsprechende Verteilung der Produkte: *Urkommunismus.*

Je zwei Dörfer stehen gewöhnlich im Tauschhandel miteinander. Ein Teil der Fische wird behalten, der Überschuß wird gegen Überschüsse an Gartenfrüchten eines zweiten Dorfes ausgetauscht. Jeder Fischer ist streng verpflichtet, seine Schuld an den Gartenfruchtpartner zu begleichen, wenn er von ihm Gartenfrüchte bekam, und umgekehrt. Kein Partner kann das verweigern, keiner kann es aufschieben.

Das gesamte Rechtssystem, schreibt *Malinowski* (»Crime and Custom«, S. 25) beruht auf der »Symmetrie aller sozialen Transaktionen«, auf der Gegenseitigkeit der Dienste, so daß der Austausch ein System soziologischer Bindung ökonomischer Natur herstellt. Dieses Prinzip der Gegenseitigkeit ersetzt die gesellschaftliche Sanktion für jede Regel. Zwei Parteien, die Dienste und Funktionen austauschen, überwachen gegenseitig genau das Maß der Erfüllung und die anständige Haltung beim Austausch. Dieses wohlgeordnete Prinzip des Gebens und Nehmens (»well-assessed give and take«) bedingt eine freie und leichte Art der Erledigung der Geschäfte.

Hier müssen wir die Schilderung der ökonomischen Grundlagen abbrechen. Wir werden auf die ökonomische und soziale Struktur anläßlich des Heiratsgutes noch genau einzugehen haben.

Der wichtigste Faktor im Rechtssystem der Trobriander ist die Vorstellung, daß einzig und allein die Mutter den Leib des Kindes aufbaue und daß der Mann in keiner Weise zu seiner Entstehung beitrage. Das Kind bestehe aus der gleichen Substanz wie die Mutter, habe aber mit dem Vater keinerlei Verbindung; die Rolle des Mannes bei der Zeugung ist unbekannt. Infolgedessen folgen Claneinteilung und Inzesttabus nur der mütterlichen Linie. Alle Blutsverwandten mütterlicherseits bilden einen Clan, diese Clans sind in Unterclans eingeteilt, die sich durch nähere und entferntere Blutsverwandtschaft unterscheiden.

»Die Unterclans sind mindestens ebenso wichtig wie die Clans, denn die Angehörigen desselben Unterclans sind wirklich blutsverwandt, vom gleichen Rang und bilden die lokale Einheit der trobriandrischen Gesellschaft. Jede lokale Dorfgemeinschaft besteht nur aus Menschen, die einem einzigen Unterclan angehören; sie haben gemeinsame Ansprüche auf den Grund und Boden des Dorfes, auf das umgebende Gartenland und auf eine Anzahl lokaler Vorrechte. Großdörfer bestehen aus mehreren lokalen Einheiten, doch jede Einheit hat ihren zusammenhängenden Grund und Boden im Dorf und angrenzend ein großes Stück Gartenland.« (»Das Geschlechtsleben der Wilden«, S. 354)

Für die Angehörigen des Unterclans herrscht strengstes, für die des Clans etwas gemildertes Inzesttabu. Die Angehörigen eines Unterclans betrachten sich als wirkliche Blutsverwandte, während sie die Angehörigen eines anderen, jedoch zum gleichen Clan gehörigen Unterclans bloß oberflächlich, mehr bildlich als Blutsverwandte ansehen. Im Ganzen gibt es vier Clans nach ihrer totemistischen Einteilung. Nach der Meinung der Eingeborenen ist die Clanzugehörigkeit ebenso angeboren wie körperliche Eigenschaften.

Der Bruder der Mutter hat zu ihren Kindern eine ganz andere Stellung als ihr Gatte, deren eigentlicher Vater. Der Mutterbruder ist das eigentliche Oberhaupt der Familie in der matriarchalischen Gesellschaft. Er ist der »Vormund« der Kinder seiner Schwester, lehrt sie, wenn sie herangewachsen sind, die magischen Künste und die Ideale des Clans, er wird von ihnen respektiert und ist das Vorbild der heranreifenden Knaben, die ihn später einmal beerben sollen. Er hat gleichzeitig für seine Schwester zu sorgen und ist derjenige, der das *Heiratsgut* zu liefern hat. Ihr Gatte hat eher die Stellung eines geschätzten Freundes, der sich liebevoll der Kinder seiner Freundin annimmt als ihr erwachsener Kamerad und Gespiele. Aus diesen Beziehungen ergibt sich, daß die Kinder zu ihren Vätern (dieser Begriff ist für die trobriandrische Gesellschaft rein sozial zu denken) nicht die Einstellung wie bei uns entwickeln; sie betrachten ihn als Freund, nicht als Autorität. Dies fällt, wie erwähnt, dem mütterlichen Onkel zu.

Diesem rein mutterrechtlichen Prinzip steht nun ein anderes entgegen, das, zumindest in seinen sozialen Zügen, bereits die Bezeichnung eines vaterrechtlichen verdient. Die entsprechenden Einrichtungen sind folgende: Zunächst ist die Ehe patrilokal, das heißt, die Ehefrau folgt dem Manne in sein Dorf. Nur der Sohn des Häuptlings heiratet »matrilokal«, was, wie wir später hören werden, einen besonderen ökonomischen Grund hat. Es existiert bereits ausgesprochenes Besitzinteresse des Mannes, ebenso liegt die eigentliche Funktion der Macht bei ihm, wenn sie auch aus der Mutterlinie hervorgeht. Hier gerät das ursprüngliche Mutterrecht mit dem beginnenden Vaterrecht in Konflikt. *Malinowski* spricht zwar von Einrichtungen, »die dem Stammesgesetz und seinen mutterrechtlichen Forderungen ebenso gerecht werden wie den Ansprüchen der Vaterliebe, die dem Sohn alle möglichen Vorteile zuwenden möchte« (l. c. S. 70), aber es wird bald klarwerden, daß diese »Vaterliebe« mit ihren Rechten und Ansprüchen bereits klares ökonomisches Vaterrecht in seinen ersten Stufen darstellt. Die Dorfgemeinschaft hat auch einen Häuptling, mehrere Dorf-gemeinschaften haben einen übergeordneten Häuptling, der viele Vorrechte genießt. Doch ist die Frau »ausgeschlossen von der Ausübung der Macht, vom Landbesitz und vielen anderen öffent-lichen Vorrechten; daraus folgt, daß sie keinen Platz bei der Stammesversammlung und keine Stimme bei den öffentlichen Be-ratungen hat, die in Verbindung mit Gartenbestellung, Fischfang, Jagd, überseeischen Expeditionen, Krieg, rituellem Handel, Fest-lichkeiten und Tänzen abgehalten werden.« (S. 26/27)

Wir sehen hier bereits so deutliche Anzeichen des Vaterrechts, daß wir *Malinowskis* Anschauung, es handle sich bloß um »An-sprüche der Vaterliebe«, nicht zustimmen können. Daß es sich um die eindringende vaterrechtliche Herrschaft handelt, läßt sich aus dem Brauch des Heiratsgutes ökonomisch klar ableiten. Doch zu-nächst wollen wir uns die Stellung des Häuptlings näher an-sehen.

»Bemerkenswerterweise ist die Quelle der Macht in erster Linie wirtschaftlicher Art; der Häuptling kann viele seiner Funktionen als vollziehende Gewalt nur deshalb ausüben und gewisse An-sprüche nur deshalb erheben, weil er der reichste Mann des Dor-fes ist. Er hat das Recht auf Ehrenbezeugung, Gehorsam und Dienstleistungen; er kann von seinen Untertanen die Teilnahme an Kriegen, Expeditionen und Festlichkeiten verlangen; doch für alles muß er kräftig zahlen. Er muß große Feste geben und alle Unternehmungen finanzieren, indem er die Teilnehmer speist und die Hauptbeteiligten entlohnt. Macht auf den Trobriand-In-seln ist im wesentlichen plutokratisch. Nicht weniger merkwürdig und unerwartet ist ein anderer Wesenszug dieses Regierungssystems: obwohl der Häuptling ein großes Einkommen braucht, ist doch nichts dergleichen mit seinem Amte verbunden; die Bewohner seines Gebietes zahlen keine wesentlichen Tribute an ihn, wie sonst Untertanen ihrem Herrscher. Die kleinen alljährlichen Gaben oder Tribute an besonderen Leckerbissen – der erste gefangene Fisch, das erste Gemüse, besondere Nüsse und Früchte – bilden durchaus keine Einnahmequelle; tatsächlich muß sie der Häuptling nach ihrem vollen Wert bezahlen. Sein wirkliches Einkommen erfließt ihm ganz und gar aus der alljährlichen Ehebeisteuer; diese ist jedoch in seinem Fall sehr groß, denn er hat viele Frauen, und jede von ihnen wird viel reichlicher ausgesteuert, als wenn sie einen einfachen Mann geheiratet hätte.« (S. 95)

Nur der Häuptling hat das Recht zur Polygamie. Wir wissen nun, daß es in der ethnologischen Forschung zwei Hauptrichtungen gibt, die zueinander in Gegensatz treten. Die eine ist die, welche in der mutterrechtlichen Organisation die ursprüngliche Form der menschlichen Gesellschaft überhaupt erblickt, aus der sich im Laufe der wirtschaftlichen Entwicklung die Organisation des Patriarchats und der Polygamie heraus entwickelte. Die Hauptverfechter dieser Anschauung sind *Morgan* und *Engels.* Die andere Richtung vertritt den Standpunkt, daß sich die heutige Organisation der Familie, nämlich die vaterrechtliche, bereits in der Urzeit, und zwar als Ursprungsorganisation in Form der polygamen Urhorde unter der Leitung eines starken Männchens, herstellte. Ihr schloß sich auch *Freud* an. Wir wollen hier das Für und Wider dieser beiden Richtungen noch nicht diskutieren und erwähnen sie an dieser Stelle nur, weil wir in der Organisation der Trobriander die beiden Organisationsformen ineinander verflochten finden. Es muß nur noch vermerkt werden, daß die Vertreter des Mutterrechts als ursprünglicher Organisation das soziologisch-ökonomische Moment, die Vertreter der Vaterrechtstheorie eher den biologisch-psychologischen Prozeß in der Entwicklung der menschlichen Gesellschaft und Familie betonen.

Nun läßt sich aus den Forschungen *Malinowskis* eindeutig nachweisen, wie sich bei den Trobriandern der Prozeß der *Verschiebung* der sozialen, wirtschaftlichen und ideologischen Verhältnisse vom *Mutterrecht zum Vaterrecht* hin vollzieht. Wir haben hier Gelegenheit, einen Vorgang unmittelbar zu beobachten, den man sonst aus logischer Überlegung und durch Vergleich reiner mutterrechtlicher und reiner vaterrechtlicher Organisation abzuleiten versucht.

Ehe wir jedoch diesen Prozeß verfolgen, ist es notwendig, festzuhalten, was für Verschiebungen zu sehen sind:

1. Der Übergang der Macht von der Frau auf den Mann. Dabei wächst die Machtverschiebung vertikal nach der Rangeinteilung. Der Häuptling hat gegenüber den Bürgern die größte Macht, seine Frauen haben die geringsten Rechte.

2. Der Übergang vom natürlichen genitalen Liebesleben zum Zwang der Ehebindung.

3. Der Übergang von der Sexualbejahung zur Sexualverneinung, von der vorehelichen Bejahung der Genitalbetätigung zur Forderung nach vorehelicher Askese, und schließlich das Wesentlichste,

4. die fortschreitende Teilung der Gesellschaft in obere Unterdrücker und unterdrückte untere Gruppen.

Wir beobachten also bloß den Prozeß der Überleitung der Macht, nicht aber seinen Beginn. Wohl aber können wir das Einsetzen der Sexualverneinung und die Klassenteilung schon in den ersten Ansätzen verfolgen.

Der zentrale Mechanismus dieses ganzen Verschiebungsprozesses ist der *Ritus des Heiratsgutes.*

2. DAS HEIRATSGUT ALS ZERSTÖRER DER MUTTERRECHTLICHEN GESELLSCHAFT

a) *Die Eheschließung*

Die Eheschließung selbst ist völlig unzeremoniell. Ist eine Dauerbeziehung herangereift, so genügt häufiges gemeinsames Auftreten der Partner in der Öffentlichkeit zur Bekundung ihres Willens, eine Ehe einzugehen. Auch die Ehetrennungen sind unkompliziert; jedem Gatten steht das Recht frei, den anderen zu verlassen, wenn er nicht mehr in der Gemeinschaft bleiben will. Wir haben es hier mit der von *Morgan* zuerst beschriebenen lockeren »*Paarungsehe*« zu tun, die eine Vorstufe unserer dauermonogamen Ehe bildet. Doch wir werden bald sehen, daß der Mann weit größeres Interesse sowohl an der Eheschließung wie auch an der Aufrechterhaltung der Ehe hat als die Frau.

»Die Scheidungsförmlichkeiten sind ebenso einfach wie die Eheschließung. Die Frau verläßt das Haus ihres Mannes mit allem, was ihr gehört, und zieht in die Hütte ihrer Mutter oder ihrer nächsten Verwandten mütterlicherseits. Dort bleibt sie und wartet ab, was weiter geschieht; unterdessen genießt sie volle geschlechtliche Freiheit. In den meisten Fällen wird der Mann versuchen, sie zurückzuholen. Er schickt gewisse Freunde mit »Friedensgaben« für seine Gattin und die Leute, bei denen sie wohnt. Manchmal werden die Geschenke zunächst zurückgewiesen; dann werden die Gesandten wieder und wieder geschickt. Nimmt die Frau die Gaben an, so muß sie zu ihrem Gatten zurückkehren, die Scheidung hat ein Ende, und die Ehe ist wiederhergestellt. Ist es ihr aber ernst, ist sie entschlossen, nicht zu ihm zurückzukommen, so werden die Geschenke überhaupt nicht angenommen; dann muß sich der Mann einrichten, so gut er eben kann – das heißt, er muß sich nach einem anderen Mädchen umsehen. Die Auflösung der Ehe zieht keine Rückgabe der ursprünglich ausgetauschten Ehegaben nach sich.« (S. 106)

Solange die Ehe dauert, bindet das Eheband »fest und ausschließlich«. Diese Bindung wird durch Gesetz, Moral und Sitte aufrechterhalten.

Mit der Ehe begegnen wir zum ersten Male moralistischen Forderungen und Erscheinungen ebenso wie den typischen Folgen der Ehezwangsmoral, die uns nicht mehr so fremd und sonderbar anmuten wie das voreheliche Leben, uns vielmehr sehr vertraut vorkommen. Die Bindungen sind fester, Treue wird gefordert, Untreue wird bestraft. Eifersucht und Ehebruch beunruhigen das Liebesleben jetzt am stärksten. »Jeder Bruch der ehelichen Treue wird auf den Trobriand-Inseln ebenso streng verdammt wie durch christliche Lehre und europäisches Gesetz; strenger könnte selbst die puritanische öffentliche Meinung nicht sein.« (S. 84) Klingt das nicht nach dem Menschen angeborener ehelicher Zwangsmoral? Wir werden uns nicht irreleiten lassen und vielmehr aus dem Vergleich mit katholischer Kirche und amerikanischem Puritanismus auf qualitativ ähnliche Ursachen schließen.

Zunächst noch einige charakteristische Kennzeichen der einsetzenden Sexualverneinung. Keinerlei Hinweis auf die geschlechtlichen Beziehungen der Gatten oder ihr früheres Liebesleben ist erlaubt, eine Übertretung dieser Sitte gilt als unanständig. Die erste Periode nach der Eheschließung ist durch Enthaltsamkeit gekennzeichnet. »Obwohl für dieses Stadium kein ausgesprochenes geschlechtliches Tabu besteht, denken die Neuvermählten in der Zeit, die unseren Flitterwochen entspricht, wahrscheinlich viel weniger an Liebesdinge als vor der Heirat. Folgende Aussage ist mir zu Ohren gekommen: ›Wir schämen uns im Hause unserer Mutter und unseres Vaters. Im bukumatula hat ein Mann mit seiner Liebsten Verkehr, ehe sie heiraten. Nachher schlafen sie zusammen auf einem Lager im elterlichen Haus, aber sie legen ihre Kleider nicht ab.‹ Das junge Paar fühlt sich in der neuen Situation verlegen und bedrückt. Die erste Zeit nach der Eheschließung ist eine natürliche Periode der Enthaltsamkeit.« (S. 80/81) War vorher das gemeinsame Essen eine unmögliche, ja unanständige Handlung, so wird jetzt gerade das gemeinsame Essen zum Symbol der Ehe; dadurch wird die Heiratsabsicht oder die stattgehabte Heirat kundgetan. Strenge Schicklichkeitsvorschriften setzen ein. Die Gatten dürfen keine Geste zeigen, die zärtliche Beziehungen zwischen ihnen verraten könnte. (S. 81) Die verheiratete Frau darf am Versteckenspielen nicht teilnehmen, das nur der halbwüchsigen Jugend die beste Gelegenheit zur Geschlechtsumarmung bietet. Es ist, als ob die Sitte wüßte, daß das, was mit der Zwangsehe zum Liebesleben hinzutritt, nicht nur nichts mehr mit Genitalität zu tun hat, sondern vielmehr *gegen* sie auftritt.

»Interessant und überraschend ist der Gegensatz zwischen dem freien und unbefangenen Verkehr, der gewöhnlich zwischen einem Mann und seiner Frau herrscht, und den strengen Schicklichkeitsvorschriften in geschlechtlichen Dingen; peinlich vermeiden Eheleute jede Geste, die zärtliche Beziehungen zwischen ihnen verraten könnte. Nie fassen sie sich im Gehen bei den Händen oder legen die Arme umeinander, was kaypapa heißt und Liebenden und Freunden gleichen Geschlechts erlaubt ist. Eines Tages, als ich mit einem verheirateten Paare ging, schlug ich dem Manne vor, seine Frau zu stützen, denn sie hatte einen schlimmen Fuß und hinkte stark. Beide lächelten und blickten sehr verlegen zu Boden, offenbar tief beschämt durch meinen unschicklichen Vorschlag. Gewöhnlich geht ein Ehepaar hintereinander im Gänsemarsch. In der Öffentlichkeit und bei Festen trennen sie sich meist; die Frau schließt sich einer Gruppe anderer Frauen an, der Mann hält sich zu den Männern. Nie wird man auf den Trobriand-Inseln Mann und Frau zärtliche Blicke, liebevolles Lächeln oder verliebte Neckereien austauschen sehen.« (S. 82)

»Wenn das junge Paar seine eigene Wohnung besitzt, so teilen sie dieselbe Schlafbank oder auch nicht, je nachdem; es scheint dafür keine Regel zu geben. Einige meiner eingeborenen Gewährsleute berichteten mir, Verheiratete schliefen zunächst immer im selben Bett, später aber trennten sie sich und kämen nur zum Geschlechtsverkehr zusammen. Ich argwöhne jedoch, daß diese Auskunft eher ein Stückchen zynischer Lebensphilosophie darstellt, als eine Aussage über Brauch und Sitte.« (S. 81)

Interessant genug, daß mit der Ehe zynische Betrachtung einsetzt. Weiter:

»... es ist ganz ausgeschlossen, von irgend jemand direkte Auskünfte über sein eigenes Eheleben zu erhalten, denn in diesen Dingen muß eine sehr strenge Etikette beachtet werden. In Gesprächen mit einem Ehemann muß auch die leiseste Anspielung auf solche Dinge unterbleiben; auch keinerlei Hinweis auf die gemeinsame geschlechtliche Vergangenheit des Paares oder auf die früheren Liebesgeschichten der Frau mit anderen Männern ist erlaubt. Es wäre eine unverzeihliche Verletzung der Etikette, würde man einem Manne gegenüber, sei es auch nur unbewußt oder nur beiläufig, das hübsche Äußere seiner Frau erwähnen. Der Mann würde fortgehen und sich lange Zeit nicht wieder sehen lassen. Als ärgster Fluch und unverzeihliche Beschimpfung gelten dem Trobriander die Worte: ›Kwoy um kwawa‹ (beschlafe deine Frau). Sie haben Mord, Verhexung und Selbstmord zur Folge.« (S. 81)

Wir sehen hier eine Etikette einsetzen, die wie eine zwangsartige Vermeidung anmutet. Das läßt, wenn man den Widerspruch zwischen dem freien Genitalleben vor der Ehe und der gebundenen Genitalität in der Ehe berücksichtigt, nur die eine Deutung zu, daß hier gewisse Interessen eingreifen, die die Sexualfreiheit beschränken und zu ihrer Stütze bereits bestimmte der psychischen Abwehr (Verdrängung) ähnliche seelische Haltungen mobilisieren. *Malinowski* versucht zwar an einigen Stellen seines Werkes, die Ehen im allgemeinen als harmonisch hinzustellen, aber seine Berichte über einige Fälle von tragischen Selbstmorden von Ehefrauen und über eheliche Konflikte sowie der Schleier, der sich hier über die Ehesituation breitet, verraten uns, daß die ehelichen Verhältnisse bereits alle Widersprüche wie bei uns zu entwickeln beginnen: die zwischen den sexuellen Interessen, die auf begrenzte Dauer der Beziehung, und den sozialen, die auf Unlösbarkeit zielen.

Malinowski erörtert eingehend die Frage, welche Gründe beim einzelnen für die Eheschließung maßgebend sind. Das Geschlechtsleben war bisher völlig frei und befriedigt, mit der Ehe setzen schwere Hemmungen der Genitalität und große Verpflichtungen ein. *Malinowski* zählt mehrere Gründe auf:

1. Der Trobriander bezieht erst dann die volle soziale Stellung in der Gemeinschaft, wenn er verheiratet ist.

2. Die Sitte verpflichtet moralisch zur Eheschließung.

3. Beim Manne, »der die erste Jugend hinter sich hat, kommt der ganz natürliche Wunsch nach dem eigenen Heim und Haushalt« hinzu; verlockend seien auch die Dienste, die die Frau dem Gatten leistet.

4. »Die Frau hat keinen wirtschaftlichen Anlaß zur Heirat und gewinnt weniger als der Mann an Bequemlichkeit und gesellschaftlichem Ansehen; sie wird in der Hauptsache durch persönliche Neigung und den Wunsch nach ehelich geborenen Kindern zur Heirat bestimmt.«

Hier ist eine Reihe von moralischen und biologischen Gründen für die Eheschließung angeführt; keine von ihnen erklärt jedoch die Tatsache der Eheinstitution. Es handelt sich vielmehr um seelische Interessen und moralische Haltungen, die durch die soziale Eheinstitution erst geschaffen werden, um die Verankerung dieser Institution in der charakterlichen Struktur der Individuen. Denn die Anerkennung der vollen sozialen Stellung wäre auch ohne Ehe denkbar; die Sitte selbst bedarf einer soziologischen Erklärung; die Frau könnte ihre persönlichen Neigungen auch ohne Ehe befriedigen, da doch außer der Ehe die sexuelle Dauerbeziehung existiert; und schließlich leitet sich das Interesse an gerade ehelich geborenen Kindern selbst erst aus den Interessen an der Eheinstitution ab. Wir glauben daher, daß wir nicht wie *Malinowski* das wirtschaftliche Interesse des Mannes in einer Reihe mit den anderen anführen dürfen, sondern ihm die letzten Endes entscheidend begründende Rolle nicht nur an der Eheschließung, sondern auch an der Herstellung und Erhaltung der Eheinstitution zuschreiben müssen; denn

»ein (anderer) sehr wichtiger Grund zur Heirat ist vom Standpunkt des Mannes aus der wirtschaftliche Vorteil. Die Eheschließung bringt einen beträchtlichen jährlichen Tribut an Nahrungsmitteln mit sich, der dem Ehemann von der Familie der Frau geleistet wird. Diese Verpflichtung ist vielleicht der wichtigste Faktor im ganzen sozialen Getriebe der trobriandrischen Gesellschaft. Hierauf beruht – infolge seines Vorrechts auf Polygamie – die Autorität des Häuptlings und sein Vermögen, alle rituellen Veranstaltungen und Feste zu finanzieren. So sieht sich ein Mann zur Heirat *gezwungen*, vor allem, wenn er Rang und Ansehen genießt; denn abgesehen von der Festigung seiner wirtschaftlichen Lage durch das Einkommen, das er von der Familie der Frau empfängt, erringt er sich auch seine volle soziale Stellung erst dann, wenn er dem Stand der tovavaygile beitritt.« (S. 59)

Verfolgen wir den »wichtigsten Faktor im ganzen sozialen Getriebe der trobriandrischen Gesellschaft« weiter. Er wird uns manche Rätsel nicht nur dieser Gesellschaft, sondern der Herkunft der sexuellen Zwangsmoral und der Klassenteilung überhaupt lösen.

b) Die »einzig gesetzliche« Ehe

Der Ehemann erwirbt also durch seine Heirat wirtschaftliche Ansprüche an seine männlichen angeheirateten Verwandten, die »im Austausch für ihre Leistungen eine gesetzliche Autorität über die Frau und ihre Kinder behalten«. (l. c. S. 94) Wir würden mit Rücksicht auf den durch den Ritus des Heiratsgutes in Gang gesetzten Prozeß sagen, »noch eine Zeitlang behalten«. Stellen wir die Tatsachen zusammen.

Die Familie des Mädchens hat bis zu seiner Verheiratung kein Interesse an seinen geschlechtlichen Beziehungen genommen. Es durfte tun und lassen, was es wollte. Die Heirat aber, »für die Familie (des Mädchens) eine dauernde Quelle beträchtlicher Anspannung und Plackerei«, wird von seinen Verwandten eifrig besprochen, aber sie sind von jeder Einflußnahme auf die ehelichen Pläne ausgeschlossen. Das Interesse kreist um die Heiratsgabe.

Der Brauch der Heiratsgabe ist sehr kompliziert. Gabe und Gegengabe, die zunächst zwischen den Eltern der Heiratskandidaten ausgetauscht werden, machen einem *regelmäßig zu liefernden, alljährlichen Tribut der Verwandten, insbesondere der Brüder der Frau an den Gatten und seine Familie nach der Heirat, für die ganze Dauer der Ehe*, Platz. Die Gegengaben, die nunmehr von der Familie des Gatten an die seiner Frau geleistet werden, sind Höflichkeitsakte, reichen im Werte gar nicht an die Heiratsgaben der Familie der Frau heran. Das Heiratsgut besteht hauptsächlich aus Gartenfrüchten. Die Höhe der Abgabe ist je nach dem Rang der Beteiligten verschieden, doch beträgt sie in einem Durchschnittshaushalt etwa die Hälfte des Verbrauchs. Jedermann behält einen Teil der Gartenerzeugnisse für sich, das übrige bekommen die weiblichen Verwandten und ihre Gatten. Die Heiratsgabe – betont *Malinowski* – ist aber »das hauptsächlichste und ansehnlichste Erzeugnis der Gartenarbeit.« (S. 90) Ideologisch repräsentiert sich der Heiratstribut als »der höchste Stolz der Trobrianders, als Meistergärtner zu gelten«, und um dies zu erreichen, macht er ungeheure Anstrengungen und bestellt ein möglichst großes Stück Gartenland. Es zeigt sich, schreibt *Malinowski*, »daß sie nicht nur beträchtlichen Einfluß auf die Institution der Ehe selbst, sondern auf die gesamte Wirtschaft und Verfassung des Stammes ausübt. Vom Standpunkt des Empfängers aus ergibt sich, daß jeder bei der Wahl seiner Lebensgefährtin sich von den eigenen Bedürfnissen und von der *Mitgift* seiner zukünftigen Frau leiten lassen muß, denn er wird nicht nur von seinem eigenen Fleiß und seiner eigenen *Arbeitskraft* abhängig sein, sondern auch von der Arbeitskraft seiner angeheirateten Verwandten. Ein Mitgiftjäger wird ein Mädchen zu gewinnen suchen, welches die einzige Schwester mehrerer Brüder ist, deren bloßes Vorhandensein den Eifer eines ähnlich gesinnten Europäers sofort dämpfen würde. Nur ein Mann, der sich vor Armut nicht zu scheuen braucht, wird ein Mädchen werben, das mehrere Schwestern und nur einen einzigen Bruder hat. Wenn die Frau ihrem Manne Söhne gebiert und diese heranwachsen, kommt er sozusagen zu selbstgefertigten, angeheirateten Verwandten – denn in einer mutterrechtlichen Gesellschaft gehören natürlich Kinder zu den angeheirateten Verwandten; ihre erste Pflicht ist es, *für den elterlichen Haushalt mit zu sorgen*. In der Regel erhält der Ehemann den größten Teil der Mitgift seiner Frau von einem einzigen ihrer Angehörigen; handelt es sich jedoch um einen Häuptling oder sonst einen angesehenen Mann, so tun sich viele zusammen, damit ein passendes Geschenk zustande kommt, obwohl nur einer dem Namen nach verantwortlich ist. Doch selbst ein gewöhnlicher Bürger erhält neben dem urigubu vom Hauptspender eine Anzahl kleiner Geschenke von anderen Verwandten seiner Frau, kovisi oder taytupeta genannt. Alle werden sie zur Erntezeit überbracht und bestehen meist aus mehreren Körben voll Yams oder anderer Gemüse.

Ein Ehemann empfängt von seinen angeheirateten Verwandten auch sonst allerlei Dienste, je nachdem es die Gelegenheit verlangt. Sie müssen ihm Hilfe leisten, wenn er ein Haus oder ein Kanu baut, wenn er auf Fischfang geht oder an einer öffentlichen Festlichkeit teilnimmt. Ist er krank, so müssen sie bei ihm wachen, um böse Zauberer fernzuhalten, oder ihn an einen anderen Ort tragen, von dem er Gesundung hofft. Bei Fehden und anderen Notfällen kann er unter bestimmten Umständen über ihre Dienste verfügen. Nach seinem Tode schließlich fällt ihnen der Hauptanteil an den Bestattungsfeierlichkeiten zu. Nur von Zeit zu Zeit muß der Ehemann die jährlichen Dienstleistungen seiner angeheirateten Verwandten durch eine Gegengabe an Wertsachen entgelten.« (S. 92)

Das Tabu, welches den Brüdern der Frau, auf die die Last des Heiratsgutes fällt, verbietet, sich in die Heiratsangelegenheiten der Schwestern zu mischen, dient nur der Verschleierung und Rationalisierung der tatsächlichen materiellen Interessen des Gatten und seiner Familie. Kurz zusammengefaßt sind die Tatbestände die: Da der Bruder der jungen Ehefrau sowie alle ihre Verwandten, also der ganze mütterliche Clan, für den Gatten zu sorgen haben, verschiebt sich das Gemeinvermögen des Clans der Frau in den des Gatten. Da dieser aber selbst auch Bruder ist und seinerseits für die Gatten seiner Schwestern zu sorgen hat, folgt eine ständige Verschiebung der erarbeiteten Früchte von einem Clan zum anderen. Das hätte weiter keine Bedeutung, denn da die Frauen aus dem Clan des Ehemannes wieder Männer aus dem anderen Clan heiraten, fließt ja das Heiratsgut wieder zurück. Die Sache wird aber dadurch kompliziert, daß die Clans verschiedene Rangstufen haben, und daß der Häuptling, der immer dem obersten Clan angehört, das Recht der Polygamie hat. Dadurch verschiebt sich der Strom der Heiratsgaben, der sich sonst durch Kreuzheiraten aus verschiedenen Clans ausgliche, einseitig nach der Seite des Häuptlings des einen Clans und seiner Familie. Ehe wir zum vollen Verständnis dieser Verschiebung als eines Ansatzes zur Teilung in Klassen von Unterdrückern und Unterdrückten gelangen, müssen wir uns an Diagrammen klarmachen, wie sich aus den verschiedenen Vorteilen oder Nachteilen, die bestimmte Heiraten bieten, die Anschauungen über deren »Gesetzlichkeit« oder »Ungesetzlichkeit« ableiten.

Die einzige Eheschließung, die als die »*eigentlich gesetzliche*« angesehen wird, ist die sogenannte *Kreuz-Vetter-Basen-Heirat*, das heißt, die *Heirat zwischen dem Sohn des Bruders und der Tochter seiner Schwester.* Wir wollen nun, *Malinowskis* Bericht über das Heiratsgut folgend, die Tatbestände am Häuptling demonstrieren, bei dem sie am klarsten hervortreten. Zunächst ein einfaches Schema einer Kreuz-Vetter-Basen-Heirat:

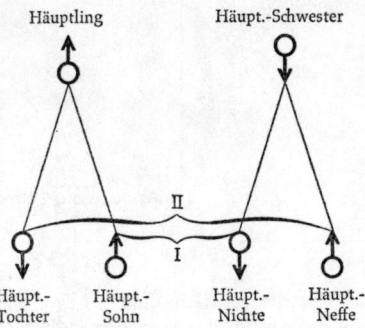

Fig. 1: Schema der »gesetzlichen« (I) und der »ungesetzlichen« Ehe (II) nach Malinowski; I = Kreuz-Vetter-Basen-Heirat.

Wir sehen im Schema, daß im Gegensatz zu dieser »gesetzlichen« Heirat die zwischen der Häuptlingstochter und dem Sohn der Schwester des Häuptlings »nicht gern gesehen wird«. An den folgenden Diagrammen wollen wir schematisch darstellen, welche wirtschaftlichen Motive bei diesen Beurteilungen entscheiden. Dabei dient als Grundlage der wiedergegebene Bericht *Malinowskis* über den Ritus des Heiratsgutes.

Wir sehen am zweiten Diagramm, wenn wir den Pfeilstrichen folgen, deutlich, daß nur eine Kreuz-Vetter-Basen-Heirat eine Akkumulation von Besitz und Gartenerzeugnissen beim Häuptling ermöglicht. Er bezieht durch seine Frauen von ihren Brüdern Heiratsgut, das er zu einem großen Teil an den Gatten seiner Schwester weitergeben muß. *Heiratet nun seine Nichte seinen Sohn, so kehrt das Heiratsgut wieder zu ihm zurück,* denn sowohl sein Neffe (Schwestersohn und Erbe) als auch die Eltern der Nichte, also ihr Vater, der Schwager des Häuptlings, müssen Heiratstribut *an seinen Sohn* alljährlich und so lange liefern, wie die Ehe besteht. Da aber der Sohn für den Haushalt der Mutter, an

73

dem ja der Vater teilhat, sorgen muß, genießt er die wirtschaftlichen Rechte seines Sohnes mit.

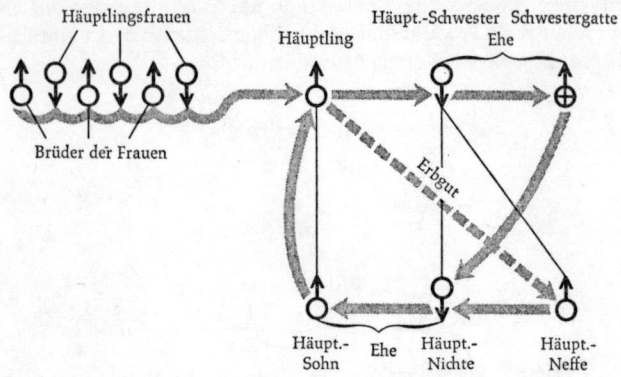

Fig. 2: Schema der Vorteile des Häuptlings bei Kreuz-Vetter-Basen-Heirat: sie bringt das Heiratsgut, das er seinem Schwager liefert, zu ihm zurück und ermöglicht derart eine Akkumulation von Gütern.

Sein eigentlicher gesetzlicher Erbe ist der Schwestersohn, auf den nach seinem Tode Vermögen und Würde übergehen. Zwischen Vater und Sohn besteht nur eine Freundschaftsbeziehung; er hat als Vater das Recht, seinem Sohn gewisse Vorrechte zu verschaffen, doch nur solange er lebt. Nur auf *eine* Art ist er in der Lage, seinem Sohn eine dauernde Stellung im Dorf zu verschaffen mit vollem Recht für sich und seine Abkömmlinge; nur auf *eine* Art kann er ihm den Besitz aller Zuwendungen auf Lebzeiten sichern, wenn er ihm nämlich die Tochter seiner Schwester zur Frau gibt. Dadurch erwirbt der Sohn das Recht, nach seinem Belieben im Dorf zu wohnen und an Stammesangelegenheiten und Magie teilzunehmen. Er nimmt also nach dem Tode des Häuptlings dieselbe Stellung ein wie zu seinen Lebzeiten, eine Stellung, die er zu Gunsten des rechtmäßigen Erben, des Sohnes der Häuptlingsschwester hätte aufgeben müssen[1], wenn er nicht die Nichte des Häuptlings geheiratet hätte.

1. Für die Kreuz-Vetter-Basen-Heirat läge ja eine analytische Deutung nahe: Das Inzestverbot zwischen Bruder und Schwester wird durch die Heirat ihrer Kinder wieder aufgehoben auf dem Wege der Identifizie-

Da der Häuptling seinem Sohn zu Lebzeiten so viel Zuwendungen machen kann, wie er will, sichert er ihm durch diese Heirat ihren dauernden Besitz. Der eigentliche Erbe ist durch strenges Tabu gebunden, sich nicht in die Heiratsangelegenheiten seiner Schwester zu mischen, er hat also keinen Einfluß auf diesen ihn benachteiligenden Vorgang. Wenn *Malinowski* (S. 72) schreibt, daß dadurch zwischen dem Häuptlingssohn und dem rechtmäßigen Erben, dem Häuptlingsneffen, eine Verbindung hergestellt wird, die die »häufig zwischen ihnen bestehende Rivalität aufhebt«, so dürfte es sich um einen Irrtum handeln, denn durch diese Heirat gerät ja der rechtmäßige Erbe in Tributabhängigkeit vom Häuptlingssohn. Hören wir *Malinowski* selbst:

»Das mutterrechtliche Prinzip wird durch die schärfsten Vorschriften des Stammesgesetzes aufrechterhalten. Diese Vorschriften fordern unweigerlich, daß ein Kind zur Familie, zum Unterclan und zum Clan seiner Familie gehört. Ein weniger milder, doch noch immer sehr streng ist die Zugehörigkeit zu einer Dorfgemeinschaft und das Amt des Zauberers geregelt. Diese Vorschriften bestimmen auch, daß alle Ländereien, Vorrechte und materiellen Güter sich in der Mutterlinie vererben. Doch hier gestatten eine Reihe von Bräuchen und Sitten, wenn nicht eine Umgehung, doch wenigstens eine Milderung des Stammesgesetzes. *Nach diesen Bräuchen kann ein Vater für seine eigene Lebenszeit seinem Sohn das Bürgerrecht in seinem Dorfe verleihen und ihm die Nutznießung eines Kanus, Land, rituelle Vorrechte und Magie zuwenden. Durch Kreuz-Vetter-Basen-Heirat in Verbindung mit matrilokalem Wohnsitz kann er sogar alle diese Dinge seinem Sohne auf Lebzeiten sichern.*

rung des Bruders mit seinem Sohn, seiner Schwester mit ihrer Tochter. Und die Auskunft der Primitiven klingt sehr verführerisch im Sinne dieser Deutung:
»Um das Prinzip der Exogamie näher zu erläutern, wird zum Beispiel manchmal gesagt, »die Heirat zwischen Bruder und Schwester sei schlecht« (»Bruder und Schwester« in der erweiterten Bedeutung: alle mütterlicherseits verwandten Individuen entgegengesetzten Geschlechts aus derselben Generation). »Eine tabula (Kreuz-Base) zu heiraten ist recht; die wahre tabula (Kreuz-Base ersten Grades) ist die richtige Frau für uns.« (S. 74), aber die wirtschaftlichen Interessen sind so eindeutig, daß wir dem psychologischen Moment dabei höchstens eine sekundäre Rolle zuschreiben können.

Wir müssen uns jetzt noch einen wichtigen Unterschied bei der Übertragung von Vorrechten und materiellen Gütern merken, je nachdem es sich um seine Übertragung vom mutterseitigen Onkel an den Neffen oder vom Vater an den Sohn handelt. Ein Trobriander muß bei seinem Tode all seine Besitztümer und Ämter entweder seinem jüngeren Bruder oder seinem Neffen hinterlassen. Doch meistens wünscht der jüngere Mann schon zu des älteren Lebzeiten einige dieser Dinge zu besitzen, und es ist Sitte, daß der Onkel mütterlicherseits einen Teil seiner Güter oder seiner Magie schon bei Lebzeiten abtritt. Doch in *solchen Fällen muß der Neffe dafür zahlen*, unter Umständen sogar recht kräftig. Diese Zahlung heißt mit einem Fachausdruck pokala. *Gibt jemand aber einen Teil dieser Dinge an seinen Sohn ab, so geschieht es aus freiem Willen und völlig unentgeltlich.* Ein Neffe mütterlicherseits oder ein jüngerer Bruder hat also das Recht, seinen Anteil zu fordern und bekommt ihn auch, wenn er die erste Anzahlung auf das pokala leistet. Der Sohn ist auf seines Vaters guten Willen angewiesen, wobei er sich ja meistens mit ihm sehr gut steht; er bekommt alle Gaben umsonst. Der eine also, dem das Recht auf die Güter zusteht, muß dafür zahlen, während der andere, der keinerlei gesetzliche Ansprüche hat, sie umsonst bekommt. Natürlich muß er sie, wenigstens zum Teil, beim Tode seines Vaters zurückgeben; doch den Nutzen und den Genuß an den materiellen Gütern hat er gehabt, und die Magie kann er nicht zurückgeben.

Die Eingeborenen erklären diesen anormalen Zustand der Dinge mit der Vorliebe des Vaters für seine Kinder, die sie wiederum von seiner Beziehung zur Mutter herleiten. Die Geschenke, die er den Kindern gewährt, sind nach der Meinung der Eingeborenen eine Belohnung für den Geschlechtsverkehr, den ihm seine Frau gewährt.« (S. 149/150)

Wir sehen also, daß die Kreuz-Vetter-Basen-Heirat nicht so sehr, wie *Malinowski* öfters hervorhebt, »ein Kompromiß zwischen den schlecht ausgeglichenen Prinzipien des Mutterrechts und der Vater*liebe*« ist, als im Gegenteil eine Einrichtung, die das Vaterrecht fortschreitend festigt. Gelangt der Häuptling zu immer größerer Macht, so genügt nur noch ein Schritt, nämlich die gesetzliche Übertragung des Erbrechts von der mütterlichen auf die väterliche Linie, vom Schwestersohn auf den eigenen Sohn, und das Vaterrecht steht vollendet vor uns. Bei den in der Erbfolge noch mutterrechtlich organisierten Trobriandern sehen wir ja schon, welche Vorrechte der Häuptling seinem Sohn zu Lebzeiten einräumen kann, wie er die Überleitung von Gütern und Macht auf seine Linie durch die Kreuz-Vetter-Basen-Heirat durchsetzt.

Nur an einer Stelle deutet *Malinowski* die Durchführung der *vaterrechtlichen* Prinzipien, nicht nur der »Vater*liebe*«, an, indem er schreibt:

»Auf dem anscheinend ungünstigen Boden des strengen Mutterrechts erwachsen nun gewisse Anschauungen, Vorstellungen und Bräuche, welche das Bollwerk Mutterrecht durch extrem vaterrechtliche Prinzipien untergraben, trotzdem jedes leibliche Band zwischen Vater und Kind geleugnet wird, trotzdem jeder Anteil an der Zeugung dem Vater abgesprochen wird.« (S. 145)

Wir wollen auch noch an zwei weiteren Diagrammen veranschaulichen, daß es im wesentlichen wirtschaftliche Gründe sind, die etwa die Heirat zwischen der Tochter des Häuptlings und seiner Schwester Sohn als »nicht gut« oder »nicht anständig« erscheinen lassen.

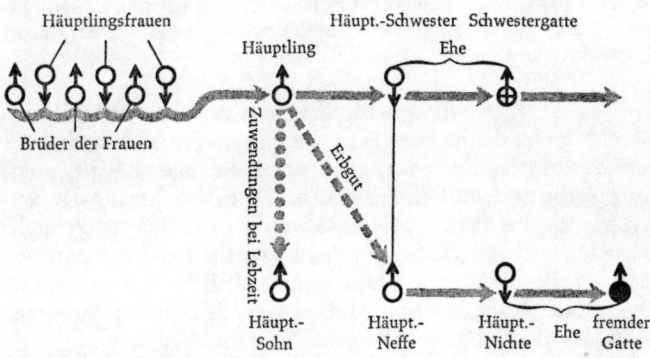

Fig. 3: Schema der wirtschaftlichen Nachteile für den Häuptling bei beliebiger Heirat der Nichte. (Pfeilstriche deuten den Gang des Heiratsgutes an.)

In Figur 3 ist angenommen, daß die Nichte einen beliebigen Mann heiratet. In diesem Falle sehen wir, den Pfeilstrichen folgend, daß der Häuptling nicht akkumulieren kann, weil er sowohl durch seine Schwester seinem Schwager und dessen Familie, als auch durch seinen Neffen, dem er Güter vererbt, dem fremden Gatten

seiner Nichte seinen Besitz übermittelt. Er hat nicht nur große
persönliche Lasten durch den ersten Vorgang zu seinen Lebzeiten,
sondern sein Besitz wechselt auch nach seinem Tode den Clan,
indem sein Neffe Heiratsgut an den clanfremden Mann seiner
Nichte zu liefern hat.

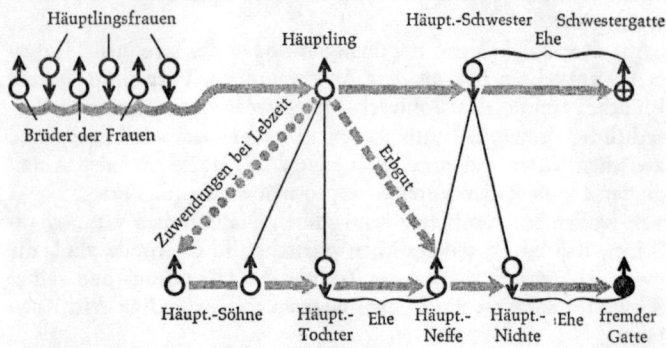

Fig. 4: Die »*schlechte*« Ehe (zwischen Häuptlingstochter und Häuptlingsneffen): auch das Vermögen der Häuptlingssöhne kommt aus der Häupt-
lingslinie hinaus.

In Figur 4 sehen wir den für ihn noch schlimmeren Fall, daß
nämlich außer diesen zwei Besitzverschiebungen auch noch seine
Söhne, denen er Zuwendungen machte, solange er lebte, durch
seine Tochter seinen Neffen bereichern. Die Bereicherung des Neffen hat für ihn aber, im Gegensatz zu der des Sohnes, keinerlei
Vorteile, weil der Neffe zu seinem Haushalt nichts beisteuern
muß. Daraus erklärt sich das gespannte Verhältnis zwischen dem
Onkel und seinem Neffen, und das liebevolle zwischen Vater und
Sohn, auf das *Malinowski* immer wieder zurückkommt.

3. UNTERDRÜCKUNG UND IHRE IDEOLOGISCHE VERANKERUNG

Wir haben gesehen, wie die Einrichtung des Heiratsgutes die
Machtverhältnisse zugunsten des Vaters und Häuptlings verschiebt, wie aus der ursprünglichen mutterrechtlichen Organisation und den blutsverwandten Clans das Vaterrecht und mit ihm

die patriarchalische polygame Familie herauswächst. Für den Häuptling ergeben sich kraft seiner Macht (und infolge seiner Verpflichtungen) Möglichkeiten und Rechte, wie etwa das der Polygamie und Ansätze zu feudaler Kommandogewalt über die tributpflichtigen Brüder seiner Frauen und deren sonstige Verwandte. Hören wir *Malinowski* über den Häuptling Omarakana:

»Das Dorfoberhaupt von Omarakana, zugleich Häuptling von Kiriwina, ist der Höchste an Rang und Macht, Einfluß und Ruhm. Das ihm tributpflichtige Gebiet, jetzt durch die Weißen eingeschränkt und durch das Verschwinden mehrerer Dörfer verkrüppelt, erstreckte sich einst über die ganze Nordhälfte der Insel und umfaßte etwa fünf Dutzend Gemeinschaften, Dörfer und Teile von Dörfern, die ihm bis zu sechzig Frauen eintrugen. Jede von ihnen brachte ihm ein beträchtliches Jahreseinkommen an Yams; ihre Familie mußte jedes Jahr ein oder zwei Yamhäuser füllen, die etwa fünfzig bis sechzig Doppelzentner faßten. Der Häuptling erhielt auf diese Art etwa 3000 bis 3500 Doppelzentner Yams pro Jahr. Die ihm so zur Verfügung stehende Menge ist durchaus hinreichend, um riesige Festlichkeiten zu veranstalten, Handwerker für die Ausführung kostbarer Schmucksachen zu bezahlen, Kriege und überseeische Fahrten zu finanzieren, gefährliche Zauberer und Mörder zu dingen – kurz alles zu tun, was man von einem Mächtigen erwarten kann.« (S. 96)

»Polygamie (vilayawa) wird von der Sitte allen Männern von höherem Rang oder großem Ansehen zugestanden, zum Beispiel berühmten Zauberern. In gewissen Fällen ist ein Mann infolge seiner sozialen Stellung sogar genötigt und verpflichtet, mehrere Frauen zu haben. Das gilt für jeden Häuptling, das heißt für jedes Dorfoberhaupt von hohem Rang, der die Herrschaft über einen mehr oder weniger ausgedehnten Bezirk hat. Um seine Macht auszuüben und die Verpflichtungen seiner Stellung zu erfüllen, muß er reich sein, und das ist bei den sozialen Verhältnissen auf den Trobriand-Inseln nur durch Vielweiberei möglich.« (S. 97)

Mit der bei solcher Entwicklung notwendig folgenden Verschiebung der Erbfolge von der mütterlichen auf die väterliche Linie, ist das Mutterrecht ausgelöscht, der Lauf der Entwicklung der Gesellschaft zum System des Feudalismus und der Sklaverei ist nicht mehr aufzuhalten. Denn sind einmal die Güter und mit ihnen die Macht in der Hand des Häuptlings und seiner Familie konzentriert, so bedarf es nur noch eines gewissen Fortschritts in der

Entwicklung der Produktionsmittel, um die Situation herzustellen, die *Marx* an den Beginn der Klassengesellschaft setzte: Die fortschreitende Arbeitsteilung führt zur Erzeugung von Tauschwaren, aber die Produktionsmittel in der Hand des Häuptlings und seiner Familie, oder zumindest seine Macht, sie sich jederzeit anzueignen, kennzeichnen die Geburt der definitiven Klassenteilung in Besitzer von Produktionsmitteln und Besitzer von Arbeitskraft. Ihre embryonalen Vorstufen haben wir bei der Betrachtung des Rechtssystems der Trobriander klar vor uns gesehen: ein *horizontales* und ein *vertikales* »Ausbeutungsverhältnis«; horizontal die Ausbeutung der Frauenbrüder durch die Gatten, vertikal durch stufenförmige Zuspitzung der Macht in den »ranghöheren«, oberen Clans die Ausbeutung der Männer durch den Häuptling mittels der angeheirateten Frauen. Diesem Ausbeutungsverhältnis parallel läuft eine Verschiebung der Macht von der mütterlichen auf die väterliche Linie.

Malinowski schreibt:

»Die umständliche Wirtschaftsform der Eingeborenen erweist sich als mächtiger Antrieb zu sachlichen Höchstleistungen. Würde der Eingeborene nur gerade so viel arbeiten, daß er seine unmittelbaren Bedürfnisse befriedigen könnte, würde er nur von rein wirtschaftlichen Erwägungen ausgehen, so hätte er keine Veranlassung, einen Überschuß zu produzieren, den er ja nicht kapitalisieren kann. Tief wurzelnde Triebfedern, wie Ehrgeiz, Ehre und moralische Pflicht, haben ihn ein relativ hohes Niveau an Leistungsfähigkeit und Organisation erreichen lassen, das es ihm erlaubt, in Zeiten der Dürre und des Mangels gerade genug zu erzeugen, um die schlimmen Zeiten überstehen zu können.« (S. 94)

Die stets aktuelle wirkliche Triebfeder ist das primitive Gewinnverhältnis durch das Heiratssystem. Der Ehrgeiz, die Ehre und die moralische Pflicht sind selbst bereits Ergebnisse dieses Verhältnisses zwischen Bruder und Schwestergatten, ideologische Verankerungen des bereits drückenden ökonomischen Systems, das sich durch das Heiratssystem hält und ständig um sich greift. Wir können nicht verstehen, weshalb *Malinowski* nach dem von ihm selbst Beschriebenen zu dem Schluß kommt, daß der Trobriander *keine* Veranlassung hat, von wirtschaftlichen Erwägungen auszugehen.

Auch die Trauerriten, die *Malinowski* genau beschreibt, lehren, daß dieses Produktionsverhältnis zwischen dem mütterlichen und dem väterlichen Clan bereits die ideologischen Keime des Hasses

zwischen Unterdrückern und Unterdrückten herstellt. Stirbt nämlich der Gatte, so sind nicht, wie zu erwarten wäre, seine Blutsverwandten, sondern die seiner Frau, insbesondere deren Brüder,
zu extremen Äußerungen der Trauer verpflichtet. Die Totenfeier
– schreibt *Malinowski* –

»Die rituellen Handlungen am zweimal geöffneten Grabe und
über den begrabenen sterblichen Resten des Toten und alles, was
mit seinen Reliquien vorgenommen wird, ist nichts weiter als ein
gesellschaftliches Spiel, bei dem die verschiedenen Gruppen, in
die sein Tod die Dorfgemeinschaft gespalten hat, gegeneinander
spielen. (S. 108) Die Sippe darf auch in Kleidung oder Schmuck
keine Trauer verraten, obwohl sie ihren Kummer nicht zu verbergen braucht, sondern durch Weinen ausdrücken kann. Dieser
Vorschrift liegt der Gedanke zugrunde, daß die mutterseitigen
Verwandten in eigener Person getroffen sind, daß jeder einzelne
leidet, weil ihr ganzer Unter-Clan durch den Verlust eines Mit-
gliedes verstümmelt worden ist. »Als wenn ein Glied abgeschnitten oder ein Ast von einem Baume geschlagen wäre.« Obwohl sie
also ihren Kummer nicht zu verstecken brauchen, dürfen sie doch
nicht damit paradieren. Dies Vermeiden jeder äußerlichen Trauer
erstreckt sich auf die wirklichen Verwandten und darüber hinaus
auf alle Mitglieder des Unter-Clans, ja auf alle Clan-Angehörigen
des Verstorbenen. (S. 109) . . . Völlig anders geartet ist nach der
Auffassung der Eingeborenen die Beziehung der Witwe, der Kinder und angeheirateten Verwandten zu dem Toten und seinem
Leichnam. Die geltende Moral verlangt, daß sie leiden und sich
durch den Tod beraubt fühlen. Doch dabei leiden sie nicht direkt;
sie trauern nicht um einen Verlust, der ihren eigenen Unter-Clan
und somit ihre eigene Person trifft. Ihr Leid ist nicht spontan wie
das Leid der veyola (Verwandten mütterlicherseits), sondern eine
beinahe künstliche Pflicht, die sich aus erworbenen Verpflichtungen herleitet. Deshalb müssen sie ihren Kummer sichtbar ausdrücken, zur Schau tragen und durch äußere Zeichen bezeugen.
Täten sie das nicht, so würden sie die überlebenden Mitglieder
vom Unter-Clan des Verstorbenen schwer verletzen. So entwickelt sich eine interessante Situation, die zu einem höchst selt-
samen Schauspiel Anlaß gibt: Wenige Stunden nach dem Tode
eines angesehenen Mannes wimmelt das ganze Dorf von Leuten
mit geschorenen Köpfen und dick mit Ruß beschmierten Körpern,
die wie verzweifelte Teufel heulen. Diese Leute sind nicht mit

dem Toten verwandt und haben eigentlich keinen Verlust erlitten. Im Gegensatz dazu zeigt sich eine andere Gruppe in der gewöhnlichen Tracht, äußerlich ruhig und gefaßt und benimmt sich, als ob nichts geschehen wäre. Diese gehören zum Unter-Clan des Verstorbenen, sie sind die eigentlichen Leidtragenden. So erzielen Tradition und Sitte durch abwegige Schlußfolgerungen das gerade Gegenteil von dem, was wir – und wohl fast jeder Beobachter aus einem anderen Kulturkreis – als natürlich und naheliegend erwarten würden ... In dieser Gruppe und vielleicht auch bei den Söhnen könnte ein geschulter Beobachter ein interessantes Hin und Her zwischen Vorgespiegeltem, bloß gespieltem Leid und wirklichem, aufrichtigem Kummer wahrnehmen. (S. 110) ... Nach der zweiten Exhumierung wird die Leiche begraben, die Totenwache ist beendet, und die Menge zerstreut sich; doch für die Witwe, die all die Zeit über nicht von der Seite ihres Gatten gewichen ist, die weder gegessen noch getrunken, noch auch nur eine Minute in ihrer Wehklage innegehalten hat, ist die Erlösung noch immer nicht gekommen. Im Gegenteil, sie begibt sich in einen kleinen Käfig, der in ihrem Haus erbaut worden ist, und bleibt monatelang darinnen unter Beobachtung strengster Tabus. Sie darf nicht aus dem Käfig heraus; sie darf nur im Flüsterton sprechen; sie darf Speise und Trank nie mit den Händen berühren, sondern muß warten, bis sie gefüttert wird; sie bleibt im Dunkeln eingesperrt, ohne Licht und frische Luft; ihr Körper wird dick mit Ruß und Fett beschmiert, das lange Zeit nicht abgewaschen werden darf. Alle ihre Bedürfnisse muß sie im Käfig verrichten, die Exkremente müssen von ihren Verwandten herausgeschafft werden. So lebt sie monatelang in einem niedrigen, stickigen, stockdunkeln Raum, so klein, daß ihre ausgestreckten Hände beinahe gleichzeitig die Wände berühren; oft ist der Käfig voller Menschen, die ihr beistehen oder sie trösten; es herrscht eine unbeschreibliche Atmosphäre von menschlicher Ausdünstung, angesammeltem Dreck, Rauch und stehengebliebenem Essen. Auch steht die Witwe unter mehr oder weniger scharfer Kontrolle und Beobachtung durch die mutterseitigen Verwandten ihres Mannes, welche die Trauer mit all ihren Entbehrungen als ein ihnen zustehendes Recht betrachten. Naht sich das Ende der Witwenschaft, die je nach der gesellschaftlichen Stellung des Mannes sechs Monate bis zwei Jahre dauert, so erleichtern die Angehörigen des verstorbenen Gatten nach und nach das Los der Trauernden. Nahrung wird ihr in den Mund gesteckt nach einem bestimmten Ritual, das ihr Erlaubnis gibt, wieder mit den eigenen Händen zu essen. Dann wird ihr feierlich gestattet, zu reden; schließlich wird sie vom Tabu der Einsperrung erlöst und – immer mit dem gehörigen Zeremoniell – aufgefordert, ihren Käfig zu verlassen. Bei der endgültigen feierlichen Freilassung durch die weibliche veyola des Verstorbenen wird die Witwe gewaschen und gesalbt und mit einem neuen, leuchtend dreifarbigen Bastrock bekleidet. Dadurch wird sie wieder heiratsfähig (S. 114) ... Der Witwe jedoch und ihren Verwandten kommt es zu, Kummer zu zeigen und alle Leichendienste zu erweisen – dadurch betont die Tradition die Stärke und Dauer der ehelichen Bande. (S. 115) ... In erster Linie handelt es sich um eine Pflicht gegen den Toten und seinen Unter-Clan, um eine streng vorgeschrieben moralische Pflicht, deren Erfüllung von Öffentlichkeit und Sippe eifrig überwacht wird. ›Unsere Tränen – sie sind für die Verwandten unseres Vaters zu sehen‹, erklärte mir einer der Leidtragenden ganz einfach und geradezu. In zweiter Linie wird der Welt damit bewiesen, daß Frau und Kinder des Toten wirklich gut zu ihm waren und ihn in seiner Krankheit treulich gepflegt haben. Schließlich – und das ist sehr wichtig – wird dadurch jeder Verdacht beseitigt, als könnten sie etwa an seinem Tod durch schwarze Magie mitschuldig sein. Um dieses letzte befremdende Motiv zu verstehen, muß man sich die außerordentlich große Furcht vor bösen Zauberkünsten klarmachen, den stets regen Argwohn und das ungewöhnliche Mißtrauen gegen alle und jeden, sobald Magie im Spiele ist. Die Trobriander – wie übrigens alle Völker ihres Kulturniveaus – sehen ausnahmslos in jedem Todesfall einen Akt böser Zauberei, es sei denn, daß der Tod durch Selbstmord oder einen wahrnehmbaren Unfall, wie Vergiftung oder Speerstich, verursacht wurde. Es kennzeichnet ihre Anschauungen über *Bande der Ehe und Vaterschaft, die sie für künstlich und in der Not unzuverlässig halten, daß der Hauptverdacht der Zauberei stets auf Frau und Kinder fällt.* Wahre Teilnahme am Wohlergehen eines Mannes und wahre Zuneigung findet sich nach dem überlieferten Vorstellungssystem nur bei der Sippe seiner Mutter, die auch kaum in den Verdacht gerät, irgendwelche Anschläge gegen ihn zu führen. Seine Frau und seine Kinder sind bloß Fremde, und die Sitte leugnet jede wirkliche Interessengemeinschaft zwischen ihnen.« (S. 116)

Die psychoanalytische Forschung hat aufgedeckt, daß, wer seine Trauer nach einem Verstorbenen besonders aufdringlich zur Schau trägt, einen verbotenen und verdrängten Haß gegen ihn zu überwinden und durch das Gegenteil zu überdecken hat. Wir sehen, die Trobriander sind mißtrauisch gegeneinander, wo sie im Ausbeutungsverhältnis zueinander stehen, und sie wissen die künstliche Natur der Ehe richtig einzuschätzen. Der Clan der Frau war ausgebeutet und wurde durch den Tod des Gatten von Lasten befreit, hätte also Grund zu jubeln. Die Clanmitglieder hatten, unbewußt oder bewußt, Haß gegen den Tributnehmer aufgestapelt und müssen nun, von der Sippschaft des Gatten argwöhnisch beobachtet, zeigen, daß sie *nicht* haßten wegen der zu tragenden Lasten, sondern daß sie es freiwillig und gerne taten. Für die Blutsverwandten des Verstorbenen bestanden keinerlei materielle Verpflichtungen, sie haben daher auch keinen Haß kompensatorisch zu übertönen, sie dürfen natürlich trauern.

Wir sehen hier moralische Bräuche unmittelbar aus dem Produktionsverhältnis entstehen, erkennen aber noch eine andere ihrer Funktionen, die *ideologische Festigung der ökonomischen Situation*, aus der sie hervorgehen. Diese *Rückwirkung* der Ideologie, die in den psychischen Strukturen der Unterdrückten durch Veränderung ihres Trieblebens verankert wird, auf die ökonomische Situation und ihre soziologisch reaktionäre Funktion, die materielle Unterdrückung der gleichen Individuen zu verewigen und ihre Rebellion zu verhindern, sind ihnen ganz unbewußt. Wir dürfen erwarten, daß diese Funktion der Ideologie gesetzmäßig überall dort anzutreffen sein wird, wo eine Ideologie einem Unterdrückungsverhältnis entspricht. Mit dieser Frage werden wir uns im II. Teil noch beschäftigen.

Da auf dieser Organisationsstufe der Gesellschaft das Interesse an der Eheinstitution als zentralem Mechanismus der Unterdrückung bereits mächtig ist, muß die Witwe sich die furchtbarsten Entbehrungen lange Zeit hindurch auferlegen; sie wird von den Verwandten des Gatten argwöhnisch bewacht, die zu bestimmen haben, wie lange sie die Trauerriten über sich ergehen lassen muß. Wir verstehen dies aus der Tatsache, daß sie durch den Gatten mächtige Einschränkung ihrer Genitalität erfuhr und ihn daher ebenfalls hassen mußte. Ehe sie ihre volle Freiheit genießen darf, muß sie leidend beweisen, daß sie ihn geliebt und nicht schwarze Magie an ihm geübt hat. Tout comme chez nous.

III. Der Einbruch des sexualfeindlichen Moralismus

1. VOREHELICHE KEUSCHHEIT

Bis auf eine einzige Ausnahme ist das genitale Liebesleben der Trobriander vor der Eheschließung nicht nur völlig frei von Kindheit auf, sondern vielmehr gesellschaftlich befürsorgt (vgl. Kap. I). *Und diese eine Ausnahme betrifft jene Kinder, die zu einer Kreuz-Vetter-Basen-Heirat bestimmt sind;* für sie wird von der gesellschaftlichen Sitte voreheliche Keuschheit und Fernhaltung von den sonst üblichen und eifrig betriebenen genitalen Betätigungen gefordert. *Malinowski* registriert bloß diese Tatsache unter dem Titel »Feierliche Bräuche beim Kinderverlöbnis«, ohne sie in irgendeinen Zusammenhang zu bringen.

Bei meiner Untersuchung über die soziologische Funktion der Unterdrückung der kindlichen und jugendlichen Sexualität[1] ergaben sich aus den Beziehungen zwischen Privateigentum, Eheinstitution und Askeseforderung für die Jugend Zusammenhänge, die sich durch die Funde *Malinowskis* nicht nur bestätigen, sondern sogar im Entstehen kundgeben. Ich wiederhole hier kurz die Ergebnisse der genannten Untersuchung:

Unsere Jugendforschung behauptet, wo immer sie mit dem Problem der jugendlichen Askese in Berührung kommt, daß diese den Ansprüchen der »Kultur« diene, daß Kultur und Zivilisation ohne enthaltsames Leben der Jugend nicht denkbar seien. Es war naheliegend, anzunehmen, daß nicht die Kultur überhaupt, sondern nur eine bestimmte Form der Kultur die Askese der Jugend oder zumindest die Forderung danach als einen ihrer integrierenden Bestandteile beinhaltet. Aber wie ließ sich die Askeseforderung in das soziologische Geschehen einordnen?

Zunächst war nur klar, daß die autoritäre Gesellschaft an der Zwangseheinstitution aus einem bestimmten Grunde interessiert ist. Sie bildet den sozialen Schutz der entrechteten Frau und der Kinder, fixiert und schützt ökonomisch das Erbrecht der Besitzenden auf der väterlichen Linie und ist überdies, was ihre *politische*

---

1. »Geschlechtsreife, Enthaltsamkeit, Ehemoral. Eine Kritik der bürgerlichen Sexualreform.« (Münster-Verlag, Wien 1930).

Funktion in einer reaktionären Gesellschaft ergibt, das Rückgrat der autoritären Ideologiefabrik, der vaterrechtlichen Familie. Das sagt noch nichts über die Askeseforderung aus. Denn warum sollten die Jugendlichen nicht ihren bioenergetischen Notwendigkeiten gemäß leben, wenn sie nur später in der Ehe den Forderungen des Patriarchats folgten? Die Lösung des Problems wurde durch die sexualökonomische Klinik angebahnt: Es zeigt sich nämlich, daß Menschen, die, sei es durch besondere Schicksale, sei es durch eine Kur, zur vollen Entfaltung ihrer genitalen Bedürfnisse gelangen, unfähig werden, sich dem monogamen Gebot: »ein Partner, und dieser lebenslänglich«, zu fügen. Dagegen ergibt der Vergleich mit den sexuell verkrüppelten und nachher gepanzerten Ehefrauen, die der Moral folgen können, ferner die relative Leichtigkeit, mit der sexuellgepanzerte Männer die Monogamie durchführen, daß

1. *die Schädigung der genitalen Sexualität ehefähig macht,*
2. *die volle Entfaltung der Genitalität durch befriedigendes Sexualleben vor der Ehe* zwar nicht Monogamie auf gewisse Zeit, wohl aber *die Fähigkeit zur lebenslänglichen Monogamie zerstört. Der* Sinn der Askeseforderung für die Jugend und der Sexualunterdrückung in der frühen Kindheit ist also objektiv-gesellschaftlich, ungeachtet der subjektiven Rationalisierungen, die *Herstellung der lebenslänglichen Zwangsehefähigkeit.* Das wird ja auch in manchen Schriften der Kirche und der offenen reaktionären Moralisten unverhüllt ausgesprochen.

Wir vernachlässigen hier die Widersprüche, die sich daraus für die Ehe ergeben[1], und halten nur diesen einen Tatbestand fest: Privatmacht und Staatsmacht sind an dem Zwang der Eheinstitution interessiert; diese wieder erfordert zu ihrem Bestande die Forderung und strengste Durchführung der kindlichen und jugendlichen Askese. Dies, und nicht, wie eine falsch informierte Sexualforschung behauptet, die Rücksicht auf die »Kultur«, ist der wahre Grund der Forderung. Gegenüber der mit langweiliger Beharrlichkeit vorgebrachten Berufung auf den gesundheitlichen Schaden der puberilen genitalen Umarmung war klinisch nicht schwer zu beweisen, daß die Forderung praktisch nie durchgeführt wird, daß ja die konfliktuöse Selbstbefriedigung weit mehr schädigt, als die genitale Umarmung in der Pubertät je imstande

1. Vgl. ebenda das Kap. »Der Widerspruch der Eheinstitution«.

wäre, und daß es nur auf die Schuldgefühle und die Sexualangst ankommt, die den Jugendlichen verhindern, sein Genitalleben zu leben, ihn impotent, befriedigungsunfähig und daher schließlich bewußt sexuell anspruchslos machen. Daß dabei etwa 60 Prozent der Männer und 90 Prozent der Frauen an nervösen und sexuellen Störungen erkranken, ist zwar von der Sexualordnung nicht beabsichtigt, gehört aber spezifisch zu ihrem System, das unter so vielen Sexualforschern seine Verfechter findet. Auch die psychoanalytische Jugendforschung ist bisher diesem Irrtum verfallen, trotz der klaren Tatsachen, die eine klare Sprache sprachen.

Eine Statistik über die Beziehungen zwischen dem zeitlichen Beginn des Geschlechtsverkehrs und der ehelichen Treue, die in Moskau von *Barasch* angestellt wurde, ergab eine Bestätigung: Von denen, die nach dem 21. Lebensjahre den Geschlechtsverkehr aufnahmen, waren nur 17,2 Prozent untreu; von denen, die zwischen dem 17. und 21. Lebensjahr geschlechtlich verkehrten, bereits 47,6 Prozent, und schließlich ergab sich bei Beginn des genitalen Sexuallebens *vor* dem 17. Lebensjahr ein Satz von 61,6 Prozent ehelicher Untreue[1]. Gegen die theoretischen Ableitungen und gegen die Statistik könnte die moralisch befangene Sexualforschung noch allerhand Einwände ins Feld führen. Die Tatsache aber, daß in der sonst sexuell freien trobriandrischen Gesellschaft die Forderung nach kindlicher und jugendlicher Enthaltsamkeit gerade dort einsetzt, wo das materielle Interesse sich am deutlichsten ausprägt, nämlich mit der Kreuz-Vetter-Basen-Heirat, enthüllt unwiderleglich den ökonomischen Hintergrund der Askeseforderung und zerstört endgültig die Floskel von der kulturellen Rücksicht ebenso, wie das Liebesleben der trobriandrischen Jugend die Phrase von der gesundheitlichen Schädigung durch die genitale Umarmung widerlegt. Niemand kann behaupten, daß die Trobriander nicht einen bereits sehr hohen Grad der Gartenbaukultur erreichten, und doch sind sie durch das genitale Liebesleben ihrer Jugend nicht daran gehindert worden. Der Nachweis, daß die Schäden bei aktiver Genitalität im Pubertätsalter aus den gesellschaftlichen Behinderungen des Geschlechtslebens (erzieherische Sexualverkrüppelungen, Wohnungsnot, Unterdrückung im Elternhaus etc.), aus den Widersprüchen des sexuellen mit dem

1. *Barasch:* »Sex Life of the Workers of Moskow«, Journal of Social Hygiene. (Vol. XII. Nr. 5, Mai 1926.)

wirtschaftlichen Sein entspringen und nicht irgendwelchen natürlichen Gegebenheiten, wurde zu einem Teil bereits in »Geschlechtsreife etc.« geführt.

Kehren wir nun zu *Malinowskis* Bericht über den Einbruch der
Askeseforderung zurück. Der materiell interessierte Mutterbruder
ergreift immer die Initiative zur Herstellung einer Kreuz-Vetter-
Basen-Heirat. Er stellt, sobald ihm ein Sohn geboren wird, an
seine Schwester das Ansuchen, sie möchte diesem ihre Tochter
oder eine Enkelin zur Frau bestimmen. Doch wird auf einen
Altersunterschied von etwa zwei bis drei Jahren Rücksicht genommen.

»Oder aber der Vater des Knaben wartet zunächst; wenn innerhalb eines Zeitraumes von zehn Jahren seine Schwester eine
Tochter gebiert, so fordert er dieses Kind als zukünftige
Schwiegertochter; die Schwester darf sein Ansuchen abschlagen.
Bald nachdem die erste Abmachung getroffen ist, muß der Mann
dem Vater (tama) der kleinen Braut ein vaygu'a (Wertgegenstand) bringen, eine polierte Axtschneide oder einen Muschelzie-
rat. ›Dies ist das katupwoyna kapo'ula für dein Kind‹, sagt er und
fügt noch hinzu, er bringe dieses Geschenk, *›damit sie nicht mit
anderen Männern schläft; nicht katuyausi (Liebesausflüge) macht
und nicht im bukumatula schläft. Sie darf nur im Hause ihrer
Mutter schlafen.‹* (Vom Ref. *kursiv*). Bald darauf überbringt die
Familie des Mädchens dem Vater des Knaben drei Geschenke, die
aus Nahrungsmitteln bestehen; sie sind von gleicher Beschaffen-
heit wie die drei ersten Gaben bei einer gewöhnlichen Eheschließung und werden mit demselben Namen bezeichnet: Katuvila,
pepe'i und kaykaboma. (S. 77)

Doch bis es glücklich so weit ist, daß die beiden verheiratet sind,
gilt es einen nicht ganz leichten Kurs zu steuern. Obwohl niemand im Ernst erwartet, daß die beiden jungen Leute keusch und
einander treu bleiben, muß doch der Schein gewahrt werden. Eine
allzu offensichtliche Verletzung der Pflichten gegen den anderen
Verlobten würde von der betreffenden Seite übel vermerkt werden und übertreibend als ›Ehebruch‹ bezeichnet werden. Es gilt
für das Mädchen als große Schande, wenn ihr Verlobter ein Verhältnis mit einer anderen hat, und sie ihrerseits darf das bukumatula nicht zu ihrem dauernden Aufenthalt machen, weder in Gesellschaft ihres Verlobten noch irgendeines anderen; ebensowenig darf sie sich am katuyausi, den anerkanntermaßen geschlecht-

lichen Ausflügen in andere Dörfer, beteiligen. Beide Teile müssen ihre Liebesgeschichten diskret und sub rosa abmachen. Das ist für sie natürlich weder leicht noch angenehm, und sie wandeln den geraden Pfad äußerlichen Dekorums nur unter hartem Druck. Der junge Mann weiß, was für ihn auf dem Spiele steht, und benimmt sich deshalb so vorsichtig, wie er es nur über sich gewinnt. Auch steht der Sohn bis zu einem gewissen Grade unter der Kontrolle seines Vaters, der zugleich auch über seine zukünftige Schwiegertochter, als Onkel mütterlicherseits, eine gewisse Autorität hat. Ein Mann, der seinen Sohn und seine Nichte miteinander verlobt hatte, erklärte mir die Sache folgendermaßen: ›Sie hat Angst, sie könnte sterben (durch bösen Zauber) oder ich könnte sie schlagen.‹ Eine Mutter ist natürlich sehr besorgt und tut, was sie kann, die Pflichtvergessenheit ihrer Tochter zu vertuschen und als geringfügig hinzustellen.« (S. 78)

Mit der Unterdrückung setzt, wie wir sehen, das Heimlichtun ein, der schwere Druck der neuen Moral, die in so krassem Widerspruch steht zur sonstigen freien Sexualorganisation, bringt es zuwege, daß ein Trobriandermädchen in einer Gesellschaft, in der das Schlagen der Kinder eine Schande ist, Angst entwickelt, für geschlechtliche Vergehen geschlagen zu werden, und die Mütter dieser Töchter beginnen das Gehaben unserer Mütter zu entwickeln. Um es noch einmal zu bringen, damit kein Mißverständnis aufkomme: »Dieser letzte Vorgang (daß nämlich der Vater des Mädchens den Eltern des Knaben einen ansehnlichen Tribut an Yamsknollen als Heiratsgeschenk bringt) ist sehr interessant, denn er bedeutet eine Umkehrung dessen, was sich in der vorhergehenden Generation abgespielt hat. Der Vater des Knaben, zugleich der Bruder der Mutter des Mädchens, hat den Eltern des Mädchens Jahr für Jahr eine Erntegabe zu entrichten; diese Geschenkreihe hatte er zur Zeit, da seine Schwester heiratete, durch eine Vilakuria-Gabe eröffnet. Jetzt erhält er zugunsten seines kleinen Sohnes eine Vilakuria-Gabe vom Gatten seiner Schwester, der als Vertreter ... seiner Söhne handelt, also als Vertreter der ... Brüder der zukünftigen jungen Frau, denn diese müssen später, wenn dereinst der junge Haushalt gegründet ist, ihrer Schwester alljährliche ansehnliche Erntegaben bringen.« (»Geschlechtsleben der Wilden«, S. 77.) Und da die Söhne auch für den Haushalt der Mutter zu sorgen haben, ist der Ring des Rückflutens der Erntegaben zum Ausgangspunkt geschlossen, und damit ist der Boden für die Sexualunterdrückung geschaffen. Wir haben im ersten Kapitel gesehen, wie sie sich bei einiger Entfaltung im Patriarchat als neurosenerzeugender Faktor massenhaft auswirkt.

2. DIE GRAUSAMEN PUBERTÄTSRITEN

Freud hat den Pubertätsritus der Beschneidung und der genitalen Verstümmelung bei den Primitiven unserem Verständnis nahe zu bringen versucht. Die Entfernung der Vorhaut bei den Knaben, die Exzision der Klitoris und der Schamlippen bei vielen Völkern, wie es von *Bryk* in seinem Buche »Negereros« geschildert und von *Krische* zusammengestellt wurde (Ägypter, Nubier, Abessinier, Sudanesen, ferner bei Negerstämmen in Westafrika, bei den Susus, Bambuc, Mandingo, bei den Massai und Wakussi in Ostafrika und anderen), sollen nach *Krische* nicht nur für vaterrechtliche Organisationen typisch sein, als Zeichen der Brutalisierung der Sexualität und im Sinne der *Freud*schen Deutung als vorweggenommene Bestrafung für sexuelle Handlung, sondern sie sollen auch bei den Kamtschadalen verbreitet gewesen und bei den mutterrechtlichen Malaien des ostindischen Archipels gefunden worden sein. Nach *Bachofen* bestand diese Sitte auch bei den »mutterrechtlich eingestellten Ägyptern«[1]. *Bryk* schreibt von den afrikanischen Bantustämmen:
»Diese Beschneidung, die sich auf die Klitoris beschränkt, setzt dem tollen Treiben der Mädchen Schranken. Aus Gemeingut wird es Privateigentum (der beschriebene afrikanische Negerstamm ist bereits zur Gänze patriarchalisch. Anm. d. Ref.) . . . Die praktische Bedeutung liegt zunächst darin, das genesende junge Mädchen der Zudringlichkeit der jungen Leute auf längere Zeit zu entziehen. Das Primäre des Zweckes liegt jedoch vor allem darin, durch Exstirpation des für die libido sexualis empfindlichsten Organs . . . seine Geilheit zu zügeln, um ihr auf diese Weise die seiner Natur widerstrebende Monogamie aufzudrängen.« (»Negereros.« (S. 56).
Daß die genitalen Zeremonien, die als Pubertätsriten mit Verstümmelung der Genitalien und Schmerzzufügung verbunden

1. Nach *Krische* »Das Rätsel der Mutterrechtsgesellschaft«, München 1927, S. 31.

sind, einen Kampf der patriarchalischen Gesellschaft gegen die Genitalität der Jugendlichen bedeuten, kann nicht bezweifelt werden. Es fragt sich nur, welchen Sinn dieser Ritus in soziologisch-ökonomischer Hinsicht hat, wie er sich in die Entwicklung der Sexualmoral und Sexualunterdrückung geschichtlich einordnen läßt. Es ist unwahrscheinlich, daß der Ritus aus der Urzeit des freien uneingeschränkten Liebeslebens herstammt. Er muß also *geworden* sein. Für die primitiven väterlichen Organisationen ist er fast typisch. Aus der Zusammenstellung von *Krische* geht hervor, daß er auch bei mutterrechtlichen zu finden ist. Wie ist das mit ihrer sexualbejahenden Organisation in Einklang zu bringen? Wir müssen nun zweierlei beachten: Erstens ist dieser Ritus bei mutterrechtlich organisierten Stämmen nicht häufig, und die Ägypter, bei denen er gefunden wurde, waren bloß »mutterrechtlich eingestellt«; zweitens dürfen wir uns nicht unhistorisch Mutterrecht und Vaterrecht scharf voneinander abgegrenzt vorstellen. Wo immer Mutterrecht in Vaterrecht überging, bedurfte es langer Zeiträume der Überleitung aller ökonomischen und sozialen Institutionen und Gebräuche. Und wenn wir die sexualökonomische Funktion der Pubertätsverstümmelung als primitive Methode zur Unterdrückung der jugendlichen Genitalität hinzunehmen, müssen wir schließen, daß diese Maßnahme *in der Übergangszeit* entstanden ist, sich im Laufe der Wandlung von der Sexualbejahung zur Sexualunterdrückung als damals ökonomisch notwendige Maßnahme hergestellt hat. Wann und in welchem Zusammenhange? Dazu können wir nur eine Vermutung vorbringen, da das Material hier ganz unzulänglich ist; allerdings eine Vermutung, die sich in unsere Geschichte der Sexualmoral zwanglos einfügt und in voller Übereinstimmung ist mit unseren Kenntnissen von der genitalen Apparatur.

Solange die ökonomisch so wichtige Kreuz-Vetter-Basen-Heirat noch nicht voll entwickelt war und daher für die Masse der Jugendlichen noch nicht Keuschheit gefordert wurde, genügte der moralische Druck. Mit dem Umsichgreifen der Keuschheitsforderung mußten die Jugendlichen immer mehr sexuell rebellieren, und da die Keuschheitsforderung sich durchsetzen mußte, sollte nicht das ganze System der »gesetzlichen« Ehen gefährdet werden, da doch voreheliche Genitalfreiheit zum Ehezwang unfähig macht, waren schärfere Maßnahmen notwendig. Die Exzision der Klitoris beim Mädchen hat den Zweck gewaltsamer Herabsetzung der genitalen Erregbarkeit. Die Beschneidung hat also letzten Endes eine gesellschaftliche Zwangsfunktion, die sich in Form von Sitte und Brauch verankert und gleichzeitig verschleiert. Die Prozeduren, die der Jugendliche zu erdulden hat, sind nicht vorweggenommene Bestrafungen für die genitale Betätigung, keine »Racheaktionen« der Erwachsenen, sondern rationell wohlbegründete Maßnahmen der herrschenden Gruppe zunächst zur gewaltsamen Unterdrückung der in diesem Stadium der Entwicklung der Wirtschaft nachteiligen puberilen Genitalität. Das spätere reifere Patriarchat arbeitet raffinierter und erfolgreicher: Es führt den Kampf gegen die *kindliche* Sexualität ein und schädigt durch starre Panzerung von vornherein die sexuelle Struktur im Sinne der orgastischen Impotenz, nicht ohne sich dabei gleichzeitig unbeabsichtigt die Neurosen, Perversionen und Sexualverbrechen auf den Hals zu laden. In diesen ökonomischen Interessen des keimenden Patriarchats wurzelt historisch die Kastrationsangst, die *Freud* beim autoritären Menschen entdeckt hat. Und die gleichen Motive, die seinerseits die Grundlage für den Kastrationskomplex der Menschen schufen, erhalten ihn heute: die Interessen an der Zwangsdauerehe, als deren Durchführungsorgane die Eltern – ganz unbewußt – fungieren.

IV. Ur-Arbeitsdemokratie[1] — Mutterrecht — Privateigentum der Produktionsmittel — Vaterrecht

1. ZUSAMMENFASSUNG

Wir haben bei den Trobriandern das Vaterrecht aus dem Mutterrecht herauswachsen gesehen, und wir erkannten im rituellen Heiratsgut den Grundmechanismus der Verwandlung der einen gesellschaftlichen Organisation in die andere. Wir sahen die arbeitsdemokratische mütterliche Gens immer mehr in ökonomische, ideologisch verschleierte Abhängigkeit vom patriarchalisch werdenden Häuptling und seiner Familie geraten. Haben wir es hier mit einem allgemeinen oder zumindest weitverbreiteten Typus der urzeitlichen Transformation zum Patriarchat und zur Klassenteilung zu tun, oder trifft er nur für die Trobriander und einige wenige andere Stämme zu? Diese Frage ist gar nicht leicht endgültig zu beantworten. So genaue und ausgiebige Berichte wie die *Malinowskis* liegen sonst nicht vor. Entweder fehlt die geschärfte Methode, das Sexualleben zu studieren, oder aber es feh-

---

1. In der ersten Ausgabe dieses Buches (1931) wurde der Ausdruck »Urkommunismus« gebraucht, um die wirtschaftlichen Funktionen der ursprünglichen primitiven mutterrechtlichen Gesellschaft zu beschreiben. Angesichts des totalen Mißbrauchs und der Prostituierung des Wortes »Kommunismus« durch den roten Faschismus in den letzten Jahrzehnten ist jedoch der Ausdruck »Urkommunismus« irreführend und unbrauchbar geworden. Aus diesem Grunde – und gleichfalls in Übereinstimmung mit der Entwicklung der *sexual-politischen* Soziologie von 1931 zur *orgonomischen* Soziologie von 1951 – wird von jetzt ab der Ausdruck »Arbeitsdemokratie« anstelle von »Urkommunismus« gebraucht, mit Ausnahme jener Fälle, wo der Autor sich auf die Werke anderer beruft oder sie, die den Ausdruck »Urkommunismus« gebrauchen, zitiert. *Arbeitsdemokratie* wird als natürliche und wirklich rationale Arbeitsbeziehung definiert, wie sie unter Menschen funktioniert. Das Konzept der *Arbeitsdemokratie* stellt die Realität (nicht die Ideologie) dieser Arbeitsbeziehungen dar, die, obwohl sie allgemein durch die bestehende Panzerung und irrationale Ideologien entstellt sind, trotz allem die Grundlage aller gesellschaftlichen Leistung bilden. *Arbeitsdemokratie schließt alle Formen diktatorischer Herrschaft aus*, und die Diktatur schließt ihrerseits die Funktion der Arbeitsdemokratie aus.

len die deskriptiven Zusammenhänge zwischen Sexualform und Wirtschaftsform, so daß sich keine befriedigenden Schlüsse ziehen lassen. Sehr viele Ethnologen stehen ja auch auf dem Standpunkt der Priorität des Patriarchats, was einen entwicklungsgeschichtlichen Gesichtspunkt von vornherein ausschließt. Ja, in den meisten Berichten fehlt jeder Hinweis darauf, ob die beobachteten Stämme vaterrechtlich oder mutterrechtlich, urkommunistisch oder privateigentümlich organisiert sind. Es sind nur wenige Ethnologen zu nennen, deren Untersuchungen einen Blick in die historische Entwicklung der Urgesellschaft gestatten. Unter diesen Autoren hat in erster Linie *Lewis Morgan*[1], dann auch *Engels* in seinem Buche über den »Ursprung der Familie« den Standpunkt des ursprünglichen Mutterrechts vertreten. Vor ihnen wies schon *Bachofen*[2] nach, daß das Mutterrecht allgemein die ursprüngliche Organisationsform war, denn sie repräsentiert das eigentliche *Naturrecht*, während das Patriarchat bereits komplizierte gesellschaftsgeschichtliche Einflüsse zur Voraussetzung hat.

Das Material ihrer Gegner, der Vertreter der Ursprünglichkeit der Vaterfolge und des Patriarchats, ist immer vieldeutig, entbehrt der Geschlossenheit der Mutter-Naturrechts-Theorie und beweist auch dann nichts, wenn man bei sehr primitiven Stämmen bereits Vaterrecht feststellt. Denn aus dieser Feststellung allein erfließt noch nicht der Beweis der Ursprünglichkeit der gegenwärtigen Organisation. Wenn zum Beispiel die auf niedrigster Stufe stehenden Pygmäen vaterrechtlich organisiert sind[3], so weist bereits ihre Monogamie in der Sexualorganisation und das festorganisierte Inzestverbot auf eine lange historische Entwicklung hin, und erst die genaue Durchforschung ihrer Sagen und Mythen könnte hier Aufschluß geben.

Daß das Mutterrecht sich aus einem ursprünglichen Patriarchat entwickelt haben sollte, ist kaum wahrscheinlich. Bedenken wir, daß das Mutterrecht durch Arbeitsdemokratie und weitestgehende Sexualfreiheit, das Vaterrecht dagegen, wo immer wir es antreffen, durch Privatbesitz, Frauenversklavung und der unsrigen bereits ähnliche Sexualunterdrückung gekennzeichnet ist, daß also

1. »Die Urgesellschaft«. (Dietz, 1908, II. Aufl.)
2. »Das Mutterrecht« (1861).
3. Vgl. *Roheim*: »Urformen und Wandlungen der Ehe« in *Marcuses* »Ehebuch«, S. 33 f.

das erste dem natürlichen Zustand weit näher steht als das zweite, so müßten wir gewaltsam eine Umkehrung der Entwicklung im *rückläufigen* Sinne annehmen, wenn wir das Mutterrecht aus dem Vaterrecht ableiten wollten, eine Verwandlung einer hochkomplizierten Organisation in eine primitivere, natürlichere. Dabei geht jeder Grundsatz einer historischen Betrachtung verloren.

Und die dritte Möglichkeit, daß es neben einem ursprünglichen Mutterrecht ein ursprüngliches Vaterrecht gegeben habe, ist nicht weniger unwahrscheinlich; denn während sich das Mutterrecht aus der natürlichen Generationsfolge erklärt, mit der Tatsache des Inzestes und der primitiven Arbeitsdemokratie in der Urzeit in vollem Einklang steht, bedarf es zur Annahme des ursprünglichen Vaterrechts sehr komplizierter und gewaltsamer Hypothesen: Man stützt sich bei dieser Annahme meist auf die Stärke des Männchens, seine Eifersucht den anderen, jüngeren oder schwächeren (?) Männchen gegenüber und zieht Analogien aus dem Tierleben heran, wo es eine »väterliche« Leithorde gebe. Wir haben hier folgende Schwierigkeiten: Die Annahme der Eifersucht schließt die unwiderlegliche Tatsache des Inzestes in der Urzeit und ebenso die der wirtschaftlichen Ur-Arbeitsdemokratie aus; denn wenn es ein starkes eifersüchtiges Männchen in einer Horde gibt, das alle Weibchen für sich in Anspruch nimmt und die anderen Männchen ausschließt oder verjagt, so muß es immer so gewesen sein, sonst hat das Ganze keinen Sinn; die ausgeschlossenen und immer kämpfenden Männer können auch keine Mitarbeit in der primitiven Wirtschaft leisten, denn dabei kämen sie mit den Frauen in engen Kontakt; sie könnten ebensowenig die Früchte mitgenießen. Ganz unmöglich aber erscheint die Vorstellung, daß der Urvater auf die Dauer eine Gruppe von nicht weniger kräftigen Männern fernhielt. Die einzige hypothetische Grundlage dieser Auffassung ist die supponierte Eifersucht des führenden Mannes und das notabene seltene Vorkommen von Tierhorden (wilde Pferde, Hirsche, Affen), bei denen es einen »Führer« gibt. Diese immer wieder aus dem Tierreich herangezogenen biologischen Beweise verschwinden aber gegenüber der Tatsache, daß die Millionen anderer Tierarten erwiesenermaßen, mit Ausnahme gelegentlicher Paarungen für die Zeit der Brut, geschlechtlich ungeregelt leben; trotzdem müssen sie immer wieder zur Stützung der patriarchalischen Ideologie herhalten.

Die patriarchalischen Auffassungen der Urgeschichte haben auch logischerweise zu der Annahme geführt, daß die Zwangsmonogamie bzw. das heutige Vorrecht des Mannes auf mehrere Frauen, die Eifersucht, die Unterdrückung der Frau usw. biologisch begründet seien. Nehmen wir noch hinzu, daß diese Auffassung der Rechtfertigung unserer patriarchalischen Organisation dient und ein Stück Grundlage der faschistischen Sexualideologie bildet, während die mutterrechtliche zeigt, daß sich alles wandelt und daß es auch anders geht, so können wir kaum schwanken, welche Auffassung wir zu der unsrigen machen.

Vor allem leistet die mutterrechtliche Theorie für die Klärung von gesellschaftlichen Tatbeständen und Prozessen viel, während die vaterrechtliche nur verewigt, was sich im ständigen Flusse der Veränderung befindet. Stellen wir uns also auf den Boden des allmählichen Überganges vom allgemeinen Mutterrecht zum Vaterrecht, so befinden wir uns im Einklang mit einer großen Reihe beobachteter Tatsachen, können auf gewaltsame Auslegungen verzichten und gewinnen viel für die Geschichte der Genitalitätsformen und der sexuellen Ökonomie.

Krische hat das einschlägige ethnologische Material[1] über die weite Verbreitung sowohl historischen als auch aktuellen Mutterrechts 1927 zusammengestellt. Es bleibt die schwierige Aufgabe, an einzelnen primitiven Organisationen die Entwicklung des Vaterrechts aus dem Mutterrecht in ihrer historischen Mechanik zu beweisen, wie wir es für die Trobriander taten. Mutterrecht wurde also festgestellt:

1. bei den ackerbauenden Indianern Nordamerikas, den Missourisstämmen, den Irokesen, den Huronen, den Algonkinstämmen, den Muskogee, Choktas und Cherokesen, den Natchez, den Pueblos; bei den Naturvölkern Südamerikas, den Tupi, Karaiben und Aruak;
2. im Osten bei den malaiischen Stämmen, den Nikrobaresen, den Palauinsulanern, bei den Stämmen auf Formosa; es gibt mutterrechtliche Urstämme in China und in Indien (die Garos, Pani-Koch und Kulu);
3. bei den alten Kulturvölkern, in Athen, Sparta, Megara, Kreta, Lemnos, Lesbos, Samothrake, Elis, Mantinea, Lydien, Kyrien usw.; in Rom, ferner bei den Chinesen, Arabern, Tibetanern, aber auch den Kelten, Slawen usf.

1. »Das Rätsel der Mutterrechtsgesellschaft«, München 1927.

Eine grundlegende Theorie über die Verbindung von wirtschaftlicher Ur-Arbeitsdemokratie und Mutterrecht liegt nur bei *Morgan* vor, der sie als allgemein vorkommenden Urzustand zuerst erwiesen hat. *Roheim*[1] gab eine Zusammenstellung der arbeitsdemokratisch organisierten Stämme, jedoch ohne Inbeziehungsetzung der Wirtschaftsformen zu ihrer Organisation der Geschlechterfolge. Die gemeinsamen Tatbestände sind: Gemeineigentum an Boden und Hütten, gemeinsame Arbeit und Produktenverteilung, Privateigentum nur an Werkzeugen, Schmuck, Kleidungsstücken usw., so bei den Kuli, den Lengua-Indianern, den Eskimos, den Ureinwohnern von Brasilien, den Bakairi, in Australien ganz allgemein, in Tasmanien, bei den Komanchen, Siouxindianern, den indochinesischen Völkern, auf den Salomoninseln. Doch sind manchmal die Jagdgebiete *fremder* Stämme streng abgeteilt; Übertretung der Grenze führt zum Krieg.

Eine der Feststellungen *Roheims* leitet zu unserem Kernproblem, dem Mechanismus des Heiratsgutes über. *Roheim* behauptet, daß das Eigentum bei vielen Stämmen einer erotischen Bindung gleichkomme, und führt als Beweis an, daß die Gattinnen bei bestimmten Zeremonien an der gleichen Stelle auftreten, an der sich das Landeigentum befindet (l. c. S. 20) Wenn zutrifft, daß das Heiratsgut durch die Gattin in den Besitz des Gatten und seines Clans übergeht – da es sich doch immer um exogame Clans handelt –, so begreifen wir den Ritus der erotisierenden Symbolik: *Das Eigentum wird mit Hilfe von geschlechtlichen Interessen übertragen.* Roheim erwähnt von verschiedenen Stämmen, bei denen Urkommunismus herrscht, daß der Besitzer zu seinem »Eigentum« mehr in einem formalen und zeremoniellen als in einem praktischen Verhältnis steht. (l. c. S. 16) Das gleiche hörten wir von *Malinowski* über den Privatbesitz an Kanus bei den Trobriandern.

Diese und ähnliche Feststellungen ethnologischer Forscher, die sich mit den Tatbeständen bei den Trobriandern decken, gestatten, dem Heiratsgut als dem Grundmechanismus der Überleitung vom Mutterrecht zum Vaterrecht, von der gentilen Ur-Arbeitsdemokratie zur Anhäufung von Reichtum in einer Familie, daher auch von der ursprünglichen Sexualbejahung zur Sexualunter-

1. *Roheim:* »Die Urformen und der Ursprung des Eigentums«. (Archiv für Ethnographie, Bd. 28, H. I/II)

drückung, eine allgemeinere Bedeutung zuzuschreiben. Doch werden künftige Forschungen bei anderen Stämmen und Naturvölkern, die diesen Gesichtspunkt mit einbeziehen, zu ergeben haben, wie weit dieser Ritus verbreitet ist und mutterrechtliche Organisationen in vaterrechtliche verwandelt.

Sollte dies allgemein zutreffen, so hätten wir in der Eheschließung und im Heiratsgut einen soziologischen Mechanismus vor uns, der in der Urgesellschaft beim Beginn der Klassenteilung ebenso ein Ausbeutungsverhältnis zwischen Ausbeutendem und Ausgebeutetem herstellt, wie der des Kaufs der Ware »Arbeitskraft« den Mechanismus der kapitalistischen Akkumulation in unserer Gesellschaft bildet.

2. DAS HEIRATSGUT ALS VORSTUFE DER WARE

Wenn die sexualverneinende Moral, die an die Stelle der ursprünglichen sexualökonomischen Regelung des Liebeslebens tritt, bestimmten wirtschaftlichen Interessen entspringt, so müssen wir uns ein Stück weit mit der Natur dieser wirtschaftlichen Wandlung befassen. Diese Wandlung ist eine doppelte: erstens der Fortschritt der Produktionstechnik, der zu immer größeren Reichtümern in der Gesellschaft führt, und zweitens die mit ihm zusammenhängende Teilung der Arbeit, die die Erzeugung von Waren an die Stelle der Erzeugung von zu eigenem Gebrauch bestimmten Produkten setzt.

»Die Teilung der Arbeit innerhalb der Gesellschaft und die entsprechende Beschränkung der Individuen auf besondere Berufssphären entwickelt sich wie die Teilung der Arbeit innerhalb der Manufaktur von entgegengesetzten Ausgangspunkten. Innerhalb einer Familie, weiterentwickelt eines Stammes, entspringt eine naturwüchsige Teilung der Arbeit aus den Geschlechts- und Altersverschiedenheiten, also auf rein physiologischer Grundlage, die mit der Ausdehnung des Gemeinwesens, der Zunahme der Bevölkerung und namentlich dem Konflikt zwischen verschiedenen Stämmen und der Unterjochung eines Stammes durch den anderen ihr Material auswertet. Andererseits entspringt ... der Produktenaustausch an den Punkten, wo verschiedene Familien, Stämme, Gemeinwesen in Berührung miteinander kommen, denn nicht Privatpersonen, sondern Familien, Stämme usw. treten sich in den Anfängen der Kultur selbständig gegenüber. Verschiedene Gemeinwesen finden verschiedene Produktionsmittel und verschiedene Lebensmittel in ihrer Naturumgebung vor. Ihre Produktionsweise, Lebensweise und Produkte sind daher verschieden. Es ist diese naturwüchsige Verschiedenheit, die bei der gegenseitigen Berührung der Gemeinwesen den Austausch ihrer Produkte und daher die allmähliche Verwandlung dieser Produkte in Waren hervorruft... Der Austausch schafft nicht den Austausch der Produktionssphären, sondern setzt die unterschiedenen in Beziehung und verwandelt sie so in mehr oder minder voneinander abhängige Zweige einer Gesamtproduktion. Hier entsteht die gesellschaftliche Teilung der Arbeit durch den Austausch ursprünglich verschiedener, voneinander unabhängiger Produktionssphären. Doch wie die physiologische Teilung der Arbeit den Ausgangspunkt bildet, lösen sich die besonderen Organe eines unmittelbar zusammengehörigen Ganzen voneinander ab, zersetzen sich, zu welchem Zersetzungsprozeß der Warenaustausch mit fremden Gemeinwesen den Hauptanschluß gibt, und verselbständigen sich bis zu dem Punkt, wo der Zusammenhang der verschiedenen Arbeiter durch den Austausch der Produkte als Waren vermittelt wird. Es ist in dem einen Fall Verunselbständigung der früher Selbständigen, in dem anderen Verselbständigung der früher Unselbständigen.« (*Marx:* »Kapital«, Kautskys Volksausgabe, VII. Aufl., Bd. I. S. 298 f.)

Wir haben also zu unterscheiden zwischen dem Austausch *innerhalb* des Stammes und dem Austausch zwischen *fremden* Gemeinschaften oder Stämmen. Der Austausch innerhalb des Stammes, der die Verselbständigung der Unselbständigen und die Verunselbständigung der Selbständigen herbeiführt, erscheint bei den Trobriandern in primitivster Form als Austausch von Heiratsgut an Gartenfrüchten. Es geht aus *Malinowskis* Bericht nicht hervor, ob es sich um *verschiedene* Produkte der Gartenarbeit, also bereits um richtigen Warenaustausch handelt. Seine Keimform erblicken wir darin, daß der Trobriander einen Teil seiner Erzeugnisse als Gebrauchswert für sich und seine Familie, einen anderen, und zwar den größeren Teil, als Heiratsgut produziert. Wir hätten somit im Heiratsgut eine Vorstufe der Ware vor uns, die sich aus dem primitivsten Produktionsverhältnis, dem zwischen dem Bruder und dem Gatten der Frau, herausbildet. Wir werden später sehen, daß die *Marx*sche Annahme, der Warenaus-

tausch beginne mit dem Zusammentreffen fremder Stämme, zu
Recht besteht, wenn wir hören werden, daß dieser Austausch *innerhalb* des Stammes von Clan zu Clan ursprünglich auf den Zusammenstoß zweier Ur-Clans zurückgeht. Es ist aber klar und
darf nicht übersehen werden, daß wir es nicht mit »Ware« im
vollen Sinne zu tun haben, sondern mit ihrer Vorstufe, dem Heiratsgut, das mit Notwendigkeit zuerst zur Anhäufung von Reichtümern in einer Familie und dann zum vollentwickelten Warenaustausch führt.

3. DIE HERAUSBILDUNG DER PATRIARCHALISCHEN GROSSFAMILIE UND DER KLASSEN

Das nächste Ergebnis des Heiratsgutsmechanismus ist die Her-
ausbildung der patriarchalischen Großfamilie, wie sie von *Morgan, Engels, Cunow*[1], *Lippert, Müller-Lyer*[2] und anderen beschrieben wurde.
Cunow schreibt:
»Je schärfer die patriarchalische Großfamilie sich herausbildet, in
desto ausgesprocheneren Gegensatz gelangt sie jedoch zu der To-
temgenossenschaft der Gens. *Die Hausväter eignen sich eine der
Funktionen nach der anderen an, die früher der Gentilgenossen-
schaft zustanden.* Aus dem Gemeineigentum der Totemgenossen-
schaft an Grund und Boden löst sich als Sonderbesitz das Landeigentum der Großfamilie heraus, während zugleich die früheren
Erbansprüche der Gentilgenossen auf den Nachlaß eines Verstorbenen immer mehr zugunsten der Haushaltsmitglieder, vertreten
durch deren Oberhaupt, den Familienpatriarchen, eingeschränkt
werden. Ferner übernimmt letzterer mehr und mehr die früher
von der Gesamtheit der Totemgenossen ausgeübten richterlichen
Funktionen.
Andererseits führt die Entstehung einer Adelskaste aus den To-
temhäuptlingen, die beginnende Scheidung der früher gleichberechtigten Gentilgenossen in Reiche und Arme (je nach ihrer Zugehörigkeit zu reichen und armen Großfamilien), die Herausbil-

---

1. *Cunow* Heinrich: »Zur Urgeschichte der Ehe und Familie«. (Ergän-
zungsheft der Neuen Zeit, Dietz, Nr. 14, 1912/13)
2. *Müller-Lyer:* »Die Familie«, 2. Aufl., München 1918.

dung besonderer Berufe und die Einführung von Kriegsgefange-
nen und gekauften Sklaven aus fremden Stämmen mehr und
mehr zur Zersetzung und schließlich zur Sprengung der alten ge-
schlechtsgenossenschaftlichen Verfassung. *Die alte verwandt-
schaftliche auf Blutsbanden beruhende Organisation wird durch
eine auf Klassenunterschiede beruhende herrschaftliche oder
staatliche Organisation ersetzt.«* (l. c. S. 45)
Der Zusammenhang zwischen der Entwicklung der Geschlechts-
formen und den sie bedingenden Wirtschaftsformen ist für die
Urgesellschaft von *Engels* wie folgt formuliert worden:
»Je weniger Arbeit noch entwickelt ist, je beschränkter die Menge
ihrer Erzeugnisse, also auch der Reichtum der Gesellschaft, desto
überwiegender erscheint die Gesellschaftsordnung beherrscht
durch Geschlechtsbande. Unter dieser auf Geschlechtsbande be-
gründeten Gliederung der Gesellschaft entwickelt sich indes die
Produktivität der Arbeit mehr und mehr, mit ihr Privateigentum
und Austausch, Unterschiede des Reichtums, Verwertbarkeit
fremder Arbeitskraft und damit die Grundlage von Klassenge-
gensätzen: neue soziale Elemente, die im Laufe von Generationen
sich abmühen, die alte Gesellschaftsverfassung den neuen Zu-
ständen anzupassen, bis endlich die Unvereinbarkeit beider eine
vollständige Umwälzung herbeiführt. Die alte auf Geschlechts-
verbänden beruhende Gesellschaft wird gesprengt im Zusammenstoß der neu entwickelten gesellschaftlichen Klassen; an ihre Stelle tritt eine neue Gesellschaft, zusammengefaßt im Staat, dessen
Untereinheiten nicht mehr Geschlechtsverbände, sondern Orts-
verbände sind, eine Gesellschaft, in der die Familienordnung
ganz von der Eigentumsordnung beherrscht wird, und in der sich
nun jene Klassengegensätze und Klassenkämpfe frei entfalten,
aus denen der Inhalt aller bisherigen geschriebenen Geschichte
entsteht.« (l. c. S. VIII)
Wenn sich mit der Produktivität der Arbeit und dem Austausch
von Reichtümern auch Unterschiede des Reichtums, Verwertbarkeit fremder Arbeitskraft und damit die Grundlage von Klassen-
gegensätzen entwickeln, so erklärt erst die ökonomische Funktion
des Heiratsgutes, *wie* sich diese Verschiebung vollzieht.
Auch sonst werden bei den Autoren entweder die Verschiebungen
der Rechte zugunsten des Häuptlings ohne Kommentar oder aber
mit irgendeiner Hypothese festgestellt. So schreibt *Müller-Lyer*,
daß nach Anwachsen des Reichtums die vorwiegend als Händler,

Handwerker und Techniker auftretenden Männer es so einzurichten verstanden, daß das Eigentum, das sie durch Arbeit, Handel oder im Kriege erwarben, ihr Privateigentum wurde. Dadurch und durch die Einführung der vorteilhaften Sitte, die Frau ihrer Sippe abzukaufen, sei das Mutterrecht zugunsten des Vaterrechts ausgehöhlt worden. Die Reihenfolge sei aber die gewesen, daß zuerst Reichtum entstand, der in die Hände des Mannes gelangte; der führte zur Kaufehe, wodurch die Frau die Magd des Mannes wurde. Die Mutterfolge machte dem Vaterrecht, die Muttersippe der Vatersippe Platz. An die Stelle der Sippenfolge trat die Familienfolge. Diese Hypothese ermangelt des Nachweises, *wie* der Reichtum in die Hände des Mannes gelangen konnte; sie gibt keinen historischen Prozeßmechanismus an.

Morgan schreibt:

»Als man anfing, größere Reichtümer zu produzieren, und als das Verlangen, diese auf die Kinder zu übertragen, die Abstammungsfolge von der weiblichen auf die männliche Linie hatte übergehen lassen, war zum erstenmal eine materielle Grundlage für die väterliche Gewalt gegeben.« (l. c. S. 397)

Aber das Verlangen, die Reichtümer den Kindern zu übermitteln, bedarf selbst einer Erklärung. Der Prozeß bei den Trobriandern zeigt, daß dieses Verlangen selbst zunächst aus den *materiellen* Interessen des Häuptlings oder Vaters zu erklären ist, der sich für seine Leistungen an den Gatten seiner Schwester anderweitig schadlos halten muß. Das kann er, wie wir hörten, nur durch die Kreuz-Vetter-Basen-Heirat, die das Heiratsgut wieder zu ihm zurückbringt. *Morgan* schreibt weiter (l. c. S. 403), daß das Anwachsen des Reichtums und das Verlangen nach Übertragung desselben auf die Kinder die Triebfeder war, welche die Monogamie schuf. Das trifft restlos zu, nur ist das Verlangen nach der Erbfolge auf der väterlichen Linie bereits selbst Produkt des materiellen Übergewichts des Häuptlings, das sich mit Hilfe seines Rechtes auf Polygamie und der Kreuz-Vetter-Basen-Heirat ständig in die Höhe treibt. Die Entwicklung zur Sklaverei der unteren Bürger geht von diesem Übergewicht aus.

Das allgemeine Anwachsen des Reichtums selbst erklärt sich zunächst aus der fortschreitenden Entwicklung der primitiven Technik der Produktion von Lebensmitteln. Es erklärt an sich noch nicht die Anhäufung dieses Reichtums in einer Familie und das Entstehen von zwei Klassen, einer immer mehr verarmenden und einer sich ständig bereichernden, der Mutter-Clans einerseits, der Häuptlingsfamilie andererseits. Denn die urkommunistische Gesellschaft hätte, denken wir die Exogamie und den Heiratsmechanismus einen Augenblick weg, immer mehr Reichtümer erarbeitet, ohne Akkumulation dieser Güter in der Hand des Häuptlings und seiner Familie. Erst die Übertragung des Heiratstributs in Form von Arbeitsproduktion auf Grund des Bruder-Gatten-Verhältnisses und die Rangeinteilung der Clans führen zu dieser Scheidung.

Aber nicht sofort, sondern nach verschiedenen Wandlungen in den Produktionsverhältnissen, die der ersten Einführung des Tributmechanismus folgen und die wir in einem Ausschnitt später noch behandeln werden. Erst wenn die Produktion eine gewisse Höhe erreicht hat, erst wenn der Gebrauchsgegenstand »die unmittelbaren Bedürfnisse seines Besitzers überschießendes Quantum von Gebrauchswert« wird (*Marx*, »Kapital« I. S. 50), wird er zum Tauschwert, zur Ware.

»Dinge sind an und für sich dem Menschen äußerlich und daher veräußerlich. Damit die Veräußerung wechselseitig, brauchen Menschen nur stillschweigend sich als Privateigentümer jener veräußerlichen Dinge und eben dadurch als voneinander unabhängige Personen gegenüberzutreten.« (Ebenda S. 50)

Wir sehen bei den Trobriandern, daß alle Brüder außer den zu ihrem eigenen Leben notwendigen Dingen Überschüsse produzieren müssen, während der Häuptling diese Überschüsse zum größten Teil anhäuft. Er ist der erste, der sich als Privateigentümer zu fühlen beginnt und als solcher einerseits den übrigen Stammesgenossen, andererseits einem anderen Häuptling gegenübertritt. Zu dem ganzen Prozeß trägt der Tauschverkehr mit fremden Stämmen sehr viel bei, er wird schließlich zu einer wichtigen Triebfeder des Akkumulationsbedürfnisses, das seinerseits wieder das Interesse an den »gesetzlichen« Heiraten steigert.

»Solch Verhältnis wechselseitiger Fremdheit existiert jedoch nicht für die Glieder eines naturwüchsigen Gemeinwesens, habe es nur die Form einer patriarchalischen Familie, einer altindischen Gemeinde, eines Inkastaates usw. Der Warenaustausch beginnt, wo die Gemeinwesen aufhören, an den Punkten des Konfliktes mit fremden Gemeinwesen oder Gliedern fremder Gemeinwesen.« (*Marx*, »Kapital« I. S. 50)

Hier liegt ein scheinbarer Widerspruch vor. *Marx* ging von der

Voraussetzung aus, daß die Kommunen ursprünglich geschlossene, naturwüchsige Gemeinwesen waren. Wenn wir aber bereits *in* diesen Stämmen primitivste Austauschverhältnisse finden, so läßt sich daraus der Schluß ziehen, daß auch diese Stämme nicht naturwüchsig waren, sondern aus Zusammenschlüssen fremder naturwüchsiger Gemeinwesen hervorgingen. Und diese Vermutung trifft zu. *Die Stämme sind zusammengesetzte Gebilde, und bei ihrer Zusammensetzung entstand die Vorstufe des Austausches von Waren, das Heiratsgut.* Doch dazu bedarf es noch einiger ethnologischer Beweisführung. (Vgl. Kap. VI)

Wir sehen aber schon jetzt, wie richtig *Engels* die Zusammenhänge ahnte, wenn er schrieb, daß der Ursprung der Klassenteilung der Gegensatz zwischen Mann und Frau ist. Gehört doch wirklich die Frau dem unterdrückten, der Mann dem unterdrückenden Clan an, und das Heiratsgut setzt alle die Prozesse in Gang, die die Frau versklaven und ihre Familie, die mütterliche Gens, unter die Macht des Häuptlings bringen. Als Gruppen gefaßt sind also *die ersten Klassen der mütterliche und der väterliche Clan, und vertikal alle mütterlichen Clans zusammen einerseits, die Familie des Häuptlings andererseits.*

Am Übergang vom Mutterrecht zum Vaterrecht erhält der Mann das Heiratsgut. Ist das Patriarchat voll entwickelt, sind alle Vorrechte und die Erbfolge auf die Linie des Mannes und seiner Söhne übergegangen, so verliert das Heiratsgut in der Richtung Frau zum Mann seinen Sinn und die Verhältnisse kehren sich um: Der Mann, der eine Frau heiraten will, muß sie nunmehr bei ihrem Vater durch Arbeit oder Arbeitsprodukte erkaufen. Da nunmehr die Frau selbst unter der patriarchalischen Gewalt im ökonomischen Interesse ihres Vaters ein Wertgegenstand wird, beginnt der Frauenkauf, der für das primitive Stadium des Patriarchats typisch ist, und mit ihm das Ausheiraten aus der eigenen Gens in die des Gatten (»enuptio gentis« bei den Römern). Das Heiratsgut der Übergangszeit zum Patriarchat kehrt dann auf seiner höheren Stufe im späteren Patriarchat wieder in Form der »Mitgift« der Frau. Dieser Wechsel vom Frauenkauf zum Männerkauf bedarf aber einer besonderen Erklärung, die hier nicht gegeben werden kann. Der Frauenraub der Urzeit ist nicht die unmittelbare Vorstufe des Frauenkaufs, sondern gehört einer viel früheren Periode der Entwicklung an, die durch das Aufeinandertreffen fremder, noch endogamer Urhorden charakterisiert ist. (Vgl. das VI. Kapitel.)

V. Bestätigung der Morgan-Engelsschen Theorie und Korrekturen

Wir haben uns früher mit den drei ethnologischen Grundauffassungen der Geschichte der Urgesellschaft (1. Vaterrecht geht aus Mutterrecht hervor; 2. Mutterrecht ist Spätbildung oder akzidentell; 3. Vaterrecht und Mutterrecht stehen ursprünglich nebeneinander) in groben Zügen auseinandergesetzt, um uns eine Grundanschauung für den Entwicklungsprozeß bei den Trobriandern zu bilden. Wir sehen, daß dieser nur der Mutterfolge-Vaterrechts-Theorie entspricht. Nun haben wir auf die Theorie von Morgan und Engels genau einzugehen, denn nicht nur werden ihre Entdeckungen und Auffassungen von den Zusammenhängen zwischen Mutterrecht, Patriarchat, Entwicklung der Familie und des Privateigentums durch die Forschungen *Malinowskis* (bis auf einzelne notwendige Korrekturen) glänzend bestätigt, sondern sie werden durch die Entdeckung des Heiratsgutes bei den Trobriandern und seine hier ausgeführte gesellschaftswandelnde ökonomische Funktion zu einer geschlossenen Auffassung der Urgeschichte, gegen die die sonst üblichen und so widerspruchsvollen Theorien heute noch weniger aufkommen können als zur Zeit der Aufstellung der *Morgan-Engels*schen Thesen. So wie der psychoanalytische Ethnologe *Roheim* zwar selbst den ökonomischen Urkommunismus feststellt, aber der schwankenden Hypothese von der vaterrechtlichen Urhorde zuliebe, die um jeden Preis gehalten wird, auf die Zusammenhänge mit der Entwicklung der Sexualformen nicht eingeht, so übersieht *Malinowski* die Konsequenzen seiner Entdeckungen und ihre Übereinstimmung mit denen von *Morgan*.

Beim Vergleich der Forschungsergebnisse *Malinowskis* mit denen von *Morgan* und den Aufstellungen von *Engels* begegnen wir bei sonst verblüffender Übereinstimmung einer großen Schwierigkeit: Weder bei *Morgan* noch bei *Engels* findet sich, bis auf einige Andeutungen, die in diesem Sinne ausgelegt werden können, eine Beschreibung oder auch nur Erwähnung eines Heiratsgutes des Mutterbruders (des Clans der Frau) an den Schwestergatten (die Familie des Gatten). Da wir bei den Trobriandern in ihm den zentralen ökonomischen Mechanismus der gesellschaftlichen

Transformation vom Mutterrecht zum Vaterrecht erkannten, der Übergang des Matriarchats zum Patriarchat sonst aber von *Morgan* ganz allgemein gefunden wurde, von *Engels* sogar bis in kleinste Details analog dem bei den Trobriandern, gibt es nur zwei Möglichkeiten: entweder ist dieser Mechanismus nur für die trobriandrische Gesellschaft gültig und kommt sonst nicht vor, oder aber er ist allgemeingültig und wurde übersehen. Die Sache ist wichtig genug. Denn ist das Heiratsgut wie bei den Trobriandern das *erste* keimhafte sozialökonomische Verhältnis, das die Klassenbildung und die sexualfeindliche Moral in Gang setzt, so kommt dieser Tatsache keine geringe Bedeutung zu, sowohl für das Verständnis der Urgeschichte, für die endgültige Festigung der Mutterrechtstheorie, und für das Verständnis der natürlichen Sexualökonomie.

1. ZUSAMMENFASSUNG DER MORGAN-ENGELSSCHEN FUNDE

Fassen wir nun, ehe wir die Verbindung zwischen den Funden *Malinowskis* und unseren Aufstellungen einerseits, der *Morgan-Engels*schen Theorie andererseits herstellen, kurz ihre Grundauffassung zusammen.

Morgan, der den größeren Teil seines Lebens bei den amerikanischen Irokesen verbrachte, machte zum ersten Male die Entdeckung von der Entwicklung der heutigen Familienform aus einigen Vorstufen der Familie, ferner stellte er die universelle Organisation der Primitiven in Gentes (= Clans) mit ursprünglicher Erbfolge der mütterlichen Linie (natürliche Mutterfolge oder »Mutterrecht«) fest. Vor ihm hatte schon *Bachofen* 1861 aus der griechischen und römischen Mythologie seine Lehre des ursprünglichen »Mutterrechts« abgeleitet. Die *Bachofen*sche Lehre postuliert:

1. schrankenlosen Geschlechtsverkehr in der Urzeit, den sogenannten Hetairismus;
2. unsichere Vaterschaft, daher Abstammungsfolge in der Mutterlinie;
3. bevorzugte Stellung der Frauen (Gynaikokratie);
4. Übergang zur Einzelehe durch Verletzung eines uralten Religionsgebotes, daß alle Männer auf ein und dieselbe Frau An-

spruch haben; diese Verletzung wurde erkauft durch eine zeitweilige beschränkte Preisgebung der Frau (»heilige Prostitution«).

Engels vermerkt, daß die *Bachofen*sche Ableitung des Vaterrechts aus dem Mutterrecht zwar historisch richtig, aber, insofern sie diesen Übergang aus einer Entwicklung der religiösen Vorstellungen begreift, falsch ist.

Im Gegensatz zu dem englischen Forscher *Mac Lennan*, der 1886 seine »Studies in Ancient History« veröffentlichte, wo er zwei Urformen der menschlichen Organisation, »exogame« und »endogame« Stämme, unterschied, fand *Morgan* die Irokesen organisiert in *endogame Stämme*, die sich aus *exogamen Gentes* zusammensetzen. In diesen mutterrechtlich organisierten Gentes, innerhalb deren Paarungen ausgeschlossen waren, erblickte *Morgan* die Urform, aus der sich dann später die vaterrechtlich organisierten Gentes der Römer und Griechen entwickelten. Überall, wo die Gens gefunden wurde, konnten entweder auch mutterrechtliche Organisationen oder aber Spuren einer solchen nachgewiesen werden. So bei den Australnegern, von denen etwa die am Mount Gambier in einem Stamm, bestehend aus zwei Gentes oder Clans (kroki und kumite), organisiert lebten; bei den Kamilaroi am Darlingfluß in Neusüdwales (ursprünglich 2, später 6 Clans); bei den Irokesen und allen übrigen amerikanischen Indianern. *Mac Lennan*, der den Unterschied zwischen Clan und Stamm nicht erfaßt hatte, fand die Gentilorganisation bei den Kalmücken, Tscherkessen und Samojeden, in Indien bei den Warelis, Magals, Munnipuris; *Kovalewski* fand sie bei den Pschaven, Schefzuren, Svaneten und anderen kaukasischen Völkern; ferner bei den Kelten und Germanen (organisiert nach Cäsar »gentibus cognationibusque«); in Schottland und Irland bestanden sie noch bis zum 18. Jahrhundert; neben *Morgan* stellte sie speziell auch *Arthur Wright* bei den Senekairokesen fest. Die Griechen und Römer treten in die Geschichte allerdings mit bereits vaterrechtlich organisierten Gentes (gens, genos) ein, die sich zu Phratrien und Stämmen vereinigen und erst allmählich der griechischen Staatsverfassung mit Einzelfamilie Platz machen. Nach *Beda* fand sich bei den Pikten Gentilorganisation mit weiblicher Erbfolge. *Engels* leitet die fora (= gens) bei den Langobarden und Burgundern von faran = wandern ab, was völlig übereinstimmt mit der nomadisierenden Lebensweise der (naturrechtlichen und blutsverwandten) Urhorde.

Nehmen wir noch alle früher aufgezählten Stämme hinzu, bei denen nach *Roheim* Urkommunismus festgestellt ist, und überlegen wir, daß wirtschaftlicher Urkommunismus auf die Dauer engere Familienorganisation ausschließt, vielmehr immer mit Gentilorganisation zusammenfällt; ist ferner erwiesen, daß die Exogamie immer den ganzen Clan, niemals einzelne Familien betrifft, so fügt sich uns ein Bild universeller ursprünglicher Gentilorganisation mit Mutterfolge, Ur-Arbeitsdemokratie, Exogamie in der Gens, Endogamie im Stamm, zusammen, das die Vorstellung von der, sei es monogamen, sei es polygamen Einzelfamilie als Ursprungsorganisation, auch wenn wir andere Momente vorläufig vernachlässigen, ganz hinfällig macht.

Parallel der Entwicklung von der Urhorde über die organisierte mütterliche Gens, dann die vaterrechtliche Gens, patriarchalische Großfamilie zum Patriarchat geht nach *Morgan* die von der *Blutverwandtschaftsfamilie* (die Elterngeneration, die Brüder-Schwester-Generation und deren Kinder, jede untereinander in genitalem Verkehr stehend) über die *Punaluafamilie* (Brüder und Schwestern von der genitalen Umarmung ausgeschlossen, aber mehrere Schwestern haben mehrere nicht demselben Clan angehörige Brüder zu Gatten) und die *Paarungsfamilie,* wie wir sie bei den Trobriandern noch vorfinden (Einzelpaarung auf beschränkte Zeit), schließlich zur dauernden zwangsmonogamen Familie des endgültigen Patriarchats.

Jede der drei von *Morgan* unterschiedenen Stufen der menschlichen Entwicklung, Wildheit, Barbarei und Zivilisation, entspricht verschiedenen Stufen der Familie: Blutsverwandtschaftsfamilie – Wildheit, Punalua- und Paarungsfamilie – Barbarei, monogame Familie – Patriarchat – Zivilisation. Wenn *Bachofen* von Sumpfzeugung spricht und Cäsar von den Briten schreibt: »Sie haben ihre Frauen je zehn und zwölf gemeinsam unter sich, und zwar meist Brüder mit Brüdern und Eltern mit Kindern«, »so erklärt sich dies«, schreibt *Engels,* »am besten aus der Punaluafamilie.«

Die Polygamie des Häuptlings, die von einigen Ethnologen an den Beginn der menschlichen Entwicklung gesetzt wird, ist also eine Bildung des späten, bereits im Übergang zum Patriarchat sich bewegenden Matriarchats. Diese Stufe ist bei den Trobriandern festzustellen. Ihr entspricht die Paarungsfamilie.

Bis auf das Heiratsgut wurde überall, wo die Gentilorganisation eingehend durchforscht wurde, folgende übereinstimmende

Struktur festgestellt, die sich mit der bei den Trobriandern völlig deckt:

1. Zwei (Australneger) bis zu acht (Irokesen) Gentes oder Clans mutterrechtlich oder vaterrechtlich (je nach der Entwicklungsstufe der sozialen Organisation) zu Stämmen vereinigt.

2. Gens oder Stamm durch Sprache, Gebräuche und Mythologie geschieden. (Nur selten sind es Stämme, die sich unterscheiden. Bei den Trobriandern hören wir: *Ein* Clan, *eine* Abstammung, *eine* Magie, *ein* Garten, *ein* Rang usw.)

3. Häuptlingssohn von der Erbfolge ausgeschlossen, wohl aber ist der Schwestersohn oder der jüngere Bruder (etwa bei den Senekaindianern nach *Morgan*) der richtige Erbe der Würde und des Besitzes.

4. Der Häuptling des Stammes (an einigen Stellen heißt es: der Gens) ist in rein mutterrechtlichen Organisationen absetzbar; er hat das Recht zur Polygamie; die Wählbarkeit des Häuptlings aus verschiedenen Gentes weicht allmählich der Sitte der Wahl aus ein und derselben Gens, um schließlich in erbliche Usurpation der Häuptlingswürde überzugehen (Fortschritt zur patriarchalischen Macht).

So ging nach *Morgan* bei den Irokesen zunächst die Häuptlingswürde, indem sie in der gleichen Gens verblieb, auf den Schwestersohn oder auf den jüngeren Bruder über. »Ging bei den Griechen unter der Herrschaft des Vaterrechts« schreibt *Engels* (l. c. S. 101), »das Amt des Basileus (militärischen Häuptlings) in der Regel auf den Sohn ... über, so ist das nur ein Beweis, daß die Söhne hier die Wahrscheinlichkeit der Nachfolge durch Volkswahl für sich hatten, keineswegs aber der Beweis rechtskräftiger Nachfolge ohne Volkswahl.« Dies sei, meint *Engels*, bei den Irokesen und Griechen die erste Anlage zu besonderen Adelsfamilien innerhalb der Gens und bei den Griechen überdies die Anlage einer künftigen erblichen Führerschaft, der Monarchie gewesen. Diesen Prozeß können wir bei den Trobriandern ganz so, wie ihn *Engels* schildert, in seinem Ablauf verfolgen: Der Häuptling versucht durch verschiedenste Mittel (Zuwendungen an den Sohn, solange er lebt, matrilokale Heirat für seinen Sohn, Schließung einer Kreuz-Vetter-Basen-Heirat), seinen rechtlichen Erben, den Schwestersohn, immer mehr auszuschließen und seinen eigenen Sohn an dessen Stelle zu rücken. Das Motiv hierfür sind die materiellen Vorteile, die der Häuptling aus der bevorzugten Stellung seines Sohnes für sich selbst genießt; hat der Sohn doch für den Haushalt seiner Mutter zu sorgen, und das vom Häuptling an seine Schwester gelieferte Heiratsgut kehrt auf diese Weise zu ihm zurück.

Zunächst ist der Häuptling nur in absetzbarer Funktion, wie bei den Griechen, er hat nur die Führung, aber keinerlei Regierungsgewalt; es liegt nach einem Ausdruck von *Marx* bloß eine »militärische Demokratie« vor. Haben sich aber in seiner Familie Reichtümer und mit ihnen Machtmöglichkeiten angehäuft, so erfolgt als nächste Stufe der eigentliche Übergang zum Patriarchat durch die väterliche Erbfolge: Häuptling – Häuptlingssohn. Wenn also *Engels* schreibt, daß zuerst das Vaterrecht mit Vererbung des Vermögens an die Kinder die Reichtumsanhäufung in der Familie begünstigt, dann Verfassungsänderung im Sinne der ersten Ansätze zu erblichem Adel und Versklavung der eigenen Stammes- und Gentilgenossen herbeiführt (l. c. S. 103 f.), so bedarf diese Auffassung einer Korrektur, die wir aus den Tatbeständen bei den Trobriandern ableiten. Die Tributpflichtigkeit der Stammesgenossen gegenüber dem Häuptling ist *vor* dem Patriarchat da; sie führt erst zur Reichtumsanhäufung in der Familie des Häuptlings und mit dieser zur Herstellung des Patriarchats. Der Mechanismus der Tributpflichtigkeit ist das Heiratsgut des Bruders der Frau an deren Mann beziehungsweise der Brüder der Frauen des Häuptlings aus verschiedenen Clans einerseits, der Söhne seiner Schwestern, also seiner Erben, an ihre Schwestern, wenn diese seine Söhne durch Kreuz-Vetter-Basen-Heirat ehelichen, andererseits; dadurch werden der eine Clan dem andern, und alle niederen Clans zusammen dem des Häuptlings und schließlich seiner Familie untertan. Der Heiratstribut existiert auf dieser Stufe allerdings noch ohne irgendwelche staatsähnliche Methode der Sanktionierung. Kommt ein Gentilgenosse seiner Verpflichtung nicht nach, so gibt es keine Eintreibung, keine Strafe, er verliert bloß an Ansehen. Die Tributleistung ist nur durch die Sitte gewährleistet. Erst auf der Stufe des endgültigen Patriarchats tritt die gesetzliche Sanktionierung auf in Form der Eintreibung, erst hier kann man von Versklavung sprechen. So spricht Tacitus von den »Sklaven« der Deutschen, »die nur Abgaben leisten«. So wie bei den Trobriandern jeder Bürger bemüht ist, dem Häuptling recht ehrenvolle Heiratsgeschenke zu machen, so lebten die Gensvorsteher der Deutschen, die principes, schon zum Teil von den »Ehrengeschenken« der Stammesgenossen.

Tacitus hebt die besonders enge Beziehung zwischen dem Mutterbruder und seinem Neffen bei den Deutschen hervor. Wenn zum Beispiel Geiseln gefordert wurden, so galt der Neffe (Sohn der Schwester), der Gentilgenosse war, mehr als der Sohn, der einer anderen Gens angehörte. Aus diesen Übereinstimmungen mit den so genau durchforschten Trobriandern lassen sich ziemlich sichere Schlüsse auf das Vorhandensein auch anderer dort nicht erwähnter Einrichtungen schließen, so etwa auf das Vorhandensein des Heiratsgutes oder einer ihm verwandten Einrichtung. Solange nichts Gegenteiliges vorliegt, ist bei der so genauen Übereinstimmung der Gentilorganisation bei den meisten genauer beachteten Stämmen eine solche Annahme nicht nur erlaubt, sondern sogar geboten.

Tragen wir aber nun alle die verstreuten Andeutungen zusammen, die sich zunächst bei *Morgan* und *Engels* sowie in der Zusammenstellung von *Krische* finden, so erhärtet sich die Annahme, daß das Heiratsgut nicht nur bei den Trobriandern vorliegt.

2. VORKOMMEN DES HEIRATSGUTES IN DER GENTILGESELLSCHAFT

Engels berichtet von der irischen Gens (»Sept«), daß der Boden bis zur Verwandlung des Clanlandes in eine Domäne des englichen Königs Gemeineigentum der Gens war, »soweit er nicht bereits von den Häuptlingen in ihre Privatdomäne verwandelt worden war«. Das zeigt uns zunächst einen doppelgleisigen Entwicklungsprozeß zum Patriarchat und zur Unterwerfung der Gentilgenossen: einen, der von außen, von fremden Stämmen oder Völkern herangetragen wird, und einen, der von innen heraus wirkt. Aber wie entsteht dieser letzte? Wir sind bei der Lückenhaftigkeit des Materials genötigt, gleichsinnige Einrichtungen zusammenzutragen, auch wenn sie sich bei verschiedenen Stämmen finden, sofern nur die Gentilorganisation und das Bruder-Schwester-Schwestersohn-Verhältnis für alle festgestellt sind. Und das trifft zu. So bestand bei den walisischen Kelten noch im 11. Jahrhundert die Paarungsehe, wie sie von *Malinowski* im 20. Jahrhundert bei den Trobriandern vorgefunden wurde. Kam eine Ehe zur Scheidung, so teilte die Frau das Vermögen, der Mann wählte seinen Teil. Löste der Mann die Ehe, so mußte er der Frau ihre

Mitgift und einiges andere zurückgeben. War es die Frau, die die Ehe löste, so erhielt sie weniger. Bei den Trobriandern hört mit der Trennung der Ehe die Lieferung des Heiratsgutes auf. Der Mann und seine Familie, nicht aber die der Frau, sind also an der Erhaltung der Ehe interessiert. Da nun bei den Kelten die Frau die Mitgift bringt, wobei nicht erwähnt ist, ob es sich um eine einmalige Gabe oder um dauernde Verpflichtung ihrer Familie handelt, dürfen wir auf die Institution des Heiratsgutes der Gens der Frau an die des Mannes schließen.

Von den mutterrechtlich organisierten Nikobaresen-Inseln im Indischen Ozean südlich von den Andamanen berichtet *Vogel* laut *Krische* (l. c. S. 63): »Die Weiber werden sehr geachtet, und die Mädchen haben das Recht, unliebsame Bewerber abzuweisen.« Das kann natürlich nur der Fall sein, wenn die Frau die materiellen Vorteile der Ehe für den Mann bringt. Im beginnenden Vaterrecht, wo die Frau gekauft wird, steht ihr ein solches Recht nicht mehr zu. Weiter: »Die Weiber genießen volle Freiheit, wandeln wie die Männer frei umher und besitzen als Mutter die Achtung und Liebe ihrer Kinder.« »Die Nachrichten *Vogels*«, schreibt *Krische*, »daß die Mädchen eine Mitgift erhalten, ist wohl so zu verstehen, daß die jungen Paare von der Muttersippe Schweine, Kokosnüsse und Pandanußbäume zugewiesen erhalten.« (l. c. S. 63) Also ein eindeutiges Heiratsgut der Gens der Frau an die Familie des Mannes.

Wie weitgehend die Gentilorganisationen bei den verschiedensten Völkern sogar in Details übereinstimmen, was Schlüsse auf das Vorkommen des Heiratsgutes auch dort zuläßt, wo es nicht erwähnt oder nur unklar angedeutet ist, zeigt der Bericht von *Ratzel*, *Grosse* und *Cunow* über die mutterrechtlichen Mortlock-Insulaner auf den Karolinen-Inseln. Dort ist es ganz wie bei den Trobriandern schimpflich, zu zeigen, daß der Mann im vertrauten Verhältnis zu seiner Frau steht. Es besteht ferner ganz wie bei den Trobriandern die Einrichtung des von *Ratzel* so genannten »Männervereinshauses« (Bai, ohne Zweifel dasselbe, wie das bukumatula der Trobriander), in das die Mädchen in der Reifezeit übersiedeln, ferner mütterliche Erbfolge.

Von den Garos auf dem nördlich von Birma (Ostindien) sich erstreckenden Assam berichtet *le Bon*, daß früher die höchste Gewalt in jeder Sippe von einer Frau ausgeübt wurde. Jetzt sei es der »Laskar«, ein Mann, »der gewöhnlich aus den reichsten Sklavenbesitzern ausgewählt wird, aber stets der Zustimmung der Frauen bedarf und ihren Ratschlägen unterworfen bleibt.« Also deutlicher Übergang zum Patriarchat: Reicher Häuptling – aber noch Stimmgewalt der Frauen. Bei den Garos besteht nun nach *Ratzel* die Einrichtung, daß die Eltern der Braut den Heiratsvertrag abschließen, was nur zwei mögliche Deutungen zuläßt: Entweder wird die Braut vom Mann gekauft, dann herrscht bereits patriarchalische Kaufehe, oder aber die Eltern der Frau interessieren sich für ihre Heirat wie bei den Trobriandern, weil sie sich mit der Heirat zu Abgaben an den Mann verpflichten. Jedenfalls liegt der Heiratsgutmechanismus vor, der, nach den sonstigen Einrichtungen zu schließen, von dem der Trobriander kaum wesentlich abweichen dürfte. Aber wir wollen das nicht endgültig behaupten.

Sehr wichtig für unsere Beweisführung vom weitverbreiteten Vorkommen des Heiratsgutsmechanismus ist eine Stelle bei *Engels* über die griechische Gens: »Zur Zeit, wo die Griechen in die Geschichte eintreten, stehen sie an der Schwelle der Zivilisation; zwischen ihnen und den amerikanischen Stämmen, von denen oben die Rede war, liegen zwei ganz große Entwicklungsperioden . . . die Gens der Griechen ist daher auch keineswegs mehr die archaische der Irokesen, der Stempel der Gruppenehe fängt an, sich bedeutend zu verwischen. Das Mutterrecht ist dem Vaterrecht gewichen . . . Da nach der Einführung des Vaterrechts das Vermögen einer reichen Erbin durch die Heirat an ihren Mann, also in eine andere Gens gekommen wäre, durchbrach man die Grundlage alles Gentilrechts, und erlaubte nicht nur, sondern gebot in diesem Falle, daß das Mädchen innerhalb der Gens heiratete, um dieser das Vermögen zu erhalten.« (l. c. S. 92) Das ist nicht mißzuverstehen: Die Frau brachte also eine Mitgift in die Ehe, und da ihr Mann zur Zeit des vollen Mutterrechts einer anderen Gens angehörte, wurde das Vermögen aus der Gens der Frau in die des Mannes übertragen. Erst das Vaterrecht hat die Macht, nachdem es durch den Heiratsgutmechanismus entstanden war, diesen Prozeß, der nunmehr zu seinem eigenen Schaden sich auswirken mußte, wie früher zu seinem Vorteil, im Mechanismus unschädlich zu machen mittels Durchbrechung der Clan-Exogamie. Wir sahen, daß neben dieser Möglichkeit bei anderen bereits vaterrechtlichen Stämmen sich der Brauch herausbildet, daß der Mann sich die Frau kauft, wodurch sich das Heiratsgut in seiner Richtung umkehrt und die Frau endgültig versklavt: Sie bringt ihrem Vater durch ihre Heirat materielle Vorteile.

Bei den Trobriandern haben wir die Institution der »gesetzlichen« Ehe in Form der Kreuz-Vetter-Basen-Heirat angetroffen, die bei diesem Stamme ein Mittel ist zur Wettmachung der Last des Heiratstributes des Bruders (und seines Clans) an den Gatten seiner Schwester (und dessen Familie): Sein Sohn muß seine Nichte (Schwestertochter) heiraten, damit das Heiratsgut zu ihm wenigstens teilweise zurückkehre. Wir sahen ferner, daß diese Eheeinrichtung, ursprünglich als Tributwettmachung, beim Häuptling, der das Vorrecht der Polygamie besitzt, in einen Mechanismus der Akkumulation von Gütern in seiner keimhaft patriarchalischen Familie umschlägt. Es liegt nicht mehr bloß ein *Entlastungs*mechanismus für ihn, sofern er Bruder ist, sondern bereits mehr, ein *Bereicherungs*mechanismus vor, soweit er selbst Vater und beginnender Patriarch ist. Wir dürfen nun, wenn wir bei irgendeinem anderen Stamm die Kreuz-Vetter-Basen-Heirat antreffen, darauf schließen, daß sie auch hier zuerst die Funktion der Entlastung von Tribut erfüllt, um dann später in einen Bereicherungsmechanismus umzuschlagen.

Die Kreuz-Vetter-Basen-Heiratsinstitution läßt sich nun lückenlos aus den von *Morgan* in der »Urgesellschaft« beschriebenen Heiratsklassen der australischen Kamilaroi erschließen. Es bedurfte vieler Bemühungen, ehe es gelang, das so sonderbare und komplizierte System der australischen Heiratsklassen als einfachen Ausdruck der allgemeinen Institution der »gesetzlichen« Kreuz-Vetter-Basen-Heirat festzustellen. Ist aber dies einmal geglückt, so besteht bei der sonstigen Ähnlichkeit der Organisation der Australier mit der der Trobriander kein Zweifel, daß auch das Heiratsgut in irgendeiner Form von Clan zu Clan existiert. Sonst hat die ganze komplizierte Heiratsklassenordnung keinen Sinn.

Wir geben zuerst *Morgans* Schilderung wieder. Die Kamilaroi sind in sechs Gentes eingeteilt, die sich betreffs der Heirat in zwei Abteilungen gliedern:

I. 1. Inguaneidechse (Duli), 2. Känguruh (Murriira), 3. Opossum (Mute).

II. 4. Emu (Dinoun), 5. Wasserhuhn (Bilba), 6. Schwarzschlange (Nurai).

Ursprünglich war es den drei Gentes nicht gestattet, untereinander zu heiraten, weil sie Aufteilungen *einer* Ur-Gens waren. Es gab also ursprünglich nur zwei Gentes. Wir würden die späteren nicht Gentes, sondern Phratrien nach dem Muster der griechischen nennen. Neben der Einteilung in zwei Ur-Gentes und sechs in zwei Gruppen geteilte Tochter-Gentes besteht noch eine Einteilung in Heiratsklassen. Jede der Ur-Gentes enthält vier Heiratsklassen, also zusammen acht, und zwar nach Geschlechtern geteilt vier männliche und vier weibliche. Die acht Klassen sind:

Männlich:	Weiblich:
1. Ippai	1. Ippata
2. Kumbo	2. Buta
3. Murri	3. Mata
4. Kubbi	4. Kapota

Jede männliche und jede weibliche Heiratsklasse (1, 2, 3 und 4) enthält die entsprechenden Brüder und Schwestern gesondert. Also sind Ippai und Ippata, Kumbo und Buta, Murri und Mata, Kubbi und Kapota jeweils Brüder und Schwestern und dürfen einander nicht heiraten. Aber auch sonst dürfen sie nicht beliebig heiraten, was durchaus der Clanorganisation widerspricht, nach der jeder aus Clan A jeden aus Clan B heiraten dürfte. Paarungen sind nur gestattet zwischen:

Ippai und Kapota
Kumbo und Mata
Murri und Buta
Kubbi und Ippata

Dreiviertel ist also ausgeschlossen (darunter ein Viertel der Brüder bzw. Schwestern), und nur ein Viertel steht der Objektwahl frei. Das System wird noch komplizierter: Während die Kinder, da Mutterfolge herrscht, in der mütterlichen Gens verbleiben, gehen sie – innerhalb dieser Gens – in eine andere Heiratsklasse als die ihrer Mutter über, und zwar:

Männlich:	Weiblich:	Männlich:	Weiblich:
Ippai heiratet Kapota.		Ihre Kinder sind Murri und Mata	
Kumbo heiratet Mata.		Ihre Kinder sind Kubbi und Kapota	
Murri heiratet Buta.		Ihre Kinder sind Ippai und Ippata	
Kubbi heiratet Ippata.		Ihre Kinder sind Kumbo und Buta	

Bei der Verfolgung der Abstammung finden wir, daß in der weiblichen Linie Kapota immer die Mutter von Mata, und Mata wiederum die Mutter einer Kapota ist; ebenso ist Ippata die Mutter von Buta und diese wieder immer die Mutter einer Ippata. Bei den männlichen Klassen ist es ebenso.

Die Kamilaroi leiten die zwei ursprünglichen Gentes von zwei Urmüttern ab. Der Zusammenhang jedes Kindes mit einer bestimmten Gens wird auch durch das Heiratsgesetz dargetan. Klassen und Ur-Gentes verhalten sich wie folgt:

Ur-Gens I (Iguan, Känguruh, Opossum), eine Urmutter.

Klassen: Murri, Mata, Kubbi und Kapota.

Ur-Gens II (Emu, Wasserhuhn, Schwarzschlange), eine Urmutter.

Klassen: Kumbo, Buta, Ippai und Ippata.

Die Gens bleibt also erhalten, indem sie alle Kinder ihrer weiblichen Mitglieder in ihrer Mitgliedschaft umfaßt. *Morgan* schreibt, es sei sehr wahrscheinlich, daß ursprünglich nur zwei männliche und zwei weibliche Klassen aufgestellt waren, die sich später in acht Klassen aufteilten. Wir werden dieser Annahme *Morgans* zustimmen können, wenn wir unsere Hypothese der Herkunft der Exogamie vorbringen werden. Aber aus der Tatsache, daß die drei Unter-Gentes jeweils in den Klassen, die sie enthalten, übereinstimmen, geht hervor, daß sie ursprünglich einheitliche Gentes waren. Die Unterteilung in acht Gentes muß einen Sinn haben, wie die ganze Heiratsordnung, die *Morgan* nur beschreibt, ohne sie zu erklären. Er meint bloß, das Klassensystem sei ursprünglicher als die Gens-Einteilung; die letztere sei ein Spätprodukt, das jenes erdrosselt. Diese Erklärung *Morgans* folgt notwendig aus seiner Voraussetzung, die Gentes und das Heiratsverbot innerhalb der Gens seien als Wirkungen »natürlicher Auslese« entstanden. Wir können nachweisen, daß es rein soziale ökonomische Motive waren, die die Unterteilung der Heiratsklassen herbeiführten, ebenso wie es andere Umstände waren, die die Teilungen in vier Klassen bedingten. Die Einteilung in *acht* Heiratsklassen, mithin die weitere Einschränkung der Paarungsmöglichkeit auf ein Viertel der andersgeschlechtlichen Stammesgenossen, erfolgte zur Durchführung der ökonomisch entlastenden Kreuz-Vetter-Basen-Heirats-Ordnung. Wir werden sehen, daß das, wovon sie entlasten sollte, nämlich von der Tributleistung bei der Heirat, bei der Einteilung in *vier* Klassen entstand.

Verfolgen wir genau die Abstammungsfolge und die Heiratsordnung gleichzeitig, so ergibt sich, daß *immer nur die Söhne der Brüder die Töchter der Schwestern heiraten*, nie die Töchter der

Brüder die Söhne der Schwestern; und auch keine andere Möglichkeit ist freigestellt. Also das vollendetste System der Kreuz-Vetter-Basen-Heirat, die nur *eine* Funktion haben kann, die gleiche wie bei den Trobriandern: Tributentlastung. Überprüfen wir diese Feststellung zunächst an einer Tabelle, die wir aus den *Morgan*schen Beschreibungen ableiten (siehe Fig. 5).

Nehmen wir nun die einzelnen Klassen vor, so sehen wir, daß eine Butafrau nicht nur die Tochter der Ippata ist; sie ist gleichzeitig die Schwestertochter des Ippai und kann nur einen Murri heiraten, der gleichzeitig der Gruppensohn ihres Mutterbruders ist. Wir sehen auch, daß Murri einer der drei Untergentes der Urgens I angehört, während seine Base, die Buta, Urgens II angehört wie ihre Mutter und ihr Mutterbruder. Ebenso gehört Ippata, die ihren Vetter (Mutterbrudersohn) Kubi heiratet, mit ihrer Mutter Buta und ihrem Mutterbruder Kumbo zur gleichen Urgens. Das gleiche gilt für jede Kapota und jede Matafrau. Wo immer wir eine Heiratsklasse in ihrer Paarungsbeziehung zu einer anderen aufsuchen, es ist stets der Brudersohn, der die Schwestertochter heiratet und umgekehrt. Nach diesem Klassensystem ist eine andere als die Kreuz-Vetter-Basen-Heirat ausgeschlossen. Über den ökonomischen Sinn sprechen wir im nächsten Kapitel.

Wenn dem Heiratsgut so große Bedeutung zukommt, sind wir sehr interessiert an der Geschichte seiner Entstehung. Die Periode der noch lockeren ehelichen Bindungen, der Paarungsehen, scheint eindeutig der ökonomischen Institution des Heiratsgutes zugeordnet. Aber die Paarungsehe war nicht von Anfang an da, und das Heiratsgut muß sich aus primitiveren Formen, aus einer Art Tributleistung, herausgebildet haben. Aber wer leistet diesen Tribut und an wen? Was konnte die urwüchsige inzestuöse Horde, die die Vaterschaft nicht kennen konnte, weil die Paarungen nicht normiert waren und besonders weil die Kenntnis der Rolle des Vaters unbekannt war (wie noch heute bei den Trobriandern), erschüttert haben, daß sie eine für sie so folgenschwere Einrichtung traf? Wir sehen bei den Trobriandern und vielen andern Völkern die Einrichtung des Tributs, von Clan zu Clan oder von Stamm zu Stamm. Innerhalb eines und desselben arbeitsdemokratisch lebenden Clans hat ein Tribut, welcher Form immer, keinen Sinn und kommt auch nicht vor. Wir treffen ihn aber in Form des Heiratsgutes innerhalb eines Stammes von Clan zu Clan, einen Clan den

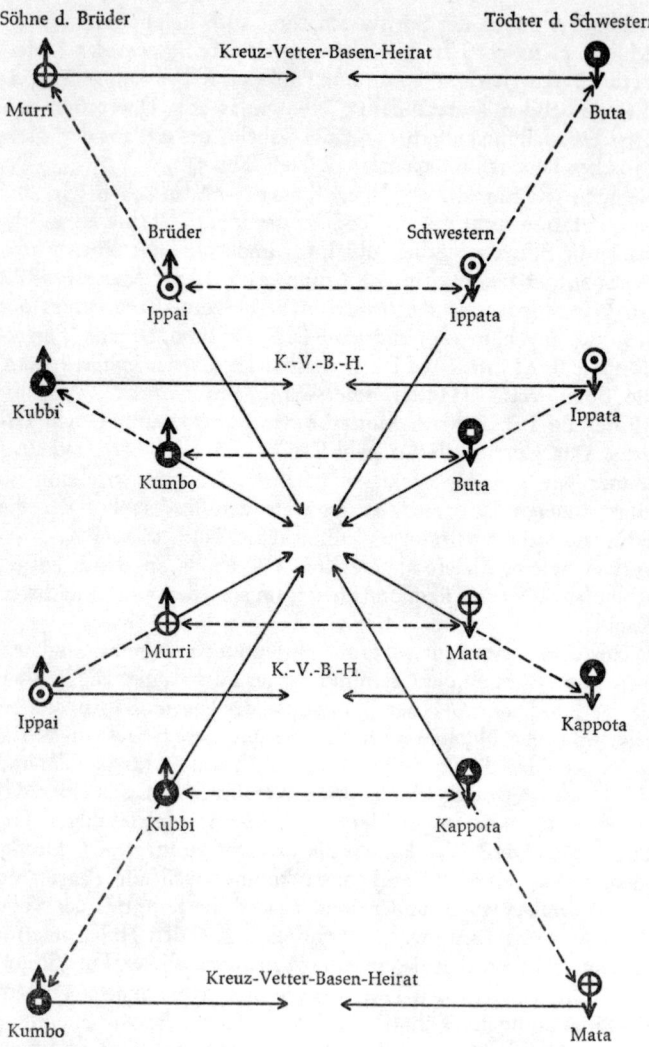

Fig. 5: *Schema der australischen Heiratsklassen* als Ordnung der Kreuz-Vetter-Basen-Heiraten.

anderen und schließlich alle Clans der Häuptlingsfamilie tribut-
pflichtig machend. Was bedeutet das? Wir wissen vorläufig nicht
mehr, als daß diese ökonomische Einrichtung mit der Exogamie
der Clans zusammenhängt, und sind, wenn wir weitere Auf-
schlüsse erfahren wollen, genötigt, auf den Ursprung der Exogamie der Clans, was gleichbedeutend ist mit dem Verbot des Inzestes unter den Abkömmlingen ein und derselben Ur-Mutter,
einzugehen. Wir würden ein solches Unternehmen vermeiden,
wenn uns nicht bestimmte, zunächst sehr sonderbare, bei genaue-
rer Betrachtung aber zusammenpassende Tatbestände dazu veranlaßten.

VI. Die Herkunft der Claneinteilung und des Inzestverbots

1. ÜBERRESTE AUS DER URZEIT

Es ist bisher von den meisten Forschern der Urgeschichte der menschlichen Gesellschaft erkannt worden, daß Claneinteilung und Inzestverbot im Clan die Kernprobleme der urzeitlichen Entwicklung sind. Hierzu sind eine Reihe von mehr oder minder glaubwürdigen Hypothesen aufgestellt worden, von denen uns die von *Morgan-Engels* und *Freud* später eingehend beschäftigen werden. Sie sind meist durch den Versuch gekennzeichnet, die Verhältnisse der Urzeit entweder aus supponierten wirtschaftlichen Verhältnissen jener fernen Zeiten oder aus der Natur des menschlichen Trieblebens abzuleiten. *Freud* hat in den Inzest*verboten* als erster die Reaktion auf ursprüngliche Inzest*wünsche* erkannt. Aus den *aktuellen* Tatbeständen bei den Trobriandern läßt sich nun, dank den genauen Ermittlungen *Malinowskis*, zwanglos eine Hypothese ableiten, die eine Reihe von Fragen löst. Wir hätten es unterlassen, eine neue Hypothese zu bauen, wenn nicht eben einige aktuelle Einrichtungen bei den Trobriandern in ihrem Zusammenhange als Überreste der Urzeit imponierten, die eine Rekonstruktion gestatten.

Eine Hypothese, die die Herkunft des Inzestverbotes plausibel erklären soll, muß die Bedingung erfüllen, soziobiologisch zu sein, d. h. das Verbot aus Notwendigkeit der Daseinsweise abzuleiten, eine Reihe von Fragen zwanglos zu lösen und mit der aktuellen Organisation nicht in Widerspruch zu stehen, sondern im wesentlichen ihre historische Vorstufe nachzubilden. Es müssen also die Grundelemente der Hypothese in der aktuellen Situation noch auffindbar sein.

Unsere Annahme kann mit dem Anspruch auf Allgemeingültigkeit erst dann auftreten, wenn es sich erweisen sollte, daß sie auch den Schlüssel zu anderen als den hier erörterten Fragen liefert.

Wir leiten sie aus folgenden Tatbeständen bei den Trobriandern ab:

1. Der Bruder der Frau ist ihr wirklicher Versorger und der »Vor-

mund« ihrer Kinder. Nur die genitale Beziehung fehlt, um ihn als vollwertigen Gatten anzusprechen. Er gehört demselben Clan an wie sie. (Das ist überall der Fall, wo Clanorganisation herrscht.)

2. Er hat an den Mann, der ein Fremder ist und in genitaler Beziehung zur Schwester steht, Heiratstribut zu entrichten.

3. Der Gatte gehört einem fremden Clan an und hat nur Vorteile aus der sexuellen Verbindung mit der Schwester des versorgenden Bruders.

4. Die Gesellschaft der Trobriander ist in vier Clans eingeteilt, die exogam sind; diese Clans haben eine verschiedene Ranghöhe, es gibt vornehmere und weniger vornehme Clans.

5. Es besteht eine Sage, daß die Urmutter aus einem Loche gekommen sei, zwei Kinder, einen Bruder und eine Schwester, zur Welt brachte, die miteinander in Inzest lebten. Für die Herkunft der Clans besteht ein Mythus, der besagt: »In der Regel (ist) ursprünglich nur ein einziges Paar aus jedem solchen Loch hervorgekommen; ein Bruder und eine Schwester: sie, um die Fortpflanzung zu eröffnen, er, um die Schwester zu beschützen und zu versorgen. Die Regel ist also: *ein* Clan, *ein* Dorf, *ein* Anteil Gartenland, *ein* System Garten- und Fischfangmagie, *ein* Geschwisterahnenpaar, *ein* Rang, *eine* Abstammung.« (l. c. 356)

Die Sage überliefert uns das Bild einer von einem Bruder-Schwester-Paar sich ableitenden, urkommunistisch und inzestuös organisierten menschlichen Gesellschaft. Diese Gruppe ist der spätere Clan. Nun muß *gegenwärtig* der Bruder, der ja bis auf die genitale Beziehung, der eigentliche Gatte der Schwester auch heute noch ist, sich wirtschaftlich ihrem fremden Gatten verpflichten.

Was hat diese doppelte Verpflichtung, den Verzicht auf die Schwester in genitaler Hinsicht und den Tribut an ihren Gatten herbeigeführt? Überlegen wir ein Stück weiter: Der Gatte entstammt einem fremden Clan, der ebenso wie der des Bruders alle Anzeichen einer ursprünglich nach dem Mutterrecht (Mutterfolge) organisierten selbständigen Horde an sich trägt. Setzen wir nun das erste Stück unserer Hypothese ein, daß die Clans nicht, wie allgemein angenommen wird, aus einer Teilung der Urgesellschaft durch Exogamie hervorgegangen sind, sondern umgekehrt, *daß der eine Clan, die ursprünglich in sich geschlossene Urhorde, dem anderen Clan, der ebenso in sich geschlossen war, das Inzest-*

verbot auferlegt oder richtiger, die Begattung in der eigenen Gruppe untersagt hat. Die Clans, später vereint, wären also ursprünglich getrennte Urhorden gewesen. Warum hat der eine Clan dem anderen dieses Verbot auferlegt?

Überlegen wir weiter, daß die Urhorden nicht ansässig waren, sondern jagten und, besonders wenn natürliche Katastrophen irgendwelcher hier nicht wesentlicher Art eintraten, zum Nomadisieren gezwungen waren. In diesem Falle mußten die jungen Männer auf Beute ausgehen, abstinent leben und wochen-, vielleicht monatelang herumwandern. Wenn nun eine solche Horde jagender Männer auf einen fremden Stamm stieß, der friedlich lebte, mußte zweierlei eintreten. Die fremden Männer eigneten sich die Beute der Männer der angetroffenen Gruppe an, erschlugen vermutlich im Kampf eine Reihe von ihnen, raubten die Frauen, deren Schwestern, um mit ihnen, durch die sexuelle Abstinenz besonders angestachelt, geschlechtlich zu verkehren. Blieben sie Sieger, so war es leicht, den Rest der besiegten Männer zu versklaven, ihnen die genitale Umarmung mit den eigenen Schwestergattinnen zu untersagen und sie zur Arbeitsleistung in irgendeiner Form zu verpflichten.

Im Lauf der Jahrhunderte oder Jahrtausende, als die Menschen an Zahl immer mehr zunahmen und die Wanderungen häufiger wurden, mußten sich derlei Katastrophen immer öfter wiederholen, so daß Frauenraub und Tributauferlegung für deren Brudergatten zu einer *Sitte* werden konnte. Dieser Kampf der aufeinanderstoßenden Urhorden konnte nicht einseitig bleiben; die Revanche der Überfallenen an den Siegern, wenn diese wieder abzogen (spätere Blutrache der Clangenossen), oder Überfallenwerden des Siegerclans durch eine dritte Horde mit den gleichen Resultaten müssen eine derartige Unsicherheit in die ursprünglich friedliche Urhordenorganisation getragen haben, daß die gegenseitige Angst zu einem Zusammenschluß der Urhorden zu Stämmen mit Beibehaltung der Mutterfolge (Claneinteilung der Stämme) und zu einer friedlichen Sanktionierung dessen führte, was ursprünglich durch Gewalt erzwungen wurde: zur Einführung der Wechselheirat aus einer Urhorde in die andere. Das ursprüngliche Verbot der sexuellen Umarmung im eigenen Clan *von außen* durch die Sieger wurde im Laufe der Zeit zu einer festen Sitte *innerhalb* der Clans. Doch der ursprüngliche Zustand, daß die männlichen Angehörigen der Frauen, also ihre vorzeitlichen Brüdergatten, diese wirtschaftlich versorgten, blieb, um so mehr, als er dem anderen Clan Vorteile brachte.

Mit dem Zusammenschluß der Horden (Clans) zu Stämmen, mit der Einführung der Wechselheirat (Exogamie) und der Beibehaltung der Art der wirtschaftlichen Versorgung der Frauen im Rahmen des *eigenen* Clans, konnte die Ruhe in die menschliche Organisation wiederkehren. Da aber die wirtschaftliche Versorgung doch auf Gegenseitigkeit beruhte, hätte sich daraus keine weitere Folge ergeben, wenn nicht dabei immer der eine Clan der ursprüngliche Sieger, der andere der ursprünglich Besiegte gewesen wäre. So muß aber der Siegerclan seine Position in einer bestimmten Form aufrechterhalten haben. Er durfte sich als der »höhere« ansehen und daraus gewisse wirtschaftliche Vorrechte ableiten. Er konnte etwa bestimmen, daß sein ältester »Häuptling« oder Kriegsführer über *beide* Clans (Stammeshäuptling) wurde und gewisse Vorrechte, etwa mehr Heiratsgut oder Tribut genoß. Das Recht des Häuptlings auf Polygamie braucht also nicht ursprünglich zu sein, es kann vielmehr bereits eine Folge des wirtschaftlichen Übergewichts sein, das sich mit dem Mehr an Heiratsgut von selbst ergab: So leiten sich Häuptlingsinstitution und die Rangeinteilung der Clans zwanglos aus dem Verhältnis von Sieger zu Besiegtem ab.

Stellen wir das Ganze übersichtlich zusammen:

1. Zwei friedlich in einiger Entfernung voneinander lebende naturrechtlich und arbeitsdemokratisch sowie inzestuös organisierte Urhorden.

2. Wirtschaftliche oder natürliche Gründe (Wechsel des Jagdgebietes) bringen sie in Konflikt miteinander.

3. Die Männer der einen Urhorde, die während der Wanderung notgedrungen *abstinent* leben, überfallen die andere: Verbot der genitalen Umarmung im überfallenen Clan (*äußere*, letzten Endes *wirtschaftliche Herkunft des Inzestverbots*), Tributauferlegung für die früheren Brüdergatten.

4. Revanche der Brüder, gegenseitige Vernichtung, *Urkatastrophe:* Einbruch der Gewalt in die bisher friedliche Urgesellschaft, gegenseitige Angst der Männer der feindlichen Horden.

5. Wiedereinrichtung des Friedens durch Zusammenschluß und »vertragliche« Regelung des bisherigen Zustandes: *Einrichtung von Wechselheiraten (Exogamie)* mit Beibehaltung der wirtschaftlichen Vorteile aus den dauernden sexuellen Verbindungen (*spätere Eheinstitution*).

6. Aufrechterhaltung des Zeichens des Sieges des einen Clans über den anderen in Form der *Rangeinteilung* und des *gemeinsamen Häuptlings*. Dies wird der Uranstoß der Entwicklung vom Naturrecht über das Mutterrecht zum Vaterrecht[1].

Wir sehen dann bei den Trobriandern die Urhorden friedlich zu Stämmen vereint, aber in exogame Clans gespalten, Tribut der Brüder an die Gatten, Polygamie der Häuptlinge als Spätfolge seines ursprünglichen Machtübergewichts, und die ursprüngliche Mutterfolge neben dem aufkeimenden Vaterrecht. Wie sich dann die Klassenteilung und die negative Sexualmoral daraus ableiten, haben wir ja gesehen.

Überprüfen wir nun die Tragfähigkeit unserer Hypothese an weiterem Material und an weiteren Volksstämmen, ehe wir Einwände diskutieren und uns mit der *Morgan-Engels*schen und der *Freud*schen Hypothese der Herkunft des Inzestverbotes auseinandersetzen.

Wir haben angenommen, daß die endogamen Stämme der Urvölker, die sich aus Clans oder Gentes, in Amerika ebenso wie in Europa, in Australien wie in Indien und Afrika, zusammensetzen, nicht durch Teilung von innen, sondern durch Zusammenschluß fremder, ursprünglich feindlicher Urhorden entstanden, die die späteren Gentes darstellen, erschlossen dies aus den aktuellen Tatbeständen bei den Trobriandern und leiteten daraus alles weitere ab.

a) *Morgan* und *Engels* schlossen aus den Steinwerkzeugen des früheren Steinzeitalters, die in allen Kontinenten durch Grabungen gefunden wurden, daß in der Wildheitsperiode der Menschheit, als der Fischfang und das Feuer aufkamen, die Wanderungen ganz allgemein waren. Für diese Periode postulierte *Morgan* noch die reine Blutsverwandtschaftfamilie, die im Inzest lebte. Jagd und Menschenfresserei charakterisieren diese Stufe, auf der sich heute noch viele Australier und Polynesier befinden. Das ist aber nicht so wesentlich wie die Feststellung von *Morgan*, daß die Gens konstituiert ist als ein fester Kreis von Blutsverwandten weiblicher Linie, die sich durch eigene, gemeinsame Einrichtungen gesellschaftlicher und religiöser Natur von anderen Gentes desselben Stammes unterscheiden. *Engels* nahm, von seiner Anschau-

1. Das »Naturrecht« könnte der inzestuösen Urhordensituation, das Mutterrecht der exogamen Clanorganisation zugeordnet werden.

ung der Aufteilung der ursprünglichen Gentes in die Stammesorganisation ausgehend, an, daß es sich um eine »Festigung« durch besondere Bräuche der Gentes handelt. Ist nicht wahrscheinlicher, daß die mythologische und sonstige Eigenartigkeit der Gentes eher Ausdruck ihrer *ursprünglichen* Geschlossenheit ist, als der Ausdruck einer *späteren* Festigung einer innerhalb des Stammes abgespalteten Gruppe? Diese Einheit der Gens drückt sich ja, wo immer wir sie antreffen, aus in allen ihren Funktionen (mütterliche Erbfolge, gemeinsame Abstammung, gemeinsamer Boden, Clansolidarität usw.), die sie von den anderen Gentes des gleichen Stammes als Gruppe unterscheiden. Bei den Trobriandern tritt der getrennte Ursprung der Gentes ebenso klar hervor wie bei den Irokesen, Römern usw.

b) *Morgan* stellte bei den Irokesen acht Gentes fest, die sich von verschiedenen Tieren ableiten. Es kann also der Stamm nicht durch Teilung in Gentes, sondern nur durch Zusammenschluß von solchen entstanden sein.

c) Wir beobachten den fortschreitenden Prozeß der Verschmelzung menschlicher Organisationsgruppen bei den Indianern ebenso wie bei den Römern. Aus der Sage der »Gründung Roms geht hervor«, schreibt *Engels*, »daß die erste Ansiedlung durch eine Anzahl *zu einem Stamm vereinigter latinischer Gentes* (vom Ref. kursiv gez.) (der Sage nach hundert) erfolgte, denen sich bald ein sabellischer Stamm, der ebenfalls hundert Gentes gezählt haben soll, und endlich ein dritter . . . anschloß«. *Engels* erwähnt selbst (l. c. S. 119), daß »hier wenig mehr urwüchsig war außer der Gens. Die Stämme tragen an der Stirn den Stempel künstlicher Zusammensetzung, jedoch meist aus verwandten Elementen und nach dem Vorbild des alten gewachsenen, nicht gemachten Stammes«. *Engels* versucht hier, die Teilungshypothese, die die *Morgansche* Auffassung der Herkunft der Exogamie aus der natürlichen Zuchtwahl stützen soll, aufrechtzuerhalten. Wir sehen aber, daß die bereits formierten irokesischen Stämme sich so verhalten zur Zeit der Beobachtung durch *Morgan,* wie wir es für die Clan-Urhorden annehmen: *nach innen friedlich, nach außen feindlich; Kampf der feindlichen Stämme, schließlich Vereinigung durch Friedensschluß* zu größeren Formationen mit Tributauferlegung. Das widerspricht der Teilungstheorie, die durch keinerlei aktuelles Material gestützt ist und nur auf der Annahme fußt, daß die Vermehrung der Volkszahl und die »natürliche Zuchtwahl«

durch Ausschluß der Blutsverwandten die innere Teilung mit Exogamie bedingte. An anderer Stelle sagt *Morgan* selbst und *Engels* fügt es in den Zusammenhang seiner Untersuchung ein, daß sich bei verschiedenen indianischen Stämmen mit mehr als fünf oder sechs Gentes drei oder vier zu einer besonderen Gruppe, »Brüderschaft« oder Phratrie vereinigt findet. Also auch hier Zusammenschluß, nicht Teilung.

Für die ursprüngliche Natur der Gens spricht auch die genaue Schilderung, die *Morgan* von ihrer Organisation gibt: Wahl des Sachems (Friedensvorstehers) und des Häuptlings (Kriegsanführers); nie wird der Sohn des Häuptlings, der einer fremden Gens angehört, gewählt, sondern meist der Schwestersohn; Erbrecht innerhalb der Gens; Verpflichtung zu gegenseitigem Schutz; Blutracheverpflichtung aller Gentilgenossen, wenn einer der Ihrigen von dem Angehörigen einer anderen Gens erschlagen wurde; hier treten also die Gentes in Feindschaft zueinander; die Gens verfügt über bestimmte Namen, die nur sie im Stamm gebrauchen darf; eigene religiöse Bräuche. Bei den Seneka war Tradition, daß »Bär« und »Hirsch« die beiden ursprünglichen Gentes waren, von denen die anderen abzweigen.

Wir hören auch von *Morgan*, daß die Stammesnamen mehr zufällig entstanden als absichtlich gewählt erscheinen. Es kam häufig vor, daß Stämme ihre Namen von fremden Stämmen erhielten; so wurde den Deutschen der Name »Germanen« von den Kelten auferlegt.

Es bleibe weiteren Untersuchungen überlassen, festzustellen, inwieweit neben dem ursprünglichen Zusammenschluß von Urclans auch eine innere Teilung zu Recht besteht. Bei den Trobriandern sehen wir z. B. den Stamm geteilt in Clans, die nicht blutsverwandt sind, die Clans aber geteilt in entfernt blutsverwandte Unterclans.

d) Bei den Griechen sind vornehmere und weniger vornehme Gentes festgestellt worden, ganz wie bei den Trobriandern. Während unsere Ableitung der Rangeinteilung aus dem Verhältnis von ursprünglichem Sieger-Clan und besiegtem Clan das zwanglos erklärt, ist nicht zu verstehen, wie sich die Gens, die aus gleichberechtigten Genossen zusammengesetzt ist, in rangverschiedene Unterabteilungen gegliedert haben sollte. Demzufolge müßte der spätere Stamm die ursprüngliche Gens sein, was der ganzen Organisation widerspricht.

e) Den wichtigsten Beweis für die ursprüngliche Fremdheit des Gentes erblicken wir neben der Tributpflichtigkeit der Brüder an die Schwestergatten in den so sonderbaren Bräuchen der Werbung der Frauen durch die Männer, wie sie nicht nur bei den Trobriandern in Form der *ulatile-* und der *katuyausi*-Expeditionen sich darstellen, sondern auch bei anderen Stämmen vorkommen.

Hören wir die folgende Schilderung des Brauches, der die Brautwerbung bei den Samoanern[1] begleitet:

»Das Liebeswerben eines *samoanischen* Jünglings um seine Erkorene und die Liebesneigung der letzteren schildert *Kubary* aus eigenen Beobachtungen höchst anschaulich. In dem am Tage so ruhigen Samoa sammeln sich zum Abend die jungen Leute beiderlei Geschlechts auf dem Malae. Ein junger Krieger mit wohlgepflegtem Äußeren steht bei einer Schar junger Mädchen.« »Er steht aufrecht und gestikuliert mit den erhobenen Armen derart, daß der ganze Kopf schüttelt. *Er stampft mit dem Fuße, er tritt und zieht sich zurück, er streckt den Arm hervor, als wäre er mit einem Speer bewaffnet, dann wieder schwingt er ihn im Kreise herum, als sei er im Begriffe, mit einer Keule den Feind zu zerschmettern. Zweifellos ist er ein Krieger, der seinen schönen Zuhörerinnen seine Taten, seine Siege erzählt.* Diese sind ganz Ohr und Auge. Man sieht es, welch mächtigen Eindruck seine Erzählung auf die jungen Mädchen macht, die ihm begeisterte Zurufe spenden. Darauf fordert er einige Genossen zu einem gemeinsamen Gesange auf. »Unser Erzähler ist der Vorsänger, alle Anwesenden bilden den Chor; jedoch das Singen dauert nicht lange.« »Der Krieger steht auf und stellt sich einer der schönsten Jungfrauen gegenüber. *Sie zögert; ja beinahe unwillig läßt sie sich von ihren Freundinnen herzudrängen* und von dem hübschen Tänzer ins Freie hinausziehen.«

»Ein Zuckerrohrfeld ist des Nachts ein sicheres Versteck für zwei Liebende. Niemand wird sie hier in der Zeit der Geister und Gespenster stören. Unser Pärchen weiß es, und unbesorgt um einen Lauscher kann man sie sprechen hören.« »Du weißt, Liomajava, daß meine Eltern dich hassen, uns bleibt nur die ›awanga‹ übrig.«

---

1. *Ploss-Bartels:* »Brautwerbung und Brautstand.« »Das Weib in der Natur- und Menschenkunde.« »Geschlecht und Gesellschaft«. Heft 12, S. 548.

Die awanga, die Flucht, wird verabredet, in der dritten Nacht soll sie stattfinden. »Am Strande des nachbarlichen Dorfes herrscht Stille, aber auf dem weißen Sande bewegen sich dunkle Gestalten. Ein toumalua, das einheimische Reisekanoe, wird ins Wasser hineingeschoben. Die dunklen Gestalten sind verschwunden, ein aufrechtes, dreieckiges Segel entfaltet sich, und dem Strande entlang gleitend, entschwindet es dem Blicke. Erst aus weiter Ferne erreicht uns der gedämpfte Schall eines Tritonhornes, dieser Schall begleitet das glückliche Liebespaar der Küste entlang, den aus dem Schlafe gestörten Einwohnern etwas Besonderes anzeigend. Er eilt ihm voraus nach *Palauli*, wo die Liebenden den Zorn der Eltern vorüber lassen wollen.«

»Am nächsten Morgen Aufruhr in beiden Dörfern. Die Freunde des glücklichen Bräutigams durchschreiten ihr Dorf und rufen aus: Awanga!! Awanga!! Die schöne *Tanetasi* und der tapfere *Lilomajava* sind awanga!! awanga!! Die stolzen Eltern der Braut hören mit verbissener Wut die öffentliche Ausrufung, die das Schicksal ihrer Tochter besiegelt. Während einiger Zeit böses Blut auf allen Seiten. Die alten Väter meiden sich, die jungen Männer betrachten ihre Keulen und Speere, die hauptsächlichste Rolle spielen aber die Jungen.« »Nach ein paar Wochen legt sich alles, und die Eltern schicken ihrer Tochter eine weiße Matte als Zeichen der Verzeihung. Das Paar, das sich bis jetzt noch fremd blieb, kommt zurück. Es wird die ›feiainga‹ vorgenommen, und die weiße Matte, mit Spuren der Würdigkeit der Braut, wird gegen einen Teil der Aussteuer ausgetauscht. Der andere wird bei der ersten Niederkunft ausgehändigt. ›Heiratet das Paar nicht aus Liebe, oder stehen keine Schwierigkeiten bevor, wird alles von den Verwandten geordnet. Früher war die ›awanga‹ (die Brautflucht) in Samoa an der Tagesordnung.«

Sehen wir von den dichterischen Anwandlungen des Berichterstatters ab. Daß es sich bei der Brautwerbung nicht um eine ernste aktuelle Situation handelt, ist klar. Es werden Rollen verteilt gespielt, die Dörfer stehen einander spielerisch feindselig gegenüber. Wären das nicht historische Bräuche, sondern aktuelle Gewaltmaßnahmen, wären die Eltern wirklich böse, die Sache ginge anders aus. So aber läuft alles friedlich ab. Früher war die Brautflucht an der Tagesordnung. Wir dürfen sagen: in der Urzeit als realer Raub (Auftreten des Bewerbers als wilder Krieger), später als Sitte, die sich immer mehr verliert, wie ein häufiger Traum, der eine reale traumatische Situation wiederbringt, schließlich verebbt.

Jetzt wollen wir auch *Malinowskis* Bericht über die ulatile Expedition der trobriandrischen Jünglinge nachtragen. Die Nachklänge des urzeitlichen Frauenraubes treten unzweideutig hervor:

»Es gibt zwei Arten der ulatile-Expeditionen, für die das Wort als Fachausdruck gilt. Die erste ergibt sich als Notwendigkeit, wenn ein Liebender sein Liebchen in ihrem eigenen Dorfe besuchen muß. Wenn bei einer der vorerwähnten Gelegenheiten zwei Leutchen aus verschiedenen Dorfgemeinschaften großes Wohlgefallen aneinander gefunden haben, so verabreden sie eine Zusammenkunft. In der Regel hat der junge Mann einen guten Freund im Dorfe des Mädchens; dadurch wird die Sache erleichtert, denn dieser Freund kann ihm helfen. Die gute Sitte verlangt, daß der Liebhaber sich für das Stelldichein herausputzt; das zwingt ihn zu einer gewissen Heimlichkeit. So benutzt er nicht die Hauptstraße, sondern schleicht sich verstohlen durch den Busch. ›Wie ein Zauberer geht er; hält an und lauscht; geht seitwärts und bricht durch das Dschungel; keiner darf ihn sehen.‹ So vergleicht einer meiner Gewährsleute ein solches ulatile mit den heimlichen Expeditionen böser Zauberer[1], die auf ihren nächtlichen Gängen von niemandem gesehen werden dürfen.

Nähert er sich dem Dorfe, so muß er besonders vorsichtig sein. In seinem eigenen Dorf würde die Entdeckung solch vorübergehender Affäre nur die Eifersucht der offiziellen Liebsten erregen und einen nicht sehr tiefgehenden Zank hervorrufen. Doch wird ein Wilderer der Liebe im fremden Dorf getroffen, so kann er unter Umständen ernstlich mißhandelt werden, und zwar nicht nur vom eifersüchtigen Liebhaber, sondern auch von allen anderen Burschen. Auch könnte er dadurch sein Liebchen den Vorwürfen des regelrechten Liebhabers aussetzen. *Vor allem wird deshalb alles so heimlich betrieben, weil die Sitte diese Spielregel vor-*

1. In den bösen Geistern und fremden Zauberern, die im Gemütsleben und in der Mythologie der Primitiven eine so große Rolle spielen, sind unschwer die gewalttätigen fremden Einbrecher wiederzuerkennen. In der Vorstellungswelt der Menschen, die nie einen Fremden gesehen, nie an deren Existenzmöglichkeit gedacht hatten, mußten sich diese als übernatürliche Wesen präsentieren, ebenso wie die Weißen nach der Entdeckung Amerikas von den Eingeborenen zunächst als Götter verehrt wurden, ehe sie ihre durchaus irdische Natur offenbarten.

schreibt. Meistens verabreden sich die beiden im Urwald nahe beim Dorf des Mädchens. Manchmal zeigt das Mädchen dem Burschen den Weg zum Stelldichein durch ein kleines Feuer, oder sie vereinbaren, den Ruf eines Vogels nachzuahmen; zuweilen bezeichnet sie den Weg zum Treffpunkt im Urwald, indem sie ein bestimmtes Muster in die Blätter einreißt oder Blätter auf den Weg legt.

Manchmal beschließt eine ganze Gruppe junger Männer in corpore eine regelrechte ulatile-Expedition zu unternehmen. Auch hier ist Heimlichkeit vonnöten, denn obwohl solche Unternehmungen *ein Brauch, in gewisser Weise sogar ein gutes Recht sind,* so bedeuten sie doch einen Übergriff auf die Rechte zweier anderer Gruppen; sowohl die rechtmäßigen Liebsten der ulatile-Burschen als auch die jungen Männer im anderen Dorf kommen dabei schlecht weg. Würden sich die Abenteurer von einer dieser beiden Parteien erwischen lassen, so könnten sie leicht eine Flut von Schimpfworten zu hören kriegen oder gar Prügel beziehen; denn auf den Trobriand-Inseln können die Mädchen ihre Rechte mit der Faust verteidigen, und die jungen Männer jeder Dorfgemeinschaft betrachten ihre Frauensleute als ihr eigenstes Jagdgebiet. Deshalb stehlen sich die Abenteurer meist am Abend fort, wenn es schon finster ist, und legen ihren Schmuck erst an, wenn sie das Dorf hinter sich haben. Doch sind sie erst einmal auf der Landstraße, so treten sie höchst geräuschvoll und herausfordernd auf, denn es gehört sich bei einer solchen Gelegenheit! Es gibt sogar besonders schlüpfrige Lieder, lo uwa genannt, nach deren Takt die Burschen dahinwandern.« (l. c. S. 187 f.)

Dabei werden Lieder gesungen, zum Beispiel:

»Hoho! Ich erwache aus dem Schlaf, ich höre das festliche Schlagen der Trommeln, erklingend von Tanzmusik; sie locken Frauen herbei in Festkleidern, festliche Röcke über den Hüften. Mit einem Lied auf den Lippen, seine kleine Trommel in der Hand, die Zähne geschwärzt, schreitet im Rhythmus ›Tokivina‹ im Dorf ›Wavivi‹, er schreitet im Tanzrhythmus durchs Dorf ›Wavivi‹. (S. 190)

In alten Zeiten wurden solche Lieder auch gesungen, um kundzutun, daß die Betreffenden sich nicht auf dem Kriegspfad oder einer Zauberexpedition befanden, oder sich sonstwie mit bösen Absichten trugen. In der Nähe des Zieles verhalten sich die jungen Männer still, denn sie dürfen von den Burschen des Dorfes nicht gesehen werden. Die Mädchen wissen natürlich, wann der Zug sich nähert, denn alles ist im voraus genau vereinbart worden. Wer im fremden Dorf am besten Bescheid weiß, schleicht sich heran und gibt das verabredete Zeichen. Eine nach der anderen schlüpfen die Mädchen aus den Häusern und treffen sich im Busch. Manchmal warten die Mädchen schon auf die Burschen an einem vorher vereinbarten Treffpunkt. Wird eine solche verliebte Versammlung entdeckt, so kann eine Rauferei die Folge sein, die in früheren Zeiten sogar manchmal zum Krieg zwischen zwei Dorfgemeinschaften führte.« (l. c. S. 190 f.)

Wir sehen einige Widersprüche: Einerseits sind solche »Liebesexpeditionen« ein Brauch, ja, in gewissem Sinne »ein gutes Recht«, andererseits kommt es dabei gelegentlich zu ernsten Prügeleien zwischen den ulatile-Jünglingen und den einheimischen Burschen. Diesen Widerspruch verstehen wir im Zusammenhang mit den früher erörterten Grundeinrichtungen der Trobriander als Überrest aus der Urzeit, in der die Männer einer Urhorde in eine andere einbrachen.

Wir begegnen hier einem Stück natürlicher Eifersucht neben voller gesellschaftlicher Förderung der Einrichtung der Liebesausflüge; auch das Heimlichtun erscheint mehr wie ein Brauch, der sich aus Raubzügen der Urzeit herleitet, als ein real begründetes Verfahren.

Jetzt ist es am Platze, eine Mitteilung *Malinowskis* über einen sehr sonderbaren Brauch einzuschalten, der auf den südlichen Trobriand-Inseln heute noch herrscht:

»Für die Frauen aus den Dörfern Okayaulo, Bwaga, Kumilabwaga, Louya und Bwadela und aus den Dörfern aus Vakuta verbindet sich mit dem Gemeinschaftsjäten ein seltsames Vorrecht. Erspähen nämlich die jätenden Frauen einen Fremden, der in Sehweite vorübergeht, so gibt ihnen die Sitte das Recht, diesen Mann zu überfallen – ein Recht, das immer mit Eifer und Tatkraft wahrgenommen wird. Der Mann ist Freiwild für die Frauen; geschlechtliche Gewalttätigkeit, unzüchtige Grausamkeit, widerwärtige Beschmutzung, grobe Behandlung – alles muß er über sich ergehen lassen. Zuerst wird ihm das Schamblatt abgerissen und zerfetzt. Dann versuchen die Frauen, durch Masturbation und exhibitionistische Praktiken bei ihrem Opfer eine Erektion hervorzurufen; ist das gewünschte Ergebnis erreicht, so kauert sich eine von ihnen über ihn und führt seinen Penis in ihre

Vagina ein. Nach der ersten Ejakulation wird er unter Umständen von einer zweiten Frau ebenso behandelt, aber Ärgeres kommt noch. Einige Frauen entleeren ihre Exkremente und ihren Harn über seinen ganzen Körper, wobei sie besonders das Gesicht beschmutzen, so sehr sie nur irgend können. ›Ein Mann speit und speit‹, berichtete mir ein mitleidiger Gewährsmann. Manchmal reiben diese Furien ihre Genitalien gegen Nase und Mund ihres Opfers und benutzen seine Finger und Zehen, ja, jeden vorstehenden Körperteil zu ihren lasziven Zwecken. Die Eingeborenen aus dem Norden belustigen sich über diese Sitte, die sie verachten oder zu verachten vorgeben. Mit Vorliebe gehen sie auf alle Einzelheiten ein und unterstützen ihre Schilderungen noch durch darstellerische Gebärden. Gewährsleute aus dem Süden bestätigen diese Berichte in allen wesentlichen Punkten. Sie schämten sich keineswegs dieser Sitte, betrachteten sie vielmehr als Zeichen für die ungebrochene Kraft der Gegend und schoben allen etwaigen Schimpf den Fremden, also den Opfern, zu. Ein Gewährsmann aus der dortigen Gegend berichtete mir, daß die Frauen beim yausa – so heißt dieser Brauch – ihre Baströcke abwürfen und nackt, wie eine Schar ›ton auvau‹ (böse Geister) auf den Mann losstürzen. Er erzählte auch, daß dem Mann das Haar vom Kopf gerissen, daß er gefoltert und geschlagen würde, bis er zu schwach sei, um aufzustehen und davonzulaufen. Zugleich erfuhr ich, wie anders diejenigen, die ihn üben, solch einen Brauch schilderten, als diejenigen, die ihn nicht haben. Von den Ansässigen wurde die Sitte offensichtlich als beschämender und barbarischer Brauch lächerlich gemacht. Die Besucher aus dem Süden jedoch, von denen manche aus Okayaulo und Bwadela, also aus der Heimat des yausa stammten, waren in einer späteren Unterhaltung durchaus anderer Ansicht und zeigten nicht die geringste Verlegenheit. Sie erzählten voll Stolz, daß kein Fremder sich um jene Zeiten in ihre Gegend wage, daß nur sie selbst frei umhergehen könnten, daß ihre Frauen die besten Jäterinnen und die mächtigsten Leute auf der ganzen Insel seien.« (»Geschlechtsleben«, S. 195 f.)

Dieser Brauch imponiert als ein Rest der Notwehr der Frauen aus der Urzeit, die im Laufe der Zeit sich gegen die Eindringlinge aus fremden Stämmen zu wehren lernten. Die Art ihrer Rache spiegelt wider, was ihnen widerfuhr, sie nehmen am Manne vorweg, was sie von ihm befürchten: Sie vergewaltigen ihn. *Frieden nach innen, Gewalt nach außen* – das war die Situation der Urzeit.

Zusammenschluß der feindlichen Horden zu *einem* friedlichen Stamm mit Sonderung in Clans war die Lösung; sie bedeutete Wiederherstellung der Ruhe. Aber die Spuren der Gewalt blieben in Form der Rangeinteilung der Clans und des Heiratstributs. Sie waren bestimmt, zu neuer Gewalt zu führen[1].

Stellen wir noch rasch einige andere Völkerstämme zusammen, bei denen die typischen Gebräuche des Heiratsgutes, des gemeinsamen Essens als Symbol des wirtschaftlichen Zusammenschlusses bei der Eheschließung und der zeremoniellen Entführung der Frau vorkommen. Daß wir aus allen Orten, hier das eine, dort das andere Detail aus dem Komplex von Riten berichtet bekommen, den wir bei den Trobriandern in voller Funktion sehen, ermutigt uns zur Annahme, daß wohl die meisten Völker der Erde das gleiche Schicksal des Kampfes feindlicher Horden mit nachfolgendem friedlichen Zusammenschluß durchgemacht haben. Die Ubiquität des Inzestverbotes und der Eheinstitution verliert dadurch viel von ihrer Rätselhaftigkeit.

Max Ebert gibt in seinem »Reallexikon der Vorgeschichte« (Bd. 5) eine Zusammenstellung ethnologischer Tatsachen, der wir folgendes entnehmen:

»In ganz Südwest-Asien besteht der Ritus des gemeinsamen Essens der Paare aus einem Napf bei der Eheschließung. (Zitat nach Skeat und Blagden, I. S. 54 und II. S. 56. *Ebert*, Reallexikon, S. 248.)

– Alte Geschichten der Tschuktschen erzählen die ›Entführung‹ von Mädchen durch Männer anderer Stämme, durch Geister, Adler, Wale, Raben usw. Es kam früher aber auch vor, daß ein paar junge Leute sich zusammentaten und ein junges Mädchen raubten, ihr Hände und Füße banden und sie zum Hause eines Mannes brachten, der sie als Gattin wünschte. Nicht nur die Männer fremder Familien, sondern sogar die Verwandten und Vettern taten oft so, wenn sie durch den Vater oder durch das Mädchen zurückgewiesen worden waren. Nach einer solchen Entführung empfingen die Eltern gewöhnlich eine andere Frau aus der Familie des Entführers als Entgelt für ihre Tochter. Heiraten durch Flucht,

1. In seinem Buch »Psychoanalyse primitiver Kulturen« beschreibt Roheim den Verteilungsritus bei den Papuas im Duaugebiet. Er stimmt nicht nur wesentlich mit dem von Malinowski beschriebenen überein, sondern ergänzt in den Roheimschen Berichten unsere Kenntnis von den psychischen Konflikten, die die Abgabe des Heiratsgutes begleiten.

wenn die Eltern ihre Zustimmung verweigern, kommen nur selten vor. (*Czaplicka*, S. 72 ff.)

– Bei den Kamtschadalen muß ebenfalls die Frau durch Dienstleistungen des Mannes abverdient werden ... Hat er die Erlaubnis erhalten, seine Braut zu nehmen, so findet erst eine Zeremonie statt, bei der er sich gewaltsam ihrer bemächtigen muß. Alle Frauen des Dorfes suchen sie vor ihm zu beschützen. Dabei ist sie in mehrere schwere Gewänder gekleidet, die fest um sie gebunden sind, so daß sie wie eine ausgestopfte Figur aussieht. Die Zeremonie besteht nun darin, daß er ihr die Kleider vom Leibe reißen und dann mit der Hand ihre Genitalien berühren muß. Dabei verteidigen sie die übrigen Frauen. (*Ebert*, l. c. S. 251)

Auf den Andamanen-Inseln werden unter den dortigen Jägerstämmen die Heiraten durch die älteren Männer und Frauen veranstaltet.

... Mitunter versprechen die Eltern schon ihre kleinen Kinder ... Die Eltern übernehmen auch sonst die Veranstaltung der Heirat für ihre Kinder. Doch sprechen die Eltern des jungen Mannes nicht selbst mit der Familie eines Mädchens, sondern ersuchen einen oder mehrere ihrer Freunde, als Vermittler aufzutreten. Von dem Augenblick an, da die Möglichkeit einer Verbindung ins Auge gefaßt ist, vermeiden die Eltern des Mannes, mit denen des Mädchens zu sprechen, und jede Nachricht unter ihnen wird durch dritte Personen vermittelt. Auf diese Weise senden sie einander auch Nahrungsmittel und andere Gegenstände zu. Der Empfänger eines solchen Geschenkes beeilt sich stets, eine Gegengabe von gleichem Wert zu leisten. Kommt die Heirat zustande, so treten die Eltern beider Partner in eine besondere Beziehung, die bestimmte Pflichten mit sich bringt. In der Zeit zwischen dem Eintritt der Reife und der Verheiratung leben die jungen Männer auf den Andamanen-Inseln in einem Junggesellenhaus ... (Brown, S. 73, zitiert nach *Ebert*, l. c. S. 253)

– Die Koita und Motusstämme des südlichen Neu-Guinea haben gleiche voreheliche Bräuche wie die Trobriander, gleiche Werbung und Hochzeitssitten. (Seligmann, S. 76 ff.) ... Geschenke werden von seiten beider Familien auf Jahre hinaus gemacht, namentlich Speisegaben. (l. c. S. 253)

– Bei den Tillamook an der Küste von Oregon im nordwestlichen Amerika ... Seine Verwandten sammelten Nahrung aller Art und leisteten noch Beiträge an Geld für den Kauf des Mädchens.

Die Verwandten des Mädchens sagten bestimmte Geschenke für dieses zu ... Nach der Hochzeitsfeier wurden die Leute mit Beeren, Fischen und Fleisch bewirtet, und hierauf verteilte der Brautvater unter die Verwandten des jungen Mannes noch weitere Speisen, die sie nach Hause mitnahmen. (l. c. S. 255)

– Unter den Chukmas des südöstlichen Indiens müssen bei der Hochzeitszeremonie des gemeinsamen Essens sowohl der Bräutigam wie die Braut sich schüchtern zeigen. (*Lewin*, S. 187, sitiert *Ebert*, l. c. S. 258) (Wir erinnern an die Befangenheit der Jungvermählten bei den Trobriandern.)

– Noch heute wird bei den Wahhabi-Stämmen des Njed, des Gebirgsplateaus im Innern von Arabien der Zusammenhang unter ihnen nur durch Heiraten aufrechterhalten, die zwischen Geschwisterkindern ersten Grades ... geschlossen werden. (Worlds Work, 1923, E. A. Powell)

– Bei den Malit-Eskimos der Beringstraße finden häufig Heiraten zwischen Vettern und Basen ersten Grades ... statt mit dem Gedanken, daß in einem Fall die Frau dem Manne nähersteht. Im Falle der Not, meint man, würde sonst die Frau den Mann bestehlen und der Mann verhungern. So aber sorgt sie für ihn. (*Nelson*, S. 291, »The Eskimos about Beringstreet«, 1899)

– Kreuz-Vetter-Basen-Heirat kommt vor bei den Wa-Yao, Ba-Ila, Ba-Kanonda und Gilyaken (Sanderson, 1920, S. 74, »The Relationship-Systems of the Wagonda and Wahenda Tribes«, Journ. anthr. inst. 53, 1923, und »Relationship among the Wa-Yao«, Journ. anthr., 1920)

2. DIE MORGAN-ENGELSSCHE HYPOTHESE DER EXOGAMIE

Um das Verbot der Heirat in der eigenen Gens zu erklären, nahm *Morgan* und nach ihm *Engels* an, daß sich in dem Gesetz der Exogamie oder des Inzestverbots das »Prinzip der natürlichen Zuchtwahl« ausgewirkt habe. Das Verbot der Ehe sogar zwischen Kollateralgeschwistern bildet nach *Morgan* »eine treffliche Illustration davon, wie das Prinzip der natürlichen Zuchtwahl wirkt«. *Engels* fügt hinzu: »Keine Frage, daß Stämme, bei denen die Inzucht durch diesen Fortschritt beschränkt wurde, sich rascher und voller entwickeln mußten als die, bei denen Geschwisterehe Regel und Gebot blieb. Und wie gewaltig die Wirkung dieses Fortschritts empfunden wurde, beweist die aus ihm unmittelbar entsprungene Einrichtung der Gens, die die Grundlage der gesellschaftlichen Ordnung der meisten, wo nicht aller Barbarenvölker der Erde bildet...« (»Ursprung der Familie«, S. 21) Und bei der Besprechung der Einteilung der Kamilaroi in Heiratsklassen, nach der Geschwisterkinder mütterlicherseits nicht Mann und Frau sein können, wohl aber Geschwisterenkel, bemerkt *Engels:* »Man sieht eben, der Drang nach Verhinderung der Inzucht macht sich abermals geltend, aber ganz naturwüchsig tastend, ohne klares Bewußtsein des Ziels.« (S. 28)

Sowohl *Morgan* wie auch *Engels* erklären also die Einteilung des Stammes in Gentes aus der Spaltung eines ursprünglich blutsverwandten Stammes. Beide Autoren standen damals unter dem Einfluß der jungen Darwinschen Theorie der natürlichen Auslese, in die sie die Ausschaltung des Inzests einbezogen. Diese Auffassung läßt sich heute nicht mehr aufrechterhalten, aus folgenden Gründen:

1. Die Schädlichkeit der Inzucht ist nirgends nachgewiesen. Die frühe sowjetrussische Sexualgesetzgebung hat sich daher mit Recht, als sie die Bestrafung des Inzestes aufhob, auf den Standpunkt gestellt, daß dieses Gesetz keinen Sinn habe, wenn die Inzucht unschädlich ist. Die Inzucht hat mit der natürlichen Auslese nur insofern zu tun, als sich krankhafte Anlagen summieren, wenn Bruder *und* Schwester krank sind. Das ist aber nicht anders, auch wenn zwei nicht blutsverwandte Menschen Kinder zeugen, wenn sie die gleiche krankhafte Anlage haben. Da ferner die moderne medizinische Forschung den Bereich der Heredität immer mehr zugunsten der sozialen Ursachen weitverbreiteter Krankheiten, wie etwa der Tuberkulose, einschränkt, verliert jenes Prinzip in gleichem Maße an Geltung.

2. Die Annahme *Morgans* und *Engels'* setzt voraus, daß der Urmensch die Rolle der Vaterschaft bei der Zeugung kannte und die supponierten Schäden des Inzestes für die Nachkommenschaft beurteilen und in richtige Beziehung setzen konnte. Das erste kann nicht der Fall gewesen sein, und *Morgan* selbst ist ja an anderer Stelle der Meinung, die sich durch *Malinowskis* Forschungen bestätigt, daß bei der damaligen Ungeregeltheit des Genitallebens die Vaterschaft unbekannt sein *mußte.* Ferner besteht zu Recht, daß die Menschen auf der Stufe der Wildheit jahrtausende-

lang im Inzest lebten, ohne daß der geringste Anhaltspunkt für eine Schädigung vorliegt. Für die Annahme, daß sich die Stämme nach der Einführung der Exogamie besser entwickelten, besteht kein Beweis, und selbst wenn dies der Fall war, so kann als Erklärung die vorteilhafte Wirkung der Mischung zweier verschiedener Stämme nach dem Friedensschluß dienen, die eine technische oder kulturelle Vorwärtsentwicklung bedingt haben mag.

3. Als wichtigster Einwand gegen die These der Herkunft der Exogamie aus dem Prinzip der natürlichen Zuchtwahl kommt in Betracht, daß ja die Urstämme, wenn sie sich in Gentes geteilt haben sollten, die Blutsverwandtschaft nicht aus der Welt schaffen konnten. Denn wie weit sich auch ein solcher Stamm in der Kinder- und Geschwisterfolge verzweigt haben mag, sie stammten ja doch alle von blutsverwandten Urgeschwisterpaaren ab. Dies haben *Morgan* und *Engels* übersehen. Daraus folgt aber, daß man selbst zur Aufrechterhaltung der Hypothese der natürlichen Zuchtwahl die Vermischung zweier *nicht blutsverwandter*, also völlig fremder Urgentes annehmen muß. Demnach wäre also die Gens früher dagewesen als der Stamm, was unsere Auffassung von dem Zusammenschluß von Gentes zu Stämmen von einer neuen Seite stützt.

Wir hätten somit die Herkunft des Inzestverbots und seine Weiterentwicklung *biosoziologisch* erklärt, anstatt nach dem Prinzip der natürlichen Auslese. Die komplizierten Einteilungen in Heiratsklassen bei den Kamilaroi zuerst in vier, dann in acht, zu deren Erklärung *Morgan* die natürliche Auslese heranzog und aus der er die Punaluaeinrichtung erklären wollte, löst sich mit unserer soziologischen Erklärung wie folgt auf:

Ursprünglich bestanden vier Heiratsklassen, zwei männliche und zwei weibliche, die nur kreuzweise heiraten konnten. Später entstanden durch weitere Einteilung acht Klassen. Wir verstanden die letzte Teilung aus der allgemeinen Einführung der Kreuz-Vetter-Basen-Heirat, die die Tributleistung *wettmachen* sollte, ganz wie bei den Trobriandern. Es muß also einmal die Tributleistung entstanden und mit einer bestimmten Heiratsordnung nicht nur verbunden gewesen sein, sondern diese vielmehr erst bedingt haben. Die Vierklasseneinteilung folgte mit Selbstverständlichkeit aus der Einteilung zweier Urgentes in je eine Frauen-(Schwestern-) und eine Männer-(Brüder-)Klasse, die nach dem Friedensschluß und dem Zusammenschluß der Gentes kreuzweise heirateten (gegenseitige Exogamie). Die Punaluafamilie war also die erste Stufe der Familie *nach* dem Zusammenschluß wie die Blutverwandtschaftsfamilie die letzte *vor* dem Zusammentreffen der zwei Gentes. Die Brüder hatten an die Gatten Heiratsgut oder jedenfalls mit der Paarung zusammenhängende Gaben zu leisten. Der Siegerstamm hatte sich dabei nach unserer Voraussetzung irgendwelche Vorteile sichergestellt, etwa besondere Leistungen an den gemeinsamen Häuptling oder Kriegsführer, der bei den Trobriandern dem »vornehmsten« Clan angehört. Das bedeutete für den ursprünglich unterlegenen Clan eine einseitige Belastung. Aus dieser muß dann das Bedürfnis nach Entlastung hervorgegangen sein, wie sie nur durch eine Kreuz-Vetter-Basen-Heirat gewährleistet ist. Diesem Bedürfnis entsprang also die weitere Teilung in *acht* Klassen, die das vollendete System der kompensierenden Paarungen darstellt. Das übrige ist in Dunkel gehüllt. Wir sahen aber bei den Trobriandern, daß sie das Übergewicht des Häuptlings nicht aufhob, ja vielleicht gab sie erst recht den Anstoß teilweiser Wettmachung der Einbuße, die die Acht-Klassen-Einteilung für ihn bedeutete. Die Bestätigung oder Widerlegung dieser Annahme bleibe weiteren Forschungen überlassen.

3. DIE FREUDSCHE HYPOTHESE VOM URVATERMORD

Bei seiner Rekonstruktion der Urgeschichte stützt sich *Freud* auf die *Darwinsche* Anschauung, daß es unter den Affen Familien gibt, die für sich allein leben und deren Leitmännchen keine anderen Männchen neben sich duldet. Der »Urvater«, der nach dem Vorbild dieses Leitaffen gedacht ist, vertrieb, so lautet die *Freud*sche Konzeption, jedesmal die herangereiften Söhne. Die vertriebenen Brüder rotteten sich nun einmal zusammen, erschlugen den Vater, verzehrten ihn und machten so der Urvaterhorde ein Ende. Hier benützte *Freud* die Beobachtung *Atkinsons*, nach der es häufig vorkommen soll, daß die Leithengste einer Pferdeherde mit anderen herumschweifenden Hengsten in Konflikt geraten. Doch zitiert *Freud* die Ansicht *Atkinsons*, nach der die Organisation der Horde infolge des darauffolgenden Streites der Söhne zerfällt, wodurch keine neue Organisation zustande kommen kann. *Freud* meint demgegenüber, daß gerade durch die Erschlagung des Urvaters vieles seinen Anfang nahm: »die sozialen Organisationen, die sittlichen Einschränkungen und die Religion«. (»Totem und Tabu«, Ges. Sch. B. X. S. 172) Um diese Folgen, nämlich den Ursprung der Religion und der gesellschaftlichen Ordnung aus dem Urvatermord glaubwürdig zu finden, braucht man, meint *Freud*, »nur anzunehmen, daß die sich zusammenrottende Brüderschar von denselben widersprechenden Gefühlen gegen den Vater beherrscht war, die wir als Inhalt der Ambivalenz des Vaterkomplexes bei jedem unserer Kinder und unserer Neurotiker nachweisen können. Sie haßten den Vater, der ihrem Machtbedürfnis und ihren sexuellen Ansprüchen so mächtig im Wege stand, aber sie liebten und bewunderten ihn auch. Nachdem sie ihn beseitigt, ihren Haß befriedigt und ihren Wunsch nach Identifizierung mit ihm durchgesetzt hatten, mußten sich die dabei überwältigten zärtlichen Regungen zur Geltung bringen. Es geschah in der Form der Reue . . . Was der Tote früher durch seine Existenz verhindert hatte, das verboten sie jetzt selbst in der psychischen Situation des uns aus den Psychoanalysen so wohlbekannten nachträglichen Gehorsams. »Sie widerriefen ihre Tat, indem sie die Tötung des Vaterersatzes, des Totem, für unerlaubt erklärten, und verzichteten auf deren Früchte, indem sie sich die freigewordenen Frauen versagten. So schufen sie aus dem Schuldbewußtsein des Sohnes die beiden fundamentalen Tabus des Totemismus« (l. c. S. 173), das *Verbot des Inzests* und der Tötung des *Totemtieres*. Das Totemtier wurde von *Freud* also als »natürlicher und nächstliegender Ersatz des Vaters« aufgefaßt.

Auf dieser Hypothese des Urvatermordes fußten eine Reihe von Aufstellungen sowohl *Freuds* selbst, als auch insbesondere die ganze seither von *Roheim*, *Reik* und anderen seiner Schüler entwickelte psychoanalytische Ethnologie. Da unsere Auffassungen, die hier entwickelt werden, dieser Hypothese widersprechen, ist es notwendig, näher auf ihre Grundelemente einzugehen.

Es scheint ja eine geschlossene Auffassung der urgeschichtlichen Entwicklung zu geben und leuchtet zunächst ein, weil sie wohlbekannte und hundertfach erprobte klinische Erkenntnisse aus der analytischen Praxis auf die Urzeit anwendet und scheinbar mühelos die zwei wesentlichsten Fragen, den Totemismus und die Herkunft des Inzestverbots, erklärt. Dennoch enthält sie einige Voraussetzungen, die nicht zutreffen.

1. Die erste Voraussetzung ist, daß die Urhorde aus *einem* erwachsenen kräftigen Manne als Vater der ganzen Gruppe und

mehreren Frauen, Gattinnen und Töchtern und mehreren Söhnen bestand. Wenn der Urvater, seine Existenz angenommen, immer wieder die Söhne, wenn sie herangewachsen waren, verjagte – und das kann nicht einmal und an einem Orte geschehen sein, sondern muß sich oft, an allen Orten der Welt in typischer Weise und durch Jahrhunderte oder Jahrtausende zugetragen haben – dann ist nicht zu verstehen, wie die Urhorden sich fortpflanzen, den Kampf mit der Natur bestehen und Kultur bilden konnten. Ferner: Wann erfolgte die Verjagung? Das genitale Leben setzt doch bei den Primitiven sehr früh, lange vor der Pubertät ein! Wurden also die koitierenden Kinder männlichen Geschlechts verjagt? Diese Auffassung *kann* nicht stimmen.

Beruft man sich, wie *Roheim*, auf die Sagen von einem in der Urzeit getöteten Vater, so darf nicht übersehen werden, daß die spätere Vatergruppe ja ursprünglich, was aus der Claneinteilung deutlich hervorgeht, *Fremde* waren, mit denen die spätere Söhnegruppe im Kampf stand, aber nicht wegen des Sohnverhältnisses, sondern wegen der ursprünglichen Feindseligkeiten der fremden Horden. Das hat nichts mit Inzest zu tun. Der Ödipuskomplex konnte erst entstehen *nach* der Vereinigung der Horden, erst nach der Heranbildung festgefügter Familien.

2. Dazu kommt die Voraussetzung, daß die Söhne sich die genitale Umarmung mit den Müttern und Schwestern versagten; also waren diese ohne Männer und jene nach wie vor ohne Frauen. Wie kam es, daß die Gruppe nicht ausstarb? Will man aber die Auskunft herhalten lassen, daß die Männer sich Frauen aus anderen Gruppen holten, so gerät man bei der dünnen Besiedlung der Erde in jenen frühen Zeiten der Menschheitsgeschichte in nebelhafte Spekulationen. Dieser Weg führt also in die Irre.

3. Weitere Voraussetzungen, die nicht fehlen dürfen, wenn man die Hypothese aufrechterhalten will, sind die *natürliche* gewalttätige Eifersucht der Männchen und die biologische Ambivalenz der Gefühle. Wenn man aber die weit verbreiteten sexuellen Feste der Primitiven, besonders die Berichte *Malinowskis* über das Sexualleben der Trobriander, wo die Eifersucht ausgeschaltet ist, der Tatsache gegenüberstellt, daß sich die gewalttätige Eifersucht im Sinne unserer heutigen Gesellschaft erst mit der Ehebindung einstellte, als ökonomische Interessen die natürliche Eifersucht zum gewalttätigen Besitzanspruch gestalteten, wenn man ferner bedenkt, daß die monogame Ehe eine späte Akquisition der mensch-

lichen Gesellschaft ist, so wird die Annahme einer Eifersucht des wilden Menschen, wie sie von *Freud* postuliert wird, zweifelhaft. Und die Ambivalenz der Gefühle ist auf ihre soziale Bedingtheit (Einschränkung der genitalen Befriedigung, daher Auftreten von haßerfüllter Stellung zur versagenden Welt: Ambivalenz) erst zu prüfen. Die psychoanalytische Erfahrung an seelisch Kranken lehrt eindeutig, daß die Ambivalenz zwar *vielleicht* in irgendeiner Eigenschaft der Triebapparatur als Anlage vorhanden ist, aber das, was wir vor uns am Kranken sehen, ist *historisch geworden durch die Einschränkung seiner genitalen Bedürfnisse, die* in der Urgesellschaft fehlt. Die Ambivalenz ist also im wesentlichen *sozial* bedingt, hängt in Form und Intensität von der Art der libidinösen Bedürfnisbefriedigung ab und kann daher, als soziales Produkt, nicht die Urgrundlage der menschlichen Kultur sein. Wir haben ja auch an den Trauerriten bei den Trobriandern gesehen, wie ein bestimmtes, historisches Produktionsverhältnis Ambivalenz der Gefühle erzeugt. Stünden die Verwandten der Frau zum Gatten in keinem Tributverhältnis, sie hätten keinen Grund ambivalent zu sein und ihren Haß durch strenge Trauerriten zu verbergen. Und wenn die Ambivalenz das Seelenleben des Menschen des 20. Jahrhunderts beherrscht, so muß man fragen, aus welchen sozialen Gründen, und darf das nicht ohne weiteres auf den Primitiven übertragen, der unter anderen Bedingungen aufwächst und lebt. Man darf überzeugt sein, daß das Kind des Trobrianders keine falschen Sexualtheorien entwickelt, weil es die Wahrheit kennt, daß es außer dem Inzestwunsch keine Genitalität verdrängt, weil es sie befriedigen darf, und daß die kleinen Mädchen keinen Penisneid und keine Männlichkeitskomplexe fixieren, weil die gesellschaftliche Atmosphäre dem Knaben keine Vorzugsstellung einräumt wie bei uns. Das setzt ja erst ein mit der patriarchalischen Gewalt und dem Erbrecht in männlicher Linie. Wir leugnen also nicht die analytischen Funde, aber wir fassen sie nicht biologisch, sondern historisch geworden auf und versuchen, sie in richtige Beziehung der Geschichte der Gesellschaft zu bringen.

4. Auf der Hypothese von der *natürlichen* Ambivalenz der Gefühle baut sich die andere auf, daß sich die Söhne den Inzest aus Schuldgefühl versagten. Daraus soll die Moral hervorgegangen sein. Das ist eine petitio principii. Denn es wird das vorausgesetzt, was erst erklärt werden soll. Das Schuldgefühl ist ja bereits

der Ausdruck einer moralischen Reaktion, kann daher das Entstehen der Moral nicht erklären.

Freud faßt die religiöse Idee vom Sündenfall, von dem Jesus die Menschheit befreien wollte, als den Ausdruck einer urgeschichtlichen Mordtat auf. Der biblische Mythus von Adam und Eva sowie die ganze katholische Ideologie der Erbsünde enthüllen sich dagegen im wesentlichen als Mythus eines sexuellen Vergehens, als Vorstellung einer Versündigung gegen ein sexuelles Verbot. Das schließt nicht aus, daß dieses sexuelle Vergehen von einer Mordtat begleitet war. Und unsere Ableitung des Inzestverbots enthält ja implicite den geschichtlichen Urmord beim Zusammenstoß fremder Urhorden. Dabei entstanden fraglos die ersten moralischen Satzungen. Sie entstanden aber aus sexuellen Verboten, die nichts mit dem Ödipuskomplex zu tun haben; denn dieser ist historisch jünger als die Sexualunterdrückung; und – wie wir bereits ausführten – die spätere Vätergruppe war ursprünglich eine Horde fremder Männer, so daß die Vorstellung vom Urvatermord einer Vermischung von zwei zeitlich auseinanderliegenden Tatbeständen entspricht: einem blutigen Kampf mit Männern, die nicht die Väter waren, aus deren Clan aber die späteren wirklichen Väter hervorgingen, die nicht gemordet wurden.

5. Die *Freud*sche Hypothese läßt die Möglichkeit stattgehabten Inzestes in der Urzeit gar nicht zu. Nun ist aber der Inzest als jahrtausendelang dauernde Regel mythologisch und durch direkte Beobachtung nachgewiesen. Auch die Unkenntnis der Vaterschaft, die sich zwanglos aus der sexuellen Lebensweise der Urvölker ableitet, widerspricht dem Kern der *Freud*schen Anschauung[1].

1. Man könnte mit einigem Recht einwenden, daß die Unkenntnis der Vaterschaft zwar im Zustand der Promiskuität, nicht aber in dem der monogamen Paarungsehe einleuchte. Es wäre auch nicht schwer, aus dem Verhalten der Trobriander zur Frage der Vaterschaft auf eine Verdrängung des Wissens um die Rolle der Vaterschaft zu schließen. Die Annahme einer solchen Verdrängung widerspricht nicht der Tatsache der Unwissenheit im Zustand der Promiskuität. Es ist wohl denkbar, müßte aber erst genau durchforscht werden, daß die affektive Ablehnung der clanfremden Männer nach dem Zusammenschluß der Horden so intensiv war und so weit ging, daß man ihre Vaterschaft nicht anerkennen wollte. Es kommt auch in Frage, daß die Anerkennung dieser Vaterschaft das mutterrechtliche System der Clansippschaft schwer zu erschüttern geeignet war.

6. Die *Freud*sche Konzeption steht in Widerspruch zu den typischen Sagen von der Herkunft der Clans von zwei oder mehreren Urmüttern oder Ur-Bruder-Schwester-Paaren. Sie basiert auf der Annahme des Sohn-Mutter-Inzestes, in Wirklichkeit war aber der Bruder-Schwester-Inzest das Entscheidende. Die Bestätigung für die Existenz eines Urvaters, die *Roheim* bringen wollte, gründet sich immer auf das Vorhandensein eines Totemtiers. Es wäre aber erst zu beweisen, daß das Totemtier den Urvater *ursprünglich* darstellt. Weder die Deutung der inzestuös begehrten Schwester als Ersatz der Mutter, noch die Deutung des Totems als ursprünglichen Vaterersatzes sind ohne historischen Zusammenhang beweiskräftig.

7. Nach *Freud* ist das Inzestverbot familiär zu denken; das Inzestverbot beherrscht aber den *ganzen* Clan; da die Familie sich erst viel später bildete, ist die Einschränkung nach Familienzugehörigkeit im Sinne von Vater-Mutter-Kinder Spätprodukt und daher für die Urgeschichte nebensächlich.

Zusammenfassend müssen wir sagen, daß die *Freud*sche Hypothese so grundlegenden Einrichtungen der primitiven Organisation widerspricht (*zwei* inzestuöse Ur-Clans, Inzestverbot innerhalb des Clans, Promiskuität und Inzest im Urzustand, Ursprünglichkeit der Organisation nach Mutterfolge usw.), so sehr die historische Entwicklung der Familie in ihrem Zusammenhang mit der sozialökonomischen Entwicklung vernachlässigt, daß sie schwer zu halten ist.

Unsere Ausführungen erklären das Verbot, das Totemtier zu essen und weiter im Inzest zu leben, aus dem historischen Ereignis des Verbots, das für das Jagdgebiet charakteristische Tier zu jagen und zu essen und die eigenen Frauen zu besitzen, ein Verbot, das nicht innerhalb der Gens entstand, sondern von außen her, von einer siegreichen Gruppe einer anderen Horde, auferlegt wurde. In gewissen Festlichkeiten der Primitiven, bei denen unterschiedsloser Geschlechtsverkehr gepflogen und das Totemtier gegessen wird, erblicken wir eine Sanktionierung des Durchbruches jener alten Regeln zwischen zwei Horden, den Ausdruck einer Sehnsucht nach der friedlicheren und von keiner Verpflichtung als der zur Versorgung des eigenen Clans getragenen Organisation der inzestuösen Urhorde. Diese Festlichkeiten durchbrechen ja insbesondere die Schranken der primitiven Paarungsehe und gelegentlich auch des Inzestverbots, also relative Spätbildungen der

menschlichen Gesellschaft. *Freuds* Anschauung, daß diese Festlichkeiten der Totemmahlzeit den Urvatermord darstellen, widerspricht auch von seinem Standpunkt der Tatsache der Durchbrechung der Inzestschranke bei solchen Festen. Gestatten sich etwa
die Männer auf der viel höheren Organisationsstufe das, was sie
sich auf einer Stufe der kulturlosen Wildheit versagten? Hatten
sie damals als Wilde mehr Schuldgefühl als heute? Und wenn,
warum?

Es ist denkbar, daß weitere Forschungen die Sagen vom Urvatermord auf die Zusammenstöße fremder Urhorden beziehen werden. Das Totemtier bekam *sekundär* die Funktion eines Sinnbil-
des der Urmutter und später in der patriarchalischen Organisation des Patriarchen. Wir meinen also, daß die *Freuds*che Konzeption des Totems als des ersten Ansatzes einer religiösen Vorstellung zu Recht besteht, aber nicht als *idelle* Ursache der Religion
überhaupt, sondern als Spiegelung katastrophaler wirtschaftlicher und sozialer Vorgänge in der Urgesellschaft, an der sich
dann im Zusammenhang mit dem Drang, Naturvorgänge zu erklären, religiöse Vorstellungen bilden konnten. Wenn der
Mensch im patriarchalischen Zeitalter Gott nach dem Vorbilde des
Vaters schuf, so muß er ihn früher nach dem Vorbilde seines
Jagdtieres, das ihn doch sehr beschäftigt haben muß, oder der
Urmutter gebildet haben. Wenn man *Malinowski* aufmerksam
liest, wird man feststellen, daß der Totemismus an Bedeutung
lange nicht an andere, sexuelle und wirtschaftliche Institutionen
heranreicht. Und schließlich kann die *Wertigkeit* einer Einrichtung nicht außer acht gelassen werden, wenn man sie einordnen
will in das Verständnis der Urorganisation. Jetzt steht die Aufgabe bevor, den Totemismus vom Standpunkt der Mutterrechtstheorie von Grund auf neu zu studieren, wobei die bisher aufgedeck-
ten unbewußten Bedeutungen der verschiedenen religiösen Vorstellungen und Bräuche nicht zu entbehren sein werden. Unsere
Kritik wendet sich gegen die bisherige Methode der psychoanalytischen Religionsforschung, vom latenten Sinn eines religiösen
Phänomens einfach auf seine Entstehung zu schließen, Sinn und
Genese gleichzusetzen. So wie wir den aktuell irrationalen Sinn
eines hysterischen Symptoms genetisch nur begreifen, wenn wir
ihn historisch in die Entwicklungsgeschichte des Symptoms an
einer bestimmten Stelle einordnen können, wo das jetzt Irrationale durchaus rational war, so müssen wir den latenten Sinn

einer mythologischen oder religiösen Vorstellung in den historischen Zusammenhang des gesellschaftlichen Prozesses einordnen, d. h. den Sinn der religiösen Idee aus seiner ökonomisch-sozialen Genese und Funktion begreifen. Der Sinn einer vorgefundenen Totemvorstellung kann also wohl die Vatervorstellung sein, während ihr Ursprung ein Jagdtier sein kann, das erst sekundär zum symbolischen Ersatz des Vaters oder der Mutter wurde. Das geht aus der historischen Wandlung der Funktion des Häuptlings notwendig hervor.

Freud sah bei der Betrachtung der Urgeschichte, wie die meisten Ethnologen, nur die vom Standpunkt der Mutterrechtstheorie zunächst verwirrende Tatsache, daß alle, auch die primitivsten Organisationen, einen Häuptling aufweisen und bereits Familien enthalten. Dadurch wurde die andere Tatsache verdunkelt, daß der Häuptling kein Herrscher und Patriarch in unserm Sinne ist, wo nicht bereits ausgesprochenes Patriarchat vorliegt, und daß die Familie in den Anfängen der Geschichte nicht in Widerspruch tritt zur Organisation in geschlossene Gentes. Die Familienorganisation *innerhalb* der Gens verdunkelte diese vor den Augen der meisten Forscher, weil sie sich von der Theorie der *Ursprünglichkeit* unserer heutigen Familie nicht befreien konnten und daher unhistorisch dachten. So wie der »Häuptling« ursprünglich sich mit der Mutterfolge gut verträgt, um aber später in Gegensatz zu ihr zu treten, indem er zum autoritären Patriarchen wird, so verträgt sich auch die allmählich gewordene Familienorganisation des monogamen Typus mit der Clanorganisation, um schließlich ebenfalls, Hand in Hand mit der Wandlung der Funktion des Häuptlings, in Gegensatz zur Clanorganisation, und zwar als ihr Zerstörer zu geraten. Das Ignorieren der *Morgan-Engels*schen Theorie, die sich durch *Malinowski* so glänzend in den Hauptpunkten bestätigt, hat einen aktuellen, soziologischen Sinn: Hält man an der Ursprünglichkeit des Patriarchats und seiner Familienform fest, so war die Zwangsmoral, dem Menschen wesenseigen, immer da.

Die *Morgan*schen Entdeckungen zeigen aber alles in ständiger Entwicklung und Veränderung. Die unterdrückende Sexualmoral ist also einmal in der Urgesellschaft eingebrochen und wird einmal in der menschlichen Gesellschaft verschwinden. Was tritt aber an ihre Stelle?

II. Das Problem der Sexualökonomie

I. Das Problem der gesellschaftlichen Sexualökonomie

1. ZUSAMMENFASSENDER GESCHICHTLICHER ÜBERBLICK

Die ausgeprägten Phasen der gesellschaftlichen Entwicklung von der gentilen Urgesellschaft bis zum heutigen Nationalstaat weisen zwei ineinandergreifende Prozesse auf. Der eine Prozeß verläuft von der wirtschaftlichen Ur-Arbeitsdemokratie bis zum kapitalistischen Staat im Sinne einer Entwicklung der Produktionsmittel, einer Ausbreitung und Zunahme der Produktion und mit ihr der menschlichen Bedürfnisse, und schließlich im Sinne der Konzentration des Eigentums an den Produktionsmitteln in den Händen einer gesellschaftlichen Oberschicht, der Privatkapitalisten oder des Staatskapitalismus. Der andere hingegen verläuft von der natürlichen sexualökonomischen Freiheit[1] und der gentilen Blutsverwandtschaftsfamilie bis zur Ideologie der außerehelichen Askese und der lebenslangen monogamen Zwangsehen, also im Sinne einer ständigen Einengung, Verdrängung und Verzerrung der genitalen Geschlechtlichkeit. Geht man aber von den Endpunkten der gesellschaftlichen Entwicklung, von der heutigen Organisation der Wirtschaft und der Geschlechtlichkeit aus und verfolgt man sie rückwärts, so kommt man schließlich zu einem Punkt, an dem die wirtschaftliche und die sexuelle Organisation ineinanderfließen, nämlich zum Ursprung des Privateigentums und der sozialen Stratifizierung aus den geschlechtlichen Organisationsformen der gentilen Gesellschaft, die im Laufe der Entwicklung eine Anhäufung der arbeitsdemokratisch produzierten Güter in der Familie des Häuptlings ermöglichten. Wir haben gesehen, daß damals in den Uranfängen der Tauschhandelswirtschaft, als sich die ersten Ansprüche der Habgier und des Besitzinteresses regten, auch die ersten Gegensätze innerhalb der menschlichen Gemeinschaft entstanden, über die *Engels* mit Recht

---

1. Das genaue Gegenteil der sexuellen Zügellosigkeit, die aus orgastischer Impotenz stammte.

schreibt[2]: »Der erste Klassengegensatz, der in der Geschichte auftritt, fällt zusammen mit der Entwicklung des Antagonismus zwischen Mann und Weib in der Einzelehe, und die erste Klassenunterdrückung mit der des weiblichen Geschlechts durch das männliche (jetzt können wir sagen: des Clans der Frau durch den des Gatten, W. R.). Die Einzelehe war ein großer geschichtlicher Fortschritt, aber zugleich eröffnete sie neben der Sklaverei und dem Privateigentum jene bis heute dauernde Epoche, in der jeder Fortschritt zugleich ein relativer Rückschritt, in dem das Wohl und die Entwicklung des einen sich durchsetzt durch das Wehe und die Zurückdrängung des anderen. Sie ist die Zellenform der zivilisierten Gesellschaft, an der wir schon die Natur der in dieser sich voll entfaltenden Gegensätze studieren können.« (l. c. S. 52) Und weiter (S. 54/55): »So haben wir in der Einzelfamilie, in den Fällen, die ihrer geschichtlichen Entstehung treu bleiben und den durch die ausschließliche Herrschaft des Mannes ausgesprochenen Widerstreit von Mann und Weib klar zur Erscheinung bringen, ein Bild im Kleinen derselben Gegensätze und Widersprüche, in denen sich die seit Eintritt der Zivilisation in Klassen gespaltene Gesellschaft bewegt, ohne sie aufzulösen oder überwinden zu können.«

Mit dem Fortschritt der Produktionsgüter ging also ein Niedergang der sexualökonomischen Moral und Kultur parallel.

Die natürliche Sittlichkeit der in Geschlechtsfreiheit lebenden, nach Bedürfnisbefriedigung ausgerichteten mutterrechtlichen Primitiven stand unendlich höher als die Moral unseres Zeitalters, was sich vor allem im Wegfall der sexuellen Dissozialität (Vergewaltigungen, Sexualmorde usw.) kundgibt. Alles Reden über kulturellen und sittlichen Fortschritt bleibt Gerede, solange dieser Gegensatz in der gesellschaftlichen Entwicklung nicht erkannt wird, solange der »Wilde« als das Vorbild des »kulturlosen«, daher zu verneinenden Geschlechtswesens gilt. Man beurteilt seine Sexualkultur vom Standpunkt einer Moral, die »kulturell« mit »rein« (= »asexuell«) gleichsetzt (vgl. die faschistische Rassetheorie). Ist die Monogamie ein Fortschritt oder Rückschritt gewesen? Das ist eine unhistorische, *abstrakt* wertende Fragestellung.

Die Zwangsmonogamie entstand aus der Konzentration von

2. *Engels:* »Der Ursprung der Familie, des Privateigentums und des Staates.«

Reichtümern in einer Hand, aus dem Bedürfnis, wie *Engels* schreibt, »diese Reichtümer den Kindern dieses Mannes und keines anderen zu vererben«. So begründete sich die Forderung der Zwangsmonogamie für die Frau. Verfolgt man aber die Entwicklung der menschlichen Gesellschaft weiter zurück, hinaus über den Punkt des gemeinsamen Ursprungs von Reichtum in einer Hand und Zwangseinehe, so gelangt man zu gesellschaftlichen Organisationen, die in erster Linie charakterisiert und beherrscht sind durch genitales Liebesleben, während die Produktion noch fast völlig unentwickelt ist und sich auf Gemeinwirtschaft, auf primitiver Arbeitsdemokratie aufbaut[1]. Diese Organisation wird durch einen Prozeß gestört, der *in ständig fortschreitender Einengung und Unterdrückung der genitalen Freiheit besteht*. Seine erste Erscheinung ist das Verbot der genitalen Umarmung im eigenen Clan, der Summe aller mütterlicherseits Blutsverwandten. Dieser *Prozeß der Sexualunterdrückung ist seinem Beginne nach älter als der des Klassengegensatzes zwischen Mann und Weib*, er führt diesen Antagonismus erst herbei. Spuren der Urgeschichte, die man in der Mythologie auffindet, weisen auf Elementarkatastrophen hin, die die wirtschaftliche Existenz der Urmenschen bedrohten und gesellschaftliche Bewegungen auslösten, aus denen sich der erste Anstoß zur Sexualeinschränkung in Form des Inzestverbots herleitete. Die fortschreitende Tabuierung und Einschränkung der Genitalität lief Hand in Hand mit der Ausbreitung ökonomischer Interessen bestimmter Gruppen in der Urgesellschaft. Der Prozeß bei den Trobriandern zeigt, daß es die Interessen der Familie des Häuptlings gegenüber dem Clan sind. In der Urzeit schufen prinzipiell nicht anders als heute die Bedingungen des gesellschaftlichen Daseins bestimmte gesetzliche und moralische Einrichtungen wie etwa das Inzestverbot innerhalb des Clans, die Heiratsordnung usw., die sich dann, indem sie jedes Individuum dieser Gesellschaft ideologisch durchsetzten, in ihnen reproduzierten. (Vgl. letzten Abschnitt.)

Halten wir an der *Morgan*schen Einteilung der Entwicklung der menschlichen Gesellschaft in Wildheit, Barbarei und Zivilisation

---

1. *Engels:* »Der Ursprung der Familie usw.« S. 8. »Je weniger die Arbeit noch entwickelt ist, je beschränkter die Menge ihrer Erzeugnisse, also auch der Reichtum der Gesellschaft, desto überwiegender erscheint die Gesellschaftsordnung bestimmt durch die Geschlechtsbande.«

fest, so liegt der entscheidende Wendepunkt von der Ur-Arbeitsdemokratie zur Entwicklung des Interesses an privater Güteran-
häufung am Übergang von der Wildheit zur Barbarei. Dieser
Wendepunkt ist hauptsächlich charakterisiert durch den Untergang der mutterrechtlichen Gesellschaft und die Evolution der patriarchalischen Gewalt. Die menschliche Geschichte *vor* diesem
Zeitpunkt beträgt zeitlich ein Vielfaches der relativ kurzen Span-
ne, welche die nachfolgende Periode der privatwirtschaftlichen
Entwicklung umfaßt. Wenn seither die wirtschaftlichen Interessen den Besitzer der Produktionsmittel und die gegenteiligen Interessen der Unterdrückten das soziale Leben erfüllen, so waren
es vorher geschlechtliche Interessen; wenn nachher Privatwirt-
schaft die gesellschaftliche Struktur bestimmte, so vorher die Ge-
schlechtsgenossenschaft[1], wodurch natürlich die Grundtatsache
nicht berührt wird, daß auch vorher die *primitiven* Produktionsverhältnisse die *Basis* waren, auf der sich die vornehmlich genital
interessierte Gesellschaft aufbauen konnte. Die Interessen der Individuen waren nicht nur hauptsächlich genital gerichtet und –
befriedigt; auch die materiellen Bedürfnisse waren gering. Das
Besitzinteresse und die Habgier steigerten sich in dem Maße, wie
die genitalen Interessen unterdrückt werden mußten. In einer bestimmten Phase der menschlichen Geschichte brachten bestimmte
Lebensbedingungen (zuerst Zusammenschluß der Urhorden, später der übergroße Druck des Heiratsgutes) die Sexualeinschränkung und dann die Sexualverdrängung in Gang, wodurch seelische Interessen für eine *bestimmte* Art wirtschaftlicher Evolution,
eben die *privatwirtschaftliche*, frei wurden. Diese Interessen waren Habgier und Akkumulationsbedürfnis. Sie entstanden auf
Kosten der genitalen Interessen[2].

1. »Man wird sehr bald wahrnehmen, daß in den Anfangsstufen der
Wildheit Männer- und Weibergemeinschaft innerhalb vorgeschriebener
Grenzen der Kern des gesellschaftlichen Systems war. Die ehelichen
Rechte und Privilegien, die innerhalb einer Gruppe sich bildeten, wuch-
sen aus zu einem wundersamen System, welches die Grundlage wurde,
auf der die Gesellschaft sich konstituierte.« (Morgan: »Die Urgesellschaft«. S. 41.)
2. Es ist also unrichtig, wenn psychoanalytische Ethnologen die Kulturen solcher Primitiven auf ihre Triebkonstellation zurückführen, etwa
von analsadistischer Kultur sprechen. In Wirklichkeit wurden die veränderten Triebstrukturen erst durch den gesellschaftlichen Prozeß ge-

Wir stehen vor der für die Geschichte der sexuellen Ökonomie entscheidenden Frage, ob die Sexualunterdrückung zur Entwicklung der menschlichen Gesellschaft überhaupt gehört oder nur zu einer bestimmten ökonomischen und sozialen *Stufe* dieser Entwicklung. Jenes wird von *Freud* und den meisten seiner Schüler, aber auch von manchen Marxisten (z. B. *Salkind*) angenommen. Wir leugnen auf Grund dieser Untersuchung die Zuordnung der Sexualunterdrückung zur Entwicklung der menschlichen Gesellschaft überhaupt, nicht nur, weil wir darin eine mechanistische, praktisch aus der Gegenwart und historisch aus der Geschichte der Menschheit zu widerlegende Auffassung erkennen, sondern auch, weil uns die Untersuchung der Zusammenhänge zwischen Gesellschaftsordnung und Sexualordnung anders unterrichtet hat.

Indem die bisherige psychoanalytische Forschung den Kulturprozeß primär auf Triebkonflikten statt auf gesellschaftlichen Prozessen basiert sah, verdunkelte sie auf ihrem eigenen Forschungsgebiet ein Problem von unüberschätzbarer Tragweite. Wenn wir den Triebkonflikt aus dem Zusammenprall von primitivem Bedürfnis (Hunger, Genitalbedürfnis) und Daseinsbedingung (Wirtschaft, Natureinflüsse, Technik) ableiten, so werden wir nicht nur der überwiegenden Rolle des sozialen Seins gerecht, wir erfassen vielmehr gleichzeitig das Problem der Beziehung zwischen gesellschaftlich-ökonomischen Lebensbedingungen und der Bildung menschlicher Charakterstruktur und bekommen einen Zugang sowohl zur konservativen wie auch zur fortschrittlichen Rolle der charakterologischen Prozesse einer Gesellschaft. Dieser Frage ist in prinzipieller Hinsicht der letzte Abschnitt gewidmet. Doch zunächst müssen wir noch einige Aufmerksamkeit der Rolle der Charakterstruktur in der Geschichte der Bedürfnisbefriedigung schenken.

schaffen, indem er zuerst die Genitalität einschränkte und dadurch sekundär eine Verstärkung der nicht genitalen Partialtriebe bedingte. Das Akkumulationsbedürfnis ist also zunächst rein sozial bedingt, bedient sich aber dann, indem es sich in der psychischen Struktur verankert, der durch die Sexualeinschränkung hervorgetriebenen Analität.

2. BEDÜRFNISBEFRIEDIGUNG
UND GESELLSCHAFTLICHE REALITÄT

Engels hat die Beteiligung der Sexualität am Aufbau und an der Entwicklung der menschlichen Gesellschaft früh geahnt. Wenn sich seine diesbezüglichen Auffassungen nicht recht durchsetzen konnten, so deshalb, weil die *Engels*sche Auffassung der Sexualität an der Funktion der Sexualbefriedigung vorbeiging, indem sie nur die Fortpflanzungsfunktion in Betracht zog, und weiter, weil ihm der Prozeß der *Sexualverdrängung* mit dessen sozialem Hintergrund nach dem damaligen Stand des Wissens unbekannt sein mußte. *Engels,* der die Sexualität als geschichtsbildenden Faktor in seine materialistische Geschichtsauffassung einreihen wollte, schrieb im Vorwort zu seinem Werk über den »Ursprung der Familie«:

»Nach der materialistischen Auffassung ist das in letzter Instanz bestimmende Moment in der Geschichte: die Produktion und Reproduktion des unmittelbaren Lebens. Diese ist aber selbst wieder doppelter Art. Einerseits die Erzeugung von Lebensmitteln, von Gegenständen der Nahrung, Kleidung, Wohnung und den dazu erforderlichen Werkzeugen; anderseits die Erzeugung von Menschen selbst, die Fortpflanzung der Gattung. Die gesellschaftlichen Einrichtungen, unter denen die Menschen einer bestimmten Geschichtsepoche und eines bestimmten Landes leben, werden bedingt durch beide Arten der Produktion: durch die Entwicklung einerseits der Arbeit, andererseits der Familie.« (l. c. S. VII.)

Diese Ansicht kann nun korrigiert werden. Die Menschen stehen mit zwei physiologischen Grundbedürfnissen zum Zwecke ihrer Befriedigung in Wechselbeziehung zueinander, mit dem *Nahrungstrieb* und dem *Sexualbedürfnis*. Die Art und Weise, in der die Gesellschaft die Befriedung der lebenswichtigen Bedürfnisse bewerkstelligt, ist in den ökonomischen Schriften vieler verschiedener Richtungen angehörender Autoren erschöpfend behandelt. Da der Nahrungstrieb keine Abwandlung erfahren kann wie der Sexualtrieb, sondern nur besser oder schlechter befriedigt werden kann, spielt er in der Bildung der Charakterstruktur keine so große Rolle wie der letztere.

Marx unterscheidet im »Kapital« (Kautskys Volksausgabe, B. I., S. 3) bei der Erörterung der Bedürfnisse, deren Befriedigung die Produktion dient, solche, die dem »Magen«, und solche, die der

»Phantasie« entspringen. Nun sind die von *Marx* so bezeichneten Bedürfnisse der »Phantasie«, wie die psychoanalytische Forschung nachwies, die Umsetzungen und Entwicklungsabkömmlinge der wandelbaren sexuellen Antriebe.

Diese treten als »*subjektive* Faktoren«[1] in der Geschichte der Menschen und der Gesellschaft niemals als Bedürfnis nach Fortpflanzung, sondern als Bedürfnis, sexuelle Spannungen, die durch orgonotische und bioenergetische Energiefunktionen bedingt sind, zu erledigen, als *Verlangen nach sexueller Befriedigung* auf. Die Erzeugung von Nachkommen, die *Engels* in seinem Buche »Der Ursprung der Familie« der Erzeugung von Nahrungsmitteln gegenüberstellt, erfolgt objektiv, aber nicht subjektiv wie die Produktion von Lebensmitteln zum Zwecke der Befriedigung des Nahrungsbedürfnisses. Sie ist also keine Parallele zur Produktion von Lebensmitteln. Sie tritt ja als Funktion erst sehr spät, nach der Geschlechtsreife, auf, während die eigentliche Parallele zur Befriedigung des Nahrungstriebes, die Funktion der Sexualbefriedigung, zugleich mit dem Nahrungstrieb unmittelbar nach der Geburt in Erscheinung tritt. Nur in diesem subjektiven Sinne als Bedürfnis zur Auslösung einer Spannung, die als sexuelle Befriedigung erlebt wird, einschließlich ihrer sublimierten Abwandlungen (Erfindergeist, technisches Interesse, wissenschaftliche Forschung) dürfen wir die Sexualität analog dem Hunger als bewegendes Moment in die Geschichte einführen.

So wie der Nahrungstrieb sich subjektiv als Hunger und objektiv als »Tendenz« zur Erhaltung des Individuums präsentiert, so der Sexualtrieb subjektiv als Bedürfnis nach Sexualbefriedigung und objektiv als »Tendenz« zur Erhaltung der Art. Diese »objektiven Tendenzen« sind aber keine konkreten Gegebenheiten, sondern bloß Annahmen. Es gibt in Wirklichkeit ebensowenig eine Tendenz zur Erhaltung der Art wie eine solche zur Erhaltung des Individuums. Beide Arten der Erhaltung sind Funktionen, zu deren Erklärung man »objektive Tendenzen« heranzieht, während sie in Wirklichkeit gesichert sind durch bestimmte Einrichtungen der bioenergetischen Apparatur: Die Spannung im Magen, die

---

1. (1934) Unter »subjektivem Faktor« versteht heute die politische Psychologie im wesentlichen die durchschnittliche psychische Struktur der Menschen einer konkreten Gesellschaft. Diese Struktur selbst bestimmt sich durch die libidinösen Kräfte, die sie bedingen.

sich psychisch als Hunger kundgibt, treibt (»Trieb«) zum Essen und erhält so das Individuum; die Spannung im Organismus, insbesondere in den Genitalorganen, die sich psychisch als Verlangen nach genitaler Umarmung (Verlangen nach Befriedigung, Verlangen nach Lust) kundgibt, treibt zur sexuellen Betätigung im Genitalakt und erhält so auch die Art. Dadurch verliert aber die Annahme einer »objektiven Tendenz« ihren Sinn. Weder im Falle des Hungers noch der Genitalbefriedigung denkt das Individuum an Selbst- bzw. Arterhaltung. Wir haben daher zu fragen:

1. Wie sind die natürlichen Abläufe der Befriedigung des Hungers und der Sexualität? (Nahrungsphysiologie, Sexualphysiologie und Sexualpsychologie.)
2. Wie ist die Gesellschaft strukturiert? Gewährleistet sie die Befriedigung dieser Grundbedürfnisse oder nicht, fördert oder hemmt sie sie? (Soziologische Behandlung der Bedürfnisse.)
3. Wenn die Gesellschaft die Befriedigung dieser Bedürfnisse hemmt, statt sie zu fördern, aus welchen Gründen tut sie es, welche Klasse oder Schicht hat ein Interesse daran? (Politische Ökonomie und Soziologie.)

Und so, wie wir von einer Ökonomie des Nahrungshaushaltes sprechen können, von der Art und Weise, in der die Gesellschaft die Befriedigung des Nahrungstriebes aller ihrer Mitglieder besorgt, müssen wir von der *Ökonomie der Sexualität* sprechen, als der *Art, in der die Gesellschaft die Befriedigung des Sexualbedürfnisses regelt, fördert oder hemmt.* Es gibt einen geordneten und einen ungeordneten Stoffwechsel (Haushalt des Nahrungstriebes, ebenso gibt es einen *geordneten* oder *ungeordneten sexuellen Haushalt der Individuen.* Das hängt davon ab, wie sich die Gesellschaft mit ihren Institutionen zu dieser Befriedigung stellt.

Wir müssen die sexuelle Ökonomie des Individuums von der sexuellen Ökonomie, die die Gesellschaft einrichtet, unterscheiden. Jene hängt, von den konstitutionellen Unterschieden der einzelnen Individuen abgesehen, in der Hauptsache von der sexuellen Ökonomie der Gesellschaft ab. Geordneten und ungeordneten sexuellen Haushalt beurteilen wir klinisch nach dem Maß an Spannungsausgleich, der die psychische Apparatur der durchschnittlichen Individuen charakterisiert; ferner nach den Versuchen, die diese Apparatur unternimmt, einen Spannungsausgleich herbeizuführen. An anderer Stelle habe ich versucht, diese Kennzeichen anzugeben[1]: Genitale Befriedigung im Sinne der orgastischen Potenz und freiströmende Arbeitsleistung (Sublimierung) kennzeichnen den geordneten, sexuelle Ersatzbefriedigungen, neurotische Symtome und krampfhafte Arbeitsleistung (Leistung nach dem Vorgang der Reaktionsbildung) kennzeichnen den ungeordneten sexuellen Haushalt.

Die gesellschaftliche Ordnung des sozialen Seins bestimmt nun Quantität und Qualität des Spannungsausgleichs der psychischen Apparaturen. Mangelt es an gesellschaftlichen Möglichkeiten zur genitalen Befriedigung und Sublimierung, ist die psychische Apparatur durch Einflüsse der Erziehung derart verbogen, daß sie bereitstehende Möglichkeiten nicht auszunützen vermag, ist das Maß an Zufuhr unlustvoller Reize infolge Not und Entbehrung zu groß, so arbeitet der psychische Apparat mit Ersatzmechanismen, die den Zweck einer gewissen Entladung um jeden Preis verfolgen. Das Ergebnis sind dann Neurosen, Perversionen, pathologische Charakterveränderungen, die dissozialen Erscheinungen des Genitallebens und nicht zuletzt die Arbeitsstörungen.

Gegenüber den vielen ökonomistischen Auffassungen des gesellschaftlichen Prozesses, die die Kategorie »gesellschaftliche Basis« mit Technik und Natur, also den materiellen Lebensbedingungen allein gleichsetzen und die Bedürfnisse dem »Überbau der Gesellschaft« zurechnen, muß mit aller Eindringlichkeit betont werden, daß eine solche Auffassung als platter Ökonomismus nichts mit Marxismus zu tun hat. Einer Untersuchung über die Ideologie des Faschismus entsprechend, muß ich hier daran erinnern, daß *Marx* die Grundbedürfnisse der »Basis« zurechnet. Zwar werden Bedürfnisse durch den Fortschritt der Produktion ständig verändert und neu erzeugt; das ändert aber nichts an der kardinalen Tatsache, daß sowohl die Grundbedürfnisse von vornherein wie die erzeugten Bedürfnisse sekundär Basis-Elemente sind, als »subjektive Faktoren der Geschichte«. *Marx* schreibt in der »deutschen Ideologie« (I. Teil): »Die Voraussetzungen, mit denen wir beginnen, sind keine willkürlichen, keine Dogmen, es sind wirkliche Voraussetzungen, von denen man nur in der Einbildung abstra-

1. »Der genitale und der neurotische Charakter« (Intern. Zeitschrift für Psychoanalyse 1929). Vgl. auch »The Function of the Orgasm« (II. Aufl. 1942) »Die Funktion des Orgasmus«, 1969 und »Character Analysis« (Orgone Institute Press, III. Aufl. 1949), »Charakteranalyse«, 1970.

hieren kann. Es sind die *wirklichen Individuen, ihre Aktion* und *ihre materiellen Lebensbedingungen sowohl die vorgefundenen wie die durch ihre Aktion erzeugten.*« Das Sexualbedürfnis ist also, wenn es auch durch den gesellschaftlichen Prozeß verändert wird, ein Element der »Basis«, denn es macht ein ganz wesentliches Stück des »wirklichen Individuums« aus und bestimmt ganz entscheidend seine »Aktionen«. Die Triebpsychologie und -physiologie erforscht also Basiselemente in ihrer Wechselbeziehung mit anderen Basiselementen und gesellschaftlicher Ideologie *beim einzelnen vergesellschafteten Menschen.* Das Sexualbedürfnis (als Subjekt und Objekt der Geschichte) aus der Soziologie ausschalten, bedeutet ebensoviel, wie wenn man das Nahrungs-, Kleidungs- und Wohnbedürfnis ausschalten wollte. Nimmt man noch hinzu, daß die Produktivkraft »Arbeitskraft« im wesentlichen umgewandelte Sexualenergie ist, so bedarf es keiner breiten Ausführungen zum Beweise der Dringlichkeit der sexuellen Ökonomie.

Es bleibt die Aufgabe, zu einer Charakterologie und Theorie der Arbeitsökonomie auf Grund der sexuellen Ökonomie zu gelangen und der Pädagogik klare Ziele zu setzen. Diese Aufgabe wird nur von einer Gesellschaft geleistet werden können, die eine Wirtschaft zum Zwecke geordneter Bedürfnisbefriedigung *aller* Gesellschaftsmitglieder verwirklicht haben wird.

Da die sexuelle Misere eine Folgeerscheinung der erzwungenen Regelung des Genitallebens ist, so treffen wir sie immer dort an, wo die Rücksichten auf dauermonogame Zwangsehe das Geschlechtsleben bestimmen. Das Verhältnis der sexuellen Unterdrückung zu der des unmittelbaren sozialen Lebens der Bevölkerung (Nahrung, Wohnung, Kulturbedürfnisse), ist wie folgt bestimmt. Während die wirtschaftliche Not nur einen kleinen Teil der Gesellschaft erfaßt, ist die sexuelle Not eine alle Schichten der Gesellschaft umfassende Erscheinung. Die sexuelle Not bei der wirtschaftlich entkrafteten Klasse hat eine andere Form als bei den besitzenden Schichten. Die Not des Hungers und der Wohnverhältnisse steigert nicht nur die sexuelle Verelendung unter den Verarmten, sie nimmt ihnen neben den strengen Sexualgesetzen die Möglichkeit, die Misere durch ernstliche Hilfe zu mildern, deren Inanspruchnahme den Besitzenden uneingeschränkt offensteht. Stellen wir nun die Frage, warum die autoritäre Gesellschaft die Befriedigung des Sexualbedürfnisses (analog der Frage nach der Befriedigung des Hungers) so und nicht anders regelt, indem sie sie nämlich versagt, in bestimmte Formen, etwa in den Rahmen der monogamen Zwangsehe, preßt, bis zu einem bestimmten Alter sogar völlig unterdrückt, wie etwa in der Kindheit und Jugend, so finden wir bestimmte soziale ökonomische Interessen *dieser* Gesellschaft. Wir sehen dann, daß es nur die auf der Herrschaft des gepanzerten Menschen basierte Gesellschaft ist, die ein Interesse an der Sexualunterdrückung hat, die sie zur Aufrechterhaltung von zwei ihrer wesentlichsten Institutionen, der dauermonogamen Zwangsehe und patriarchalischen Familie, braucht. Daß sie dabei schweres sexuelles Elend, Neurosen, Perversionen, Sexualmorde usw. und dadurch beträchtliche Einschränkungen der individuellen Arbeitsleistungen erzielt, ist Nebenprodukt, nicht absichtlich von der autoritären Ordnung gewollt, aber von ihr unabtrennbar. *Die so erzeugten seelischen Störungen sind der Ausdruck gestörter sexueller Ökonomie*[1]. Es ist klar: solange die Dynamik der seelischen Erkrankungen und der neurotischen Charakterbildung und ihr Zusammenhang mit der Sexualität nicht bekannt war, konnte auch die Geschichte der sexuellen Ökonomie nicht ausgearbeitet werden. Klinische Entdeckungen auf dem Gebiet der Sexualökonomie mußten dazu erst vorliegen und sie erwuchsen ja selbst auf dem Boden der patriarchalisch-autoritären Sexualordnung, welche Neurosen und mit ihnen die Methode zu ihrer Erforschung und Behandlung schuf.

Diese Sexualordnung hat aber nicht immer bestanden, sie hat sich aus anderen Formen entwickelt, die früheren Stufen der gesellschaftlichen Entwicklung zugeordnet waren. Wenn die jeweilige Sexualökonomie auch bedeutsamen Einfluß auf die Entwicklung der Gesellschaft und insbesondere ihrer geistigen Produktion nahm, so ist sie doch selbst immer das Ergebnis einer bestimmten gesellschaftlichen Ordnung der Produktion und Verteilung von Lebensmitteln gewesen.

In der Geschichte der Menschheit schlug in einem bestimmten Verhältnis zu den wirtschaftlichen Interessen der Gesellschaft die Sexualordnung aus einer ihrem Wesen nach *bejahenden*, also die sexuelle Ökonomie der Menschen fördernden, in eine *sexualver-*

---

1. Vgl. hierzu »Der genitale und der neurotische Charakter«, *Internationale Zeitschrift für Psychoanalyse*, 1929. »Die Funktion des Orgasmus«, Köln 1969. »Charakteranalyse«, Köln 1970.

neinende und *unterdrückende*, die sexuell *ökonomische* Lebensweise der Menschen bedingende Ordnung um. Dieses historische Ereignis vollzog sich in voller Abhängigkeit von der Umwandlung der mutterrechtlichen in die vaterrechtliche, der ur-arbeitsdemokratischen in die auf Arbeit als Handelsware basierte Gesellschaft. Die naturwüchsige Gesellschaft kannte keine Sexualunterdrückung, so wenig wie sonst eine natürliche Organisation von Lebewesen. Erst das keimende Patriarchat mit seinen gepanzerten Kindern schuf all die ökonomischen Interessen, die seither die gesellschaftliche Basis für die sexualverneinende Moral und die durch sie gestörte sexuelle Ökonomie der Menschen abgeben. Aus den fortlaufend sich entwickelten Phasen der menschlichen Abhängigkeit schöpft die negative Sexualmoral ständig ihre Daseinsberechtigung, aber auch ihre Widersprüche. Sie etabliert sich schließlich in der autoritären Gesellschaft als ausgesprochen reaktionärer Faktor, wird einer der Hauptpfeiler der Kirche, bringt die unterdrückten sozialen Schichten auch sexuell in eine bestimmte Abhängigkeit zu den Großunternehmern und dem Staat und schafft, indem sie die gesamte Erziehung in und außerhalb der Familie und die gesamte Sexualforschung beeinflußt, bei den Massenindividuen von Kindheit auf seelische Strukturen völlig im Sinne der Interessen der herrschenden Klassen. Sie interessiert uns daher nicht nur akademisch-theoretisch, sondern in erster Linie praktisch vom Standpunkt der Umstrukturierung der Massen, der sie als hemmender Faktor entgegenwirkt. Denn die patriarchalische Familie wird durch die Sexualunterdrückung, die sie leistet, auch um sich selbst ideologisch zu reproduzieren, zur wichtigsten Ideologiefabrik der Pfeiler der reaktionären Gesellschaft der Hierarchie in Staat, Kirche und Unternehmertum. Sie wird deshalb von allen reaktionären Sozialphilosophen und Sexual- und Kulturforschern als *die* Grundlage des Staates mit allen Mitteln verteidigt und erschwert so die Erkenntnis ihrer reaktionären Rolle.

Der Zerfall der Zwangsfamilie geht heute noch vorwiegend unbewußt vor sich als eines der Symptome der Wandlung unserer gesellschaftlichen Organisation. Die bewußte und aktive Lenkung und Förderung dieses objektiven Zersetzungsprozesses wird erst möglich sein, wenn die soziologische Rolle der Sexualunterdrückung und der alle Individuen erfassenden Sexualverdrängung zur Gänze erkannt und in vorbeugende und erzieherische Praxis umgesetzt sein wird. Das Ziel ist die Verhütung der menschlichen Panzerung von Geburt an.

Wenn die erzwungene Ordnung des Geschlechtslebens sich auflöst, so genügen die Schlagwörter »sexuelle Freiheit«, »Sexualität ist Privatangelegenheit« usw. nicht, die sich von unserem Wollen unabhängig vollziehende, neue Selbstregulierung des Sexuallebens zu begreifen und sie unserer bewußten Lenkung zu unterwerfen. Chaos entsteht immer dann, wenn eine Gesellschaft den geschichtlichen Prozeß nicht begreift, dem sie gerade unterworfen ist, und ihn daher nicht zu lenken vermag.

Was folgt auf die erzwungene Regelung des Geschlechtslebens? Der Bürger sagt warnend voller Schreck: das sexuelle Chaos. Die Geschichte der sexuellen Ökonomie lehrt aber, daß die bisherige Zwangsregulierung, die überall Fiasko erlitt und das sexuelle Chaos erst einführte, einer anderen Platz macht, die nicht moralistisch-negativ, sondern sexual-ökonomisch-positiv und lebensbejahend ist und dadurch eine wirkliche Selbstregulierung des Sexuallebens herbeiführt.

Fassen wir die bisherigen Ergebnisse über die Gesetze der sexuellen Ökonomie, wie sie sich aus den klinischen und soziologischen Untersuchungen des Zusammenpralls von Triebbedürfnis und gesellschaftlichem Prozeß ergeben, zusammen:

1. *Die Zwangsregulierung des Geschlechtslebens* arbeitet mit Hilfe sexueller Hemmungen, die sie im Individuum von Kindheit auf verankert. Diese Hemmungen erzeugen einen unlösbaren Widerspruch, indem sie einerseits durch die Sexualverdrängung eine sexuelle Stauung bedingen und so die sexuellen Bedürfnisse steigern und sie in »sekundäre« grausame, pervertierte Triebe umwandeln, die gezügelt werden müssen, andererseits die Struktur der Person im Sinne einer verminderten bis vollends gestörten Befriedigungsfähigkeit verändern. Aus diesem Widerspruch, der eine unausgleichbare Differenz zwischen Bedürfnisspannungen und Befriedigbarkeit erzeugt, ergeben sich als energetische Ausgleichsreaktionen die sexuellen Krankheiten, Neurosen, Perversionen und unsozialen sexuellen Verhaltungsweisen.

2. Bei jedem Individuum setzt die Beseitigung dieser Widersprüche die Beseitigung der aufgezwungenen Sexualhemmung voraus. An ihre Stelle tritt die *sexualökonomische Selbstregulierung*, die Selbststeuerung des Geschlechtslebens durch die

Sexualbefriedigung, die die Zwangsregulierung überflüssig macht. Das erfolgt beim Einzelnen durch die Behebung der Panzerung und die Herstellung der *orgastischen Potenz.* Durch das sexuell ökonomische Geschlechtsleben wird den sekundären asozialen und krankhaften Regungen durch Befriedigung der primären Bedürfnisse die Energie entzogen.

3. Die sexuelle Befriedigung steht in keinem Gegensatz zur Sublimierung sexueller Triebkräfte in der Arbeitsleistung; diese setzt jene vielmehr voraus. Die Beziehung zwischen Sexualbefriedigung und Sublimierung ist keine mechanische (»je mehr Sexualunterdrückung, desto mehr soziale Leistung«), sondern eine funktionelle: Bis zu einem bestimmten Grade kann die sexuelle Energie sublimiert werden; geht die Ablenkung zu weit, so schlägt die Förderung der Sublimierung in ihr Gegenteil, eine Störung der Arbeitsfähigkeit, um.

4. Es gibt hohe Kulturen ohne Verdrängung der Sexualität, insbesondere der Genitalität, ja mit ausgesprochener Sexualbejahung und Befürsorgung für das Liebesleben ihrer Mitglieder. Die Sexualverdrängung ist also nicht die Voraussetzung der kulturellen Entwicklung und der sozialen Ordnung überhaupt.

5. Die sexualmoralische Zwangsregulierung des Geschlechtslebens und mit ihr die Sexualverdrängung setzen ein mit der sozialen Stratifizierung. Zwangsehe und Familie dienen als Schutz der Sexualverdrängung und mit Rücksicht auf diese Institutionen erhebt sich die Forderung nach vorehelicher und außerehelicher Keuschheit.

6. Bei sexualbejahender, d. h. lebensbejahender, gesellschaftlicher Organisation gibt es keine Neurosen, keine Perversionen, keine sexuelle Dissozialität, keine neurotischen Arbeitsstörungen in gesellschaftlich interessierendem Maßstab. (Das wäre der ethnologische Beweis, daß die Neurosen Ausdruck gestörter sexueller Ökonomie sind.)

7. Die von Kindheit an gesellschaftlich befürsorgte Genitalbefriedigung regelt die sexuelle Sozialität automatisch, setzt aber Nichtvorhandensein negativer Sexualmoral und sexualbejahende Erziehung von Kindheit an voraus.

8. Die sexualverneinende Moral, die sich aus der Zwangsehe- und Familiensituation ableitet, erzielt in gesellschaftlichem Maßstabe das Gegenteil des beabsichtigten: Neurosen, Perversionen und sexuelle Dissozialität.

9. Sexualbejahung und sexualökonomische Selbstregulierung der Geschlechtlichkeit charakterisieren die Urgesellschaft des Clan; die Entwicklung der patriarchalischen Familie führt die *sexualmoralische* Zwangsregulierung und mit ihr die Unterdrückung der kindlichen und jugendlichen Sexualität ein.

10. Die Entwicklung im 20. Jahrhundert beseitigt allmählich die sexualmoralische Zwangsregulierung und setzt die sozialökonomische Selbstregulierung und Befürsorgung des Geschlechtslebens wieder ein, auf höherer und bewußt sexualökonomisch gesicherter Ebene. Das wird zur Voraussetzung des Wegfalls der seelischen Erkrankungen und der sexuellen Dissozialität, aber nicht zuletzt auch zur Grundlage ihrer gesteigerten intellektuellen Entwicklung durch Freiwerden der bisher in schweren Panzerungen befangenen Lebensenergie.

3. PRODUKTION UND REPRODUKTION DER SEXUALMORAL

Wir haben bei der Ableitung einiger sexualmoralischer Grundelemente der Trobriander aus den Interessen des Häuptlings und seiner Familie das Entstehen von sexuellen Ideologien unmittelbar verfolgen können. Es bleibe offen, ob diese Art der Entstehung gesellschaftlicher Moral allgemein oder nur für bestimmte Elemente zutrifft. Fassen wir den Prozeß der sexuellen Ideologiebildung zusammen.

Bis zum Eingreifen wirtschaftlicher Interessen wird das Sexualleben beherrscht von den natürlichen Selbstregelungsgesetzen des Lust-Unlust-Prinzips. Sie verdichten sich zu gesellschaftlichen Sitten und Gebräuchen, wie etwa zum ulatile und katuyausi, die nicht gegen die sexuelle Befriedigung gerichtet sind, sondern im Gegenteil deren Sicherung dienen. Die ersten Ansätze der sexualfeindlichen Moral erscheinen als Forderung einer Gruppe in der Gesellschaft, in deren Händen die wirtschaftliche und politische Macht liegt, gegen die übrigen Mitglieder der Gesellschaft zum Zwecke der Sicherung und Steigerung dieser Macht. Die Forderung des Nutznießers wird also zur Moral des Nutzenspenders. Die *Produktionssphäre* der Moral liegt in einer Gruppe von Mächtigeren.

Zur Aufrechterhaltung der Zwangsmoral genügt aber nicht eine einmalige Forderung oder Gesetzgebung. Die ständige Einengung der Bedürfnisbefriedigung durch äußeren Zwang hätte zur Folge, daß sich die neue Moral immer wieder neu aufdrängen und durchsetzen müßte; sie hätte bei jedem erwachsenen Mitglied der Gesellschaft dauernd Widerstände zu überwinden und könnte sich so kaum halten. Sie muß sich, um ihren sozialen Zweck ganz zu erfüllen, tiefer verankern; sie muß in früher Kindheit einzuwirken beginnen, solange die Widerstände des Ichs leicht zu überwinden sind, und sie muß aus einem äußeren Anspruch der Gesellschaftsgruppe zu einer inneren Moral aller Gesellschaftsmitglieder werden. Auf welche Weise geschieht das? Indem sie die Charakterstruktur der Massenindividuen verändert. Diese Veränderung geht in der Sexualsphäre vor sich mit Hilfe sexueller Strafangst. Die Angst vor Strafe für sexuelle Vergehen kann den sexuellen Antrieb nur dann auf die Dauer unterdrücken, wenn sie ihn dem Bewußtsein entrückt, das heißt verdrängt, und Gegenkräfte gegen ihn mobilisiert und in der Persönlichkeit fest einbaut. Der Konflikt, der sich ursprünglich zwischen einem sexuellen Ich und einer sexualfeindlichen Außenwelt abspielte, wird dadurch zu einem Konflikt zunächst zwischen einem Ich, welches Angst vor Strafe hat, und einem Ich, welches bewußt nach der Sexualbefriedigung verlangt, um schließlich zu einem (vorübergehend) stabilen Zustand eines moralischen Ichs überzugehen, das eine verdrängte Sexualregung dauernd niederhält. Das früher lustbejahende Ich wurde selbst sexualablehnend, moralistisch. *Die gesellschaftliche Moral hat sich im Individuum reproduziert.* Von jetzt ab sind alle Individuen *gepanzert*, d. h., bioenergetisch gesehen, starr und der Lustangst ausgesetzt, die wiederum für sie zur orgastischen Impotenz führt. Da das bei allen Individuen, die der gleichen sexualverneinenden sozialen Situation unterworfen sind, der Fall ist, da diese so veränderten Individuen auf ihre Nachkommen bewußt sicher nicht im Sinne ihrer verdrängten, sondern ihrer moralischen Haltungen einwirken werden, da ferner die bestimmte soziale Situation fortbesteht und die moralischen Forderungen der herrschenden sozialen Schichten ständig neu produziert, so daß auch der äußere gesellschaftliche Druck fortwirkt, ist die Sexualverneinung, -verdrängung und Charakterpanzerung dreifach gesichert und mit ihr sind es auch die Interessen der sozialen Unterdrückung des Lebendigen.

Produktion und Reproduktion der Zwangsmoral sind also auseinanderzuhalten; jene zeigt sich als »kulturelle« Forderung, diese in allen Gesellschaftsmitgliedern als individuelle Moral, konkret gesehen als Panzerung. Die Beziehung der sozialen Basis zum ideologischen Überbau ist also keine unmittelbare, sondern die Ideologiebildung erfolgt durch viele Zwischenglieder hindurch, die wir etwas schematisch wie folgt aufstellen können:

1. Bestimmte Entwicklung der Gesellschaft und dementsprechende soziale Beziehungen unteinander.
2. Bestimmte wirtschaftliche Interessen einer Gesellschaftsgruppe oder Klasse.
3. Dementsprechende moralische Forderungen an die Gesellschaftsmitglieder.
4. Einwirkung dieser Forderungen auf die Bedürfnisse der Massenindividuen, Einschränkung der Bedürfnisbefriedigung, Erzeugung sozialer Angst usw.
5. Verankerung der moralischen Forderungen der Gruppe in den Massenindividuen durch Umwandlung ihrer Bedürfnisse, durch Veränderung ihrer charakterlichen Strukturen im Sinne der neuen Moral: ständige Reproduktion durch Verinnerlichung der Forderungen.
6. Innerliche Akzeptierung der Zwangsmoral durch die Massenindividuen; Charakterpanzerung, individuelle Ideologiebildung, die bei der Summe der Massenindividuen wieder zur (reproduzierten) gesellschaftlichen Zwangsmoral wird.

Diese gesellschaftliche, in allen Individuen verankerte und sich ständig reproduzierende gesellschaftliche Moral wirkt dann auf die sozialökonomische Basis im konservativen Sinne zurück: Der Ausgebeutete bejaht selbst die Wirtschaftsordnung, die seine Ausbeutung garantiert; der sexuell Unterdrückte bejaht oder duldet hilflos selbst die Sexualordnung, die seine bioenergetische Befriedigung einschränkt und ihn krank macht, und er wehrt selbst irgendeine Entwicklung gefühlsmäßig ab, die seinen Bedürfnissen entspräche. So erfüllt die Zwangsmoral, durch den Prozeß der Panzerung, ihren soziologisch-ökonomischen Zweck.

Betrachten wir das an einem heute sehr aktuellen Beispiel: Die reaktionäre Gesellschaft verteidigt die Aufrechterhaltung der Sexualverdrängung mit allen ihm zu Gebote stehenden Mitteln. Sie hebt aus Gründen der Lebensunterbindung den Abtreibungsparagraphen nicht auf, obwohl sie durch ihn den ursprünglichen Zweck der Erzeugung von industriellen Reservearmeen nicht

mehr erreicht. Sie bekämpft die Propaganda der Empfängnisver-
hütungsmittel und engt die Funktion der Sexualität auf die Fortpflanzung ein; sie stemmt sich auch mit allen Kräften gegen eine
Ehereform. Sie unterdrückt nach wie vor die jugendliche Sexualität. Sie wird mit der Prostitution und den Geschlechtskrankheiten
nicht fertig, weil ihr die »Sittlichkeit« der Frauen und Mädchen
wichtiger ist.

Die gesellschaftliche Sexualverdrängung und Charakterpanzerung sind nämlich ein reaktionärer Faktor von großem Gewicht;
auf ihre retardierende Wirkung in der autoritären Gesellschaft
kann nicht verzichtet werden, denn:

1. Sie stützt als mächtige Kraft jede reaktionäre Institution, die
   sich mit Hilfe der Sexualangst und des sexuellen Schuldgefühls
   in den ausgebeuteten Massen zutiefst verankert.

2. Sie stützt die Zwangsfamilie und -ehe, welche zu ihrem Bestande Verkümmerung der Sexualität erfordert.

3. Sie macht die Kinder den Eltern und auf diese Weise später die
   Erwachsenen der staatlichen Autorität hörig, indem sie in allen
   Massenindividuen Angst vor der Autorität erzeugt.

4. Sie lähmt die intellektuelle kritische Kraft und Initiative des
   unterdrückten Individuums, denn die Sexualverdrängung ver-
   braucht viel Bioenergie, die sonst intellektuell und emotionell
   in rationaler Form erscheinen würde.

5. Sie schädigt bei vielen, sehr vielen, die bioenergetische Agilität,
   macht gehemmt und lähmt die auflehnenden Kräfte im Individuum, sich gegen soziale Übelstände aufzulehnen.

Das alles zusammengenommen bedeutet die *ideologische Verankerung des herrschenden autoritären Systems in den charakterlichen Strukturen der Massenindividuen* und dient so der Unterdrückung des Lebendigen. Das ist der soziologische Sinn der Sexualunterdrückung der von politischen Machtgruppen beherrschten Gesellschaft. Es gehört nicht viel Bildung, sondern nur ein
wenig intellektueller Mut dazu, zu erkennen, daß solche Mächte
den Kolonialvölkern den christlichen Glauben, die Kleidung und
die »Sittlichkeit« nicht aus Besorgtheit um die Kultur bringen,
sondern weil sie in den einzelnen Individuen den Geist des Kulis
verankern, sie überdies mit Alkohol schwächen und dienstbar
machen wollen. Und diese Verankerung der Versklavung in den
charakterlichen Strukturen des Primitiven, die Aufseher und Poli-
zeiknüppel sparen soll, gelingt am besten durch die Unterjochung
der Kraft, die befriedigter Genitalität entspringt.

166

Konnte man den soziologischen Sinn der Sexualverdrängung finden, so kann es nicht schwer sein, auch die Widersprüche zu entdecken, die sie erzeugt und die sie selbst zerstören. Festigt nämlich die Sexualverdrängung auf der einen Seite jede Form autoritärer Herrschaft, so untergräbt sie sie gleichzeitig durch die sexuelle Misere, die auf dieser Grundlage entsteht. Macht sie die Jugend charakterlich den Erwachsenen botmäßig, so erzeugt sie auf der anderen Seite die sexuelle Rebellion der Jugend. Die Widersprüche der Sexualunterdrückung suchen eine Lösung in der sexuellen Krise, die die autoritäre Gesellschaft ungefähr seit der Jahrhundertwende in ständig steigendem Maße erfaßt. Sie schwankt in ihrer Intensität mit den wirtschaftlichen Krisen, von denen sie auch unmittelbar abhängt. Die Verschlechterung der materiellen Lage der Massen lockert nicht nur die familiären und ehelichen Fesseln der Sexualität, sie treibt mit der Rebellion des Nahrungstriebes auch die der sexuellen Bedürfnisse hervor. Das ist die einfache Erklärung für die Theorie vom »Niedergang der Moral« in Krisenzeiten. Es ist bezeichnend, daß die reaktionären Mächte in der wirtschaftlichen Krise den sexualreaktionären Druck auf die Massen bis zum blutigen Terror verstärken. Die Botschaft des Papstes über die christliche Ehe Ende 1930 gehört in diesen Zusammenhang von materieller und sexueller Rebellion. Ebenso etwa der gewaltsame Zusammenstoß der tschechischen Staatsgewalt mit den Mitgliedern von Wandervereinen im Mai 1931, denen der Staatsanwalt das Übernachten in Zelten ohne Trauschein untersagt hatte. Der Zusammenstoß hatte viele Verwundete gekostet. Hier enthüllte sich die Sexualreaktion kraß und zum ersten Male in dieser Form.

Die gesellschaftliche Sexualunterdrückung untergräbt sich also selbst, indem sie eine sich ständig steigernde Divergenz erzeugt zwischen sexueller Bedürfnisspannung und äußerer Befriedigungsmöglichkeit sowohl wie innerer Befriedigungsfähigkeit. Soziale Erscheinungen wie etwa das sogenannte »Jugendvergehen« sind direkter Ausdruck der sexuellen Krise. In vielen Fällen bedeutet »Jugendvergehen« nichts weiteres als die Umarmung vor dem gesetzlich erlaubten Genitalakt.

Es steht außer Zweifel, daß die gesamte Menschheit seit Beginn des 20. Jahrhunderts in eine völlig neue Phase gesellschaftlicher Umwälzungen getreten ist. Das Leben hat gegen jede Form von Unterdrückung zu rebellieren begonnen. Die Menschenmassen, sich ihrer Natur und Ziele noch unbewußt, irregeführt durch die Dummheiten unwissender und beschränkter Politiker, ohne Führung und daher chaotisch, sind auf der sozialen Bühne erschienen und verlangen jetzt ihr Recht auf ein *glückliches Leben*. Veraltete und erschöpfte politische Systeme mögen noch eine Zeitlang das echte Streben der Menschen mißbrauchen und irreführen. Trotzdem kann es über eines keinen Zweifel mehr geben: *Die sexuelle Revolution schreitet fort*, und keine Macht der Erde wird sie aufhalten können. Was sie braucht, ist rationale Lenkung, zu ihren Zielen zu gelangen.

II. Roheims »Psychoanalyse primitiver Kulturen«

1. ROHEIMS METHODE DER ETHNOLOGISCHEN FORSCHUNG

Im Frühling 1929 unternahm der ungarische Ethnologe und Psychoanalytiker *Roheim* mit Unterstützung der Prinzessin Marie Bonaparte eine Expedition nach Australien und New-Guinea. Das Ergebnis dieser mehrjährigen Expedition liegt nunmehr in einem vorläufigen Bericht, der einige hundert Seiten umfaßt, vor[1]. Die Ergebnisse seiner Forschungen, soweit sie nicht nur Beobachtungen wiedergeben, sondern zur Theoriebildung fortschreiten, werden nur verständlich, wenn man den Grundzug der Methode erfaßt, die R. anwandte, um, wie er beabsichtigte, der psychoanalytischen Ethnologie »eine solide Basis« zu geben.

R.'s Motiv der Expedition war, wie er schreibt, diejenigen Theorien zu entkräften, die an Hand mutterrechtlicher Organisationen das allgemeine Vorkommen des »Ödipuskomplexes« leugnen. R. will also die Allgemeingültigkeit dieses Komplexes, d. h. seinen *biologischen* Charakter, beweisen. Und dies wird zur Urquelle seiner Fehler. Er wendet sich gegen *Malinowski*, der auf Grund der Erforschung einer mutterrechtlichen Gesellschaft den Standpunkt vertrat, daß der Kind-Eltern-Konflikt, der von *Freud* in der patriarchalischen Gesellschaft erforscht wurde, eine gänzlich verschiedene Struktur zeigt, wenn man eine mutterrechtliche Gesellschaft studiert.

Ob man dann die kindlichen Konflikte noch mit dem Ausdruck »Ödipuskomplex« bezeichnet, wenn der eigentliche Erzieher nicht der eigene Vater, sondern der Mutterbruder ist, und auch die übrigen Verhältnisse andere sind, oder ob man von »Ödipuskomplex anderer Form« spricht, ist eine Frage von sekundärer Bedeutung. R. hatte aber den Vorsatz mit auf die Reise genommen, nachzuweisen, daß der Ödipuskomplex, in der Form, wie *Freud* ihn in Europa fand, eine allgemeine biologische Tatsache sei. Auf Grund der Forschungen *Malinowskis* hatte auch ich die *biologi-*

---

1. Roheim: »Die Psychoanalyse primitiver Kulturen«, Imago, 1932, H. 3/4.

sche Natur des uns bekannten typischen Kind-Eltern-Konfliktes bestritten.

R. versucht nun, mit Hilfe der psychoanalytischen *Deutungs*technik die Kultur der Primitiven zu ergründen, und er glaubt dies tun zu können, indem er die Gesellschaft, ihre Kultur und Zivilisation mit einem Individuum gleichsetzt. Dazu ist zu sagen: Die Untersuchung einer gesellschaftlichen Organisation ist mit der psychoanalytischen *Deutungs*methode nicht zu führen, denn die Gesellschaft hat keinen Trieb, kein Unbewußtes, kein *Über*-Ich, kein Seelenleben. Sie konstituiert sich aus gesellschaftlichen Beziehungen *zwischen* den Menschen, die einen psychischen Apparat bestimmter Struktur besitzen. Nur diese Charakterstruktur der Menschen kann psychoanalytisch untersucht werden, und sofern die Ergebnisse dieser Untersuchung einen typischen, also massenpsychologischen Tatbestand betreffen, erklären sie auch die Struktur der betreffenden gesellschaftlichen Ideologie.

Die Menschen bilden zwar die Gesellschaft und schaffen die gesellschaftlichen Inhalte des Lebens, aber sie schaffen sie nur unter bestimmten äußeren Bedingungen (wirtschaftlichen, klimatischen, geographischen etc.), sind also in ihren Willensäußerungen beschränkt; darüber hinaus verselbständigen sich die von ihnen geschaffenen gesellschaftlichen gegenseitigen Beziehungen mit eigener, eben *soziologischer* Gesetzlichkeit, denen die Menschen dann unterliegen. Die Soziologie ist im wesentlichen die Lehre von den die Menschen beherrschenden, von ihnen unabhängigen gegenseitig wirkenden Gesetzen des gesellschaftlichen Seins, die außerpsychisch, biosoziologisch sind. Wer sie zugunsten der psychischen Kräfte übersieht, ist Psychologist; wer die psychischen Strukturen der Menschen ausschaltet, wie es zum Beispiel die russischen Diktatoren tun, muß Ökonomist werden und einem mystischen Soziologismus verfallen.

R. leugnet nicht nur die grundlegende Funktion der biosoziologischen Gesetze; seine Deutungstechnik ist von derart primitiver Art, ähnelt so sehr der »Kunst« der wildesten Analytiker, daß man ihn auch als Psychoanalytiker ablehnen muß.

»So wie der Analytiker bei der therapeutischen Analyse durch Deutung der Übertragung imstande ist, die ursprüngliche infantile Libidoorganisation zu rekonstruieren, so kann der ethnologisch forschende Analytiker aus den Übertragungsträumen (der Primitiven) erkennen, wie die Libidoorganisation und der Charakter eines Volkes beschaffen ist,« heißt es auf S. 308/309. Zunächst ist richtigzustellen, daß wir die infantile Libidoorganisation unserer Analysanden nicht durch Deutung rekonstruieren, wie *Roheim* es tut, sondern unsere Deutung faßt bloß unbewußtes Material, das der Analysand bot, zusammen und verleiht ihm die Sprache des Bewußtseins. Ohne unbewußtes Material gibt es keine Deutung. Alles andere ist wilde Analyse. Zur Rekonstruktion der kindlichen Vorgeschichte ist die wirkliche Reproduktion der Kindheit in Erinnerung und Aktion notwendig. R. analysiert die Träume des »Eingeborenen X, zugleich aber eine menschliche Gesellschaft, nämlich die, der X. angehört« (S. 317). Nehmen wir einen Augenblick an, daß es statthaft wäre, die Struktur der Gesellschaft aus der Struktur der Träume zu erschließen, statt umgekehrt die Struktur der Träume aus der Struktur der Gesellschaft, die die Triebstruktur des Individuums bestimmt; dazu würde doch zuallererst die freie Assoziation gehören; aber nicht einmal dies bringt der Primitive zustande, aus dessen Träumen R. die Möglichkeit zu schöpfen glaubt, im Gegensatz zu den Soziologen, »die Formel für den unbewußten Wunsch zu finden, durch den jede Gesellschaftsstruktur determiniert ist, ebenso wie jedem Traum und jeder Neurose ein System solcher unbewußter Wünsche zugrunde liegt« (S. 320). »Einen Primitiven aber kann man unmöglich zum freien Assoziieren bewegen, man kann nichts anderes tun als warten, bis er es einmal unwillkürlich tut.« Wir können *Roheim* für den schlechten Dienst, den er hier mit seiner »Methode der Kulturforschung« der Psychoanalyse leistet, ganz und gar nicht dankbar sein. Wir mühen uns in schwerer Arbeit ab, unsere Analysanden zur freien Assoziation zu bringen, um ihre Kindheit zu rekonstruieren, und *Roheim* erschloß aus *einem* Primitiven, der zur freien Assoziation *nicht* bereit war, eine ganze Kultur.

»Man mag also ruhig von der Methode der freien Assoziation Gebrauch machen, um ein vollständiges Bild der zu untersuchenden Kultur zu erhalten«, um dann nur zu bestätigen, was schon vorher angenommen war.

Machen wir uns einen Augenblick klar, wozu die ethnologische Forschung dient und was sie will, um voll zu begreifen, was R. mit seiner Methode unternahm. Die Menschen stehen dauernd im Kampfe um günstigere Lebensformen, um bessere Naturbewältigung, um ein wenig Klarheit über ihr gegenwärtiges Sein. Kennt man die Geschichte der Vergangenheit, so hofft man, mit der Gegenwart besser und leichter fertig werden zu können. Die alltägliche Praxis drängt zur Forschung, um die neue Praxis besser zu leisten. Wir sind daran interessiert, die alten Wirtschaftsformen und Familienformen zu erforschen, um den Gang der gesellschaftlichen Entwicklung, dem wir unterworfen sind, zu verstehen, ein wenig zu lenken und schließlich meistern zu können. R. ist über derartige Dinge erhaben: »Alle Veröffentlichungen dieser Schule (»functional school«), mögen sie nun Kanus betreffen, Heirat, Magie oder Handel, kommen, wie es uns scheinen will, umgekehrt zum gleichen Schluß, nämlich, daß das in Rede stehende Phänomen das Strukturelement einer Ganzheit ist, im sozialen Mechanismus eine wohldefinierte Funktion erfüllt und mit anderen sozialen Phänomenen in Wechselwirkung steht. Von Weisheiten so selbstverständlicher Art werden wir schwerlich befriedigt sein.« R. kommt es natürlich auf den berühmten unbewußten Wunsch der Kultur an! Die ethnologischen Schulen leiden gewiß an schweren Mängeln der Untersuchung. Sie kommen meist über die reine Beschreibung nicht hinaus, sehen *nur* die wirtschaftlichen Beziehungen, und diese nur psychologistisch; sie können keinen Prozeß angeben, der die gesellschaftliche Entwicklung beherrscht; sie sind auch weit entfernt von der sexualökonomischen Fragestellung, wie und mit welchen Mitteln sich das biologischgesellschaftliche Sein in Charakterstruktur umsetzt und wie diese gewordene psychische Struktur der Menschen auf die gesellschaftlichen Beziehungen, aus denen sie hervorging, rückwirkt. Das wäre eine funktionelle, bioenergetische Fragestellung, die ihrem Denken ungewohnt und ihrem Empfinden unbehaglich ist. Aber R. geht weit hinter diese Leistung der Ethnologen zurück, er verwirrt die Erscheinungen, mystifiziert sie, bemerkt das Oberflächlichste nicht, wie zum Beispiel die biosoziale Funktion des *Mwadare* als eines primitiven Güteraustausches, der sich der Heiratsbeziehungen bedient: er sieht nichts als Symbole und verrät dadurch wie jeder, der wilder Symboldeuter ist, seinen tiefen Zweifel selbst an den Wirklichkeiten des *seelischen* Prozesses.

Man wird sagen, daß ich übertreibe. Ich bin im Interesse der entscheidend wichtigen Rolle der Tiefenpsychologie in der soziologischen Forschung bemüht, *nicht* zu übertreiben, im Gegenteil, aus den Fehlern eines Fachethnologen wie R. zu lernen, welche Fehler man vermeiden muß und wie wichtig methodologische Sauberkeit in der biosoziologischen Geschichtsforschung ist.

Ich will nun einen von *Roheim* analysierten Traum eines Primitiven vorbringen und zu zeigen versuchen, was alles dieser Traum enthüllt, wenn man nicht »Übertragungen deutet«, sondern zunächst den Traum in seinem sozialen Milieu sieht.

Der christliche Häuptling von *Loboda*, *Doketa*, erzählt R. einen Traum, aus dem die Kulturgeschichte auf der *Normanby*-Insel erschlossen wird.

»Ich ging mit *Gomadobu* angeln. Wir fingen einen *quadovara* und zogen ihn heraus. Bei *Bwaruada* gingen wir an Land und schnitten den Fisch auf, und er kochte, als die Kirchenglocken läuteten. Mr. Walker sagte: ›Laßt Euren Fisch, er wird auf Euch warten; geht erst zur Kirche, dann kommt zurück und eßt.‹ Dann kamen wir zurück und *Gomadobu* schnitt den Fisch in Stücke. Ich erhielt den Rumpf und sagte: ›Gib ihn unseren Freunden.‹ Aber *Gomadobu* sagte: ›Der Rumpf ist Dein Teil, ich gebe ihn Dir, unsere Freunde werden ihren Teil später abbekommen.‹«

R. versucht eine komplizierte Rekonstruktion der kindlichen Vergangenheit *Doketas* zu geben, daß er die Eltern beim Koitus belauschte, den Vater töten wollte etc. etc. Es gibt keine Möglichkeit, nachzuprüfen, ob R.s Deutungen richtig sind; im Zusammenhange kultureller, biosoziologischer Forschung ist das aber auch nicht wichtig. Man lese S. 305–308 des Berichtes nach und wird feststellen, wie sehr diese Ergebnisse zu bezweifeln wären, selbst wenn R. *Doketa* einer regelrechten Analyse unterzogen hätte.

Versuchen wir den Traum aus dem Lebensmilieu und den aktuellen Konflikten des Träumers zu verstehen. Wir sind bescheidener als R., denn wir maßen uns nicht einmal an, über das aktuelle und leicht faßbare soziale Milieu hinaus in die kindlichen, individuellen Konflikte *Doketas* einzudringen, der keine Einfälle bringt. Doch ist bei Kenntnis der groben aktuellen Anlässe ein Verständnis der im Traum erscheinenden *aktuellen* Konflikte möglich. Wir werden sehen, daß wir im latenten Sinn des Traumes auch solche Elemente finden, die kein Europäer aufbringt.

Malinowskis Forschungen, auf die ich meine ethnologische Begründung der sozialen Sexualökonomie stütze, ergaben, daß der Primitive unter zwei schweren typischen Konflikten leidet, die sich aus der einsetzenden Änderung der sozialen Organisation ableiten; Konflikten also, die einmal entstanden sein mußten und mit der weiteren Veränderung der sozialen Organisation auch Inhalt und Form ändern müssen. Der eine, wirtschaftliche Konflikt ist der *Druck des Heiratstribut*s eines Clans auf den anderen, in dem ich eine Vorstufe der späteren privatwirtschaftlichen Situation des Güteraustausches zu erkennen glaubte; R. beschreibt den Austausch des Heiratsgutes und auch den emotionellen Konflikt dabei sehr genau, ohne zu ahnen, was er beschreibt. Die jährlichen Heiratsabgaben erfolgen unter dem Scheine allergrößter Freundschaft als Liebesgaben, sind aber begleitet von wüsten *rituellen* Beschimpfungen des Gabenempfängers.

In seinem Buch »Psychoanalyse primitiver Kulturen« beschreibt *Roheim* den Verteilungsritus bei den Papuas im Duaugebiet. Er stimmt nicht nur wesentlich mit dem von *Malinowski* beschriebenen überein, sondern ergänzt in den *Roheim*schen Berichten unsere Kenntnis von den psychischen Konflikten, die die Abgabe des Heiratsgutes begleiten.

»Es ist kein Zweifel«, schreibt *Roheim*, »daß die Güterverteilung (food distribution) das führende Symptom der Papua-Zivilisation im Duaugebiet ist.« Das *Mwadare* ist ein Fest, das entweder von der Schwester des Mannes seiner Frau oder von seiner Frau seiner Schwester gegeben wird. Es besteht in einem kompliziert ausgebauten Zeremoniell der Überreichung von Produkten des Gartenbaus. Hinter der formellen Überreichung wirkt der ganze dazugehörige Clan mit. Seinem Wesen nach ist das *Mwadare* ein ritueller Güteraustausch zweier verschiedener Totemgruppen, wobei die Schwester des Gatten den einen, seine Frau den andern Clan repräsentiert. Offiziell dienen diese Festlichkeiten der Güterübertragung der Manifestation des guten Willens der zwei in Heiratsbeziehung zueinanderstehenden Clans. Die beiden Gruppen überbieten einander an Hochherzigkeit, in Wirklichkeit dringt der gegenseitige Argwohn und Haß aus jedem Detail der Zeremonie. *Roheims* Gewährsmann sagte: »*Mwadare Gidemusa seija*«, d. h. *Mwadare* ist wie ein Krieg, bei dem jeder Kämpfer seinen besonderen Gegner hat. Wie schwer der Clan, der gerade Tribut leistet, seine Pflicht empfindet, bezeugen die Gesänge, die die feierliche Handlung begleiten. Während aller Ehrgeiz darauf gerichtet zu sein scheint, nicht geizig zu erscheinen, ein besonders reichliches *Mwadare* zu leisten, kommt in den Gesängen das gerade Gegenteil zum Ausdruck, der heiße Wunsch, die Yamshütte sollte doch nicht so groß, die Yamshaufen sollten kleiner sein usw. Ein Lied hat folgenden Text:

> *Boe Kotona*
> Held sein Nacken
> *Janoujama*
> Ich habe zurückgezogen
> *Janu hetu hetunani*
> Ich ziehe, um es kürzer zu machen
> *Ni ketaurina*
> Dieses Füllen (mit Yams)
> *Tuna heta siwenaja*
> Voll geht es über
> *Ija, ija, ijo, ijo.*

Mit diesem Liede, das offen den Wunsch ausspricht, das Yamshaus sollte kürzer (kleiner) sein, um es leichter füllen zu können, wird das Fest eingeleitet. Während das Yamshaus gefüllt wird, werden unausgesetzt Lieder gesungen, die von Angst und Trauer handeln, von Katastrophen und Wünschen, Kinder möchten nicht geboren werden usw. Am Ende entsteht nach dem Bericht *Roheims*, der Augenzeuge der Prozedur war, ein großer Streit, alles in Form von zeremoniellen Gesängen, in denen die zwei Parteien einander schwere Vorwürfe zu machen scheinen, daß die Früchte nicht gut und nicht reichlich sind; Gegenvorwürfe folgen. »*Mwadare* ist wie ein Krieg.«

Der zweite, sozialökonomische Konflikt betrifft die *Einschränkung der genitalen Freiheit;* diese Einschränkung vollendet sich bis zu einem bestimmten Zeitpunkt sowohl durch die sich entwickelnde patriarchalische Familienorganisation als auch noch grausamer durch die Kirche, die die hohe Sexualkultur der Primitiven bewußt ausrottet, um den mystischen Glauben zu verankern. Der sexuelle Konflikt ist im Traume klar zum Ausdruck gebracht, der wirtschaftliche ist nur angedeutet. Ich weiß nicht, welche Rolle auf Loboda die Fischerei wirtschaftlich spielt. Mag sein, keine. Klar ist jedenfalls, daß die Wahl des Penissymbols (Fisch) irgendwie begründet sein muß, und das ist sie immer, auch bei uns, vorwiegend durch die soziale Bedingung. Ein Primitiver wird wohl kaum einen Regenschirm oder Zeppelin als Symbol des männlichen Organs benützen, auch keine Speckwurst, aber viel häufiger als ein Zentraleuropäer den Fisch, besonders wenn die Fischzucht die Ernährungsbasis ist. Das ist entscheidend; denn was R. unbekannt zu sein scheint, in den klinischen Analysen ist nicht wichtig festzustellen, daß ein Symbol den Penis meint; das ist einfach; wichtig aber ist zu erfahren, weshalb der Träumer gerade dieses und kein anderes Symbol zur Darstellung wählte. Hätte sich R. diese Frage vorgelegt, er hätte der Psychoanalyse manche Blamage mit seinem Buch erspart. »Der Fisch kochte, als die Kirchenglocken läuteten.« R. geht auf die »Kirchenglocken«, das nächstliegende Erlebniselement bei einem primitiven Volke, das den Druck der Kirche gegen das Glücksgefühl in der genitalen Umarmung erst vor nicht langer Zeit zu spüren bekam, gar nicht ein. Dennoch ist gerade dieses Element im Traume das wichtigste, nicht nur um zu erfahren, wie die Kultur des Landes aussieht, sondern auch wie sich die Einführung der Kirche auf die Charakterstruktur der Einwohner auswirkte. In *diesem* Zusammenhange, und nur in diesem, begreifen wir ein Stück des Traumes. Der Sinn ist: »Wenn unser Penis ›kocht‹, dann läuten gerade die Glocken«, d. h. »wenn wir genital erregt sind und uns befriedigen wollen, ruft der Geistliche in die Kirche, hindert er unser Glücksgefühl: ›geht erst zur Kirche‹.« Das Kochen des Penis ist ein Zeichen sexueller Erregung, verständlich und sinnvoll nur in diesem Zusammenhange. R. findet richtig heraus, daß er mit dem Geistlichen identifiziert wird, auch daß der Primitive Aggression gegen ihn empfindet, aber, da er keine soziale Atmosphäre kennt, übersieht er, daß diese Aggression eine Riesenbedeutung hat, daß er dem Primitiven die ganze weiße Kultur verkörpert, die dieser haßt und fürchtet zugleich. R. ist nur daran interessiert, daß der Primitive »seine Aggression gegen sich selbst wendet« (offenkundig aus »Todestriebtendenzen«!). »Er erzählt mir, daß er mir einige magische Heilmittel vorenthalten habe.« Nein, der Primitive hat den Haß gegen den Pfarrer ganz bewußt, er *fürchtet* R. (deshalb keine Assoziationen zu den Träumen), und versucht ihn zu *beschwindeln,* indem er ihn besänftigt, ihm ein Geständnis macht; er weiß nur zu gut, daß die Weißen so sehr an den magischen Mittelchen interessiert sind. Die will er sich nicht rauben lassen. In der Tiefe dürfte das Ganze wieder auf die Angst vor der Strafe für sexuelles Tun zurückgehen. Doch wir wollen nicht *Roheim*sche Fehler machen und hier lieber abbrechen.

Der zweite, soziologisch-wirtschaftliche Konflikt erscheint in dem Traumelement, wo von der Teilung des Fisches (sicher neben der Kastrationsbedeutung) die Rede ist. *Doketa* berührt selbst, ohne daß R. es ahnt, das Thema des Heiratsgutes, dessen soziologische Aufhellung R. mir so sehr verübelt: »Überdies weiß jeder, daß es hohe Zeit wäre, das *Sagari* (Festverteilung von *Yams*) für *Lobe-senni* (den Schwiegervater) zu bereiten. Aber er enthält es ihm vor, da er die *Yams* seines eigenen Gartens für das Trauermahl seiner Schwester braucht ... So lange wie möglich hält er mir gegenüber mit den magischen Heilmitteln zurück, wie mit den Erzeugnissen seines Gartens gegenüber seinem Schwiegervater. Im Traum ist dies durch das Gegenteil dargestellt: Freigebig bietet er den besten Teil des Fisches seinen Freunden an.« (S. 305 bis 306)

Die Verkehrung im Traum gibt nur eine Verkehrung im realen Leben dieser Primitiven wieder, und dahinter eine gesellschaftliche Tragödie: den ersten wirtschaftlichen Zwang der Menschheit, die Abgabe von Heiratsgut. Ich weiß nicht, da R. es nicht erwähnt, ob der betreffende Stamm noch mutterrechtlich oder bereits vaterrechtlich organisiert ist. Man möchte das letzte annehmen, sonst hätte *Doketa* als Gatte nicht an den Schwiegervater zu liefern, sondern bekäme selbst Heiratsgut von dem Bruder bzw. der Familie seiner Frau wie bei den Trobriandern. Wir sehen also: Die *soziale Struktur der Gesellschaft ist in der charakterlichen Struktur des Primitiven dieser Gesellschaft in bestimmter Weise reproduziert*, ebenso das bereits herrschende moralistisch-kirchliche System.

Da R. mit der Vorstellung von einem unabänderlichen, ewigen, immer und überall in gleicher Weise formierten Kind-Eltern-Konflikt auf die Expedition ging, erfuhr er nicht nur nichts über die spezifischen Unterschiede zwischen der Struktur des Primitiven und der unsrigen, was ja auch sehr lehrreich wäre, sondern er übersah auch die wichtigsten Bestandteile der sozialen Organisation. Die individuellen Konflikte *Doketas* sind *ethnologisch* uninteressant; wichtig wären für eine differenzielle Psychologie der Massenstruktur *typische* Differenzen. Hätte uns R. nur das gebracht, wir wären ihm dankbar gewesen. Er aber meint:

»Nach meiner jetzigen Auffassung wird es dereinst auf Grundlage ähnlicher Forschungen möglich sein, eine psychologische Klassifikation der Menschheit aufzustellen und die einzelnen Völkerschaften nach Graden der Primitivität zu ordnen.«

Das wird mit dieser Methode nicht nur nicht möglich sein, sondern wird die Psychoanalyse als Instrument der Ethnologie restlos unbrauchbar machen: »Die Kultur entsteht aus der *genitofugalen* Libidoströmung.« Es ist für den Bio-Soziologen interessant zu sehen, wie jede derartige These verkehrt ist und in der Luft hängt. Wäre die Psychoanalyse nicht ein glänzendes Instrument der Forschung, würde nicht sogar R. ungewollt einen wichtigen neuen Gesichtspunkt berühren, ohne es zu wissen, wir würden uns nicht abmühen, seine Deutungen nachzuprüfen.

Im Winter 1926 besuchte *Roheim* mich, und wir diskutierten einige Stunden lang über ethnologische Fragen. Wir verstanden uns unter anderem in einem wesentlichen Punkte nicht. Wir sprachen über die Symboldeutung und im Zusammenhange damit über die analytische Deutung der Entstehung der Werkzeuge. Ich vertrat die Anschauung, daß eine Axt zunächst aus rationalen Motiven geschaffen würde, nämlich um Holz leichter zu spalten, daß sie dann sekundär auch Symbolbedeutung gewinnen könne, aber nicht unbedingt müsse. Ein Baum oder ein Stock könne, müsse aber im Traume nicht einen Phallus bedeuten. Falsche Handhabung der Symboldeutung helfe nur den Gegnern der Psychoanalyse, ganz besonders dort, wo es sich um biologisch-gesellschaftliche, rationale Tätigkeit handle. Flugzeuge würden zur besseren Bewältigung von Zeit und Raum gebaut; daß sie zu phallischen Symbolen in Träumen werden, wäre nur individuell psychologisch wichtig, nicht aber soziologisch. *Roheim* dagegen war der Ansicht, daß eine Axt ein Penissymbol sei, als solches geschaffen würde, daß das Rationale sekundär wäre, und in Wirklichkeit wäre alle Produktion von Werkzeugen nichts als Projektion unbewußter Symbolismen. Ich verdanke dieser Unterredung eine fruchtbare Klärung der Beziehung des Rationalen zum Irrationalen, die ich einige Jahre später veröffentlichte[1]. Aber gleichzeitig wurde mir die unüberbrückbare Kluft zwischen metaphysischer und wissenschaftlicher Psychoanalyse klar. Im Grunde geht auch heute der Kampf um die Frage, ob eine Axt nur ein Penissymbol sei und nichts als das, oder höchstens noch sekundär ein Produktionswerkzeug; oder ob das Motiv der Axterzeugung zunächst ein rationales sei, nämlich ein Stück Welt zu bewältigen. Und hinter diesem Kampf um »das Wesen der Axt« steht der erbitterte

1. In »Dialektischer Materialismus und Psychoanalyse« II. Auflage 1934 (Verlag f. Sexualpol.).
2. Der wirkungsvollste Exponent der letzteren Anschauung ist die politische Prostitution, die die einstmals großen Gedanken von Karl Marx übernommen hat.

Kampf zweier Weltanschauungen, die nebeneinander ohne Konflikt nicht existieren können, von denen nur *eine* richtig sei, das heißt die Welt korrekt erfassen und bewältigen kann. Es ist in der Konsequenz der Millionen Menschenopfer kostende Kampf zwischen funktioneller, naturwissenschaftlicher und metaphysischer, faschistischer, diktatorischer, mystifizierender Weltanschauung[2]. Es geht um die Frage, ob *Roheim* recht hat, wenn er seine Kritik an meiner ethnologischen Untersuchung[3] in den Satz zusammenfaßt: »Es ist nicht so, wie Reich es meint, daß die Zivilisation (der Kapitalismus) aus irgendwelchen wirtschaftlichen Gründen entsteht und dann die Neurose erzeugt, sondern umgekehrt; die kollektive Neurose erklärt, bedingt, schafft soziale Organisation, Religion, Wirtschaft, Recht und alles andere.« Und woher kommt die »kollektive Neurose«? Offenbar aus der Ewigkeit.

R. ist der Ansicht, die Kultur entstehe aus der »genitofugalen Libidoströmung«.

Von welchem Orte läuft die Libidoströmung der Kultur aus?

Was veranlaßt diesen Ablauf?

Wann und wie nahm er seinen Anfang?

Was ist der Unterschied dieses Ablaufs bei den Trobriandern und in Amerika?

Wenn die Antwort ausbleiben sollte, würde *Roheim* damit zugeben, daß er nur Worte gebraucht hat. Denn ein so entscheidender Satz in einer wissenschaftlichen Arbeit, die den Anspruch erhebt, die Ethnologie auf eine neue Basis zu stellen, muß konkret begründet werden können.

Ich versuchte das, was *Roheim* hier nebelhaft ahnt, vielleicht ahnt, denn sein Buch verrät es nicht, konkret zu formulieren. Ich meinte, daß zunächst, von Natur aus, *keine* Einschränkung des Geschlechtslebens besteht, weil die natürliche Entwicklung derartiges nicht bedingen kann.

Die Sexualunterdrückung, die eine rückläufige Bewegung, eine vom Genitale wegstrebende Richtung in den Menschen hervorruft, entsteht auf Grund biologisch-gesellschaftlicher Entwicklungsprozesse. Neue wirtschaftliche Interessen einer Gruppe, die allmählich hervortreten, machen die Sexualunterdrückung der Kinder erstmalig zu einem großen Interesse der wirtschaftlichen

3. Roheim im Referat über »Der Einbruch der Sexualmoral«. (Int. Ztschr. f. Psa. 1934)

Nutznießer. Dadurch verändern sich allmählich die Menschen dieser Gesellschaft, sie werden umstrukturiert; die Sexualbejahung schlägt in Sexualverneinung um, dadurch entsteht eine »genitofugale Richtung der Libido«, nämlich *Angst vor der Sexualität in den Menschen, nicht in der Kultur.* Und die gleichen Menschen, die vorher aus ihrer sexuellen und wirtschaftlichen Freiheit eine bestimmte Kultur geschaffen hatten, bilden jetzt eine neue Kultur der Sexualverneinung mit allen ihren moralistischen Folgen, z. B. der Unterwerfung des Lebensglücks im allgemeinen, also eine Ideologie und moralische Struktur, wo es keinen Platz für irgendwelche Libidoströmungen gibt, weil weder die Gesellschaft noch die Kultur einen Körper und ein vegetatives Nervensystem hat, in dem sich ähnliches abspielen könnte. Der biologisch-gesellschaftliche Prozeß hat also die Menschen durch Umformung ihrer Sexualstruktur umgestaltet, und die derart umgebildeten Menschen formen nun ihrerseits Wirtschaft und Kultur in *anderer* Weise, halten die Klassenteilung und die Sexualunterdrückung, Lebensverneinung aufrecht etc.

Es gibt also eine »rückläufige Bewegung in der Kultur«, sie ist aber nur zu fassen und zu meistern, wenn man zunächst ihren gesellschaftlich-biologischen Grund und dann ihren psychischen Reproduktionsmechanismus erfaßt; dieser letztere ist präsentiert als eine Hemmung der genitallibidinösen Kräfte der Menschen in der betreffenden Kultur, die sie zwingt, entweder zu früheren Kulturformen zurückzugreifen oder andersartige, meist mystische Formen der kulturellen Entwicklungshemmung auszubilden. (Vgl. den Mystizismus der nationalsozialistischen Ideologie im deutschen und russischen Staatsimperialismus.)

R. ist aber auch noch sehr stolz auf seine ethnologische Anwendung der Psychoanalyse, die er nicht einmal beim Individuum beherrscht. Er bestreitet *Malinowski* das Recht, zu behaupten, die Psychoanalyse in der Ethnologie angewendet zu haben. »Obwohl *Malinowski* selber nicht beansprucht, Analytiker zu sein, könnten doch einige seiner Behauptungen hinsichtlich der Analyse zu groben Mißverständnissen führen. So erwähnt er zum Beispiel, daß er, während er sich unter den Trobriandern aufhielt, von Prof. *Seligmann* einige Werke *Freuds* erhalten habe und sich daraufhin daran gemacht habe, die Richtigkeit der *Freuds*chen Traumtheorie an den Trobriandern zu erproben. Jemand, der zugesteht, bisher nie einen Traum analysiert zu haben – und zwar aus dem einleuchtenden Grunde, weil er nicht wußte, wie man das macht –, will *Freuds* Theorien nachprüfen!« Zur Ignoranz gesellt sich hier schlecht begründete Unbescheidenheit. Ich traf *Malinowski* persönlich erst im Dezember 1933, kannte ihn bis dahin nur durch seine Werke. Wenn *Malinowski* zugibt, keinen Traum analysiert zu haben, und *Freuds* Werke erst auf den Trobriand-Inseln las, wenn *Roheim* sich dagegen rühmt, *der* langerfahrene Psychoanalytiker zu sein und Träume glänzend deuten zu können, dann spricht alles für *Malinowski* und gegen *Roheim; denn Malinowski* hat das psychoanalytische Wissen so glänzend in seinen Forschungen verwendet, *Roheim* dagegen derart katastrophal, seit jeher, daß man beim Lesen *Malinowskis* wirklich grundsätzlich Neues erfährt, durch R. aber nur verwirrt wird. Was das bedeutet, werden wir noch sehen.

2. WILDE DEUTUNG UND DAHER GROTESKE ÜBERSPITZUNG DER ÜBLICHEN FALSCHEN ANSCHAUUNGEN

Die lebensverneinende Sexualauffassung sieht, sofern sie über die reine Tatsachenbeschreibung zur Bildung weltanschaulicher Thesen fortschreitet, die Dinge so: Der Mann ist der geborene Herr der Frau; die Kinder verdienen Prügel für ihre sexuellen Handlungen; der Sadismus ist eine natürliche Eigenschaft des Mannes, der Masochismus eine solche der Frau; diese ist im Geschlechtserleben passiv, jener aktiv; die Eifersucht, die sich in Totschlag, Quälerei, Vergällung des Lebens äußert, ist eine natürliche Erscheinung, die schon den Protozoen eignet, sicher den Tieren ganz allgemein; die Sexualunterdrückung in der Kindheit und Pubertät ist die selbstverständlichste Sache der Welt, ebenso die daraus resultierende Biopathie und Neurose. R. versucht nicht nur, die absolute Natur dieser Dinge ethnologisch zu bestätigen, er übertreibt sie ins Groteske. Für uns sind R.s Ansichten wichtig, denn sie enthüllen die ganze Mentalität der sich objektiv gebärdenden, in Wirklichkeit von schwersten Sexualhemmungen und reaktionären Tendenzen zerfressenen Art von Forschung, Wissenschaft gerade dadurch, daß sie sonst mehr oder minder verhüllte, schwer durchschaubare Trübungen der moralistisch voreingenommenen Forschung grell hervortreten lassen.

Lassen wir einige Proben dieser »objektiven« Wissenschaft an uns vorbeiziehen.

Ich versuchte, die Herkunft der Kastrationsdrohung, die unsere Kinder und Jugendlichen an Leib und Seele vernichtet, *soziologisch* zu begründen, ohne in dieser Begründung, wie *Roheim* es tut, eine Rechtfertigung zu suchen.

Bei den Pitchentara deutet *Roheim* die Inzestphantasien aus Erzählungen und behauptet, was wir weder bestätigen noch widerlegen können, daß »die Onanie an unbewußte Inzestphantasien geknüpft ist.« Er fährt selbst fort: »In Anbetracht dieser inzestuösen Onaniephantasien könnte man erwarten, etwas von Kastrationsdrohungen zu erfahren, die sich gegen die Onanie richten. Aber das wäre irrig. Niemand hat etwas gegen Onanie der Kinder einzuwenden, und ich habe oft gesehen, wie *Tankai* mit dem Glied ihres Sohnes *Aldinga* spielte (wie es ja auch unsere Mütter, nur neurotisch und unbewußt, zu tun pflegen, W. R.). Auch auf meine ausdrücklichen Fragen wurde das Vorkommen von Kastrationsdrohungen bestritten; trotzdem glaube ich, daß diese Auskunft nicht stimmt, und daß meine Gewährsmänner ihre Erinnerungen an Kastrationsdrohungen nur verdrängt hatten.« R. kommt nicht auf die Idee, daß es tatsächlich eine Charakterstruktur ohne Kastrationsangst geben kann, weil er sie für biologisch hält[1]. Und wenn er später, um seine Position zu retten, hervorhebt, oft gehört zu haben, wie Kinder einander mit dem Penisausreißen spielend bedrohten, so bestätigt er nur eine Auffassung, die ich klinisch vertrete: daß es nämlich nicht darauf ankommt, ob eine Vorstellung an sich vorhanden ist, sondern einzig darauf, ob sie bioenergiebesetzt ist und dadurch pathologisch wird. Das gilt auch für die Inzestvorstellung; sie gewinnt erst dann Bedeutung, wenn sie infolge *allgemeiner* Sexualhemmung drängende Kraft bekommt.

1. Um jedem Mißverständnis vorzubeugen: Jedes Lebewesen hat Angst vor körperlicher Beschädigung, ganz besonders vor solcher, die lustspendende Organe betrifft. In diesem Sinne ist die Kastrationsangst allgemein. Wenn wir aber in der Psychoanalyse von Kastrationsangst sprechen, dann meinen wir etwas anderes: nicht so sehr die real begründete Angst, die sich immer einstellt, wenn das Genitale wirklich bedroht ist, sondern die neurotische, aktuell unbegründete, historisch jedoch wohlbegründete Angst um das Glied. Die erste wird nie Potenzstörungen bedingen, wohl aber regelmäßig die letzte.

Ich fand, daß, was heute nur angedroht und raffiniert vollzogen wird, einmal wörtlich genommen durchgeführt wurde: Die puberilen Beschneidungen verraten, da sie nicht allgemein vorkommen, bei den mutterrechtlichen Stämmen fehlen, sich aber im Übergang zur vaterrechtlichen Organisation bereits entwickeln, im Zusammenhange mit der gleichzeitig einsetzenden Genitaleinschränkung der Puberilen und dem Interesse an der monogamen Zwangsehe von seiten des Vaters der Frau, ihre Funktion als eine Maßregel zur Behinderung der puberilen Sexualbetätigung. Dies der Kern der Funktion, dem sich beliebig viele kultische, religiöse und andere Tendenzen beimischen mögen. R. beschreibt nun die Vernähung oder Zuklammerung der Schamlippen (Infibulation) der Mädchen bei den bereits patriarchalischen *Somali*. Man kann auf Seite 322 nachlesen, wie unerbittlich grausam die genitale Sexualität hier vernichtet wird; sein Gewährsmann gibt selbst die Begründung dafür an: »Wenn wir diese Sitte nicht hätten, so würden wir ja nie wissen, wen wir bekommen. Denn die Mädchen laufen ja frei herum und machen, was sie wollen. In der Hochzeitsnacht muß der Gatte die Vagina (die vorher vernäht wurde) öffnen ... Diesen Koitus, der für die Frau schrecklich schmerzhaft ist, muß man erzwingen ... Diese Schwäche des Mannes (nämlich solches nicht zu können) gilt ... als große Schande, als Eingeständnis der Impotenz.« Die Sexualökonomie weist nach, daß die patriarchalischen Bräuche der Hochzeitsnacht mit natürlichem Liebesleben nichts zu tun haben, daß im Patriarchat die Genitalität der Männer ein Beweis der Potenz, die Genitalität der Frauen im Grunde eine Schande ist. Sie vermerkt, daß es bei den mutterrechtlichen Völkern anders ist, und fragt nach den Ursachen der Wandlung. R., dem überlegenen »psychoanalytischen« Ethnologen, sind derartige Fragen zu »oberflächlich«, zu einfach; er hat es nur mit der tiefen Wissenschaft zu tun. Hier das Ergebnis:

»Wir sehen also«, schreibt R., »daß die Operation eine Verdopplung des Jungfernhäutchens erzielt: ›Zweimal blutet die Frau, einmal, wenn der Gatte die Vernähung mit dem Messer durchschneidet, das zweite Mal, wenn er das Hymen mit dem Penis durchbohrt.‹ Man muß also annehmen, daß die Jungfrau als Sexualobjekt eine besonders starke Bedeutung für den *Somali* hat, da er sich die Jungfräulichkeit des Weibes durch einen Eingriff von so traumatischem Charakter und mit dem Endziel der Verdopplung des Hymens zu erhalten sucht.«

Sehr richtig, nur vernichtet real derartige Behandlung des Weibes ihre Genitalität ebenso restlos, wie sie Haß gegen den Mann erzeugt. R. fährt fort:

»Mir scheint daher die Annahme berechtigt, daß diese doppelt betonte Jungfernschaft der Braut eine doppelte Verneinung der Mutter bedeutet, eine Verneinung der Gebärerin und der kastrierenden Königin.«

Wir fragen uns, wie wohl diese Verneinung der Mutterschaft (wir vergessen keinen Augenblick, daß R. doch gesellschaftliche Prozesse erschließen will) mit dem überragenden Interesse an der unsexuellen Mutterschaft des Patriarchats zusammenpaßt, mit dem Interesse, die Genitalität der Frauen zu töten, um aus ihnen besonders willige Gebärerinnen zu machen. Wir wissen, wie dies in das Gefüge der unterdrückenden Gesellschaft, der Versklavung und der sexuellen Entrechtung hineinpaßt, wie sehr die patriarchalische Sexualideologie des schwarzen und roten Faschismus auf diese Anschauungen zurückgreift. R. möge uns nun seinerseits sagen, wo er diese Erscheinung einordnen kann.

»Wenn die Frauen sich an der Vagina eine Wunde beibringen wollen (!!), so deuten sie damit an, daß sie selbst die Vagina als Wunde empfinden, in der das ›Fleisch‹ des Mannes verwest. Um diese Angst gegenstandslos zu machen, muß die Vagina verschwinden ... und der Penis der Frau ist die Klitoris, die als Vorbereitung zum normalen Sexualleben abgeschnitten wird.«

Jetzt wissen wir, wie man eine Frau auf die Höhe ihres sexuellen Glücksgefühls bringt: durch Klitorisexcision!

»Für den Mann bedeutet die Infibulation also eigentlich eine volle Vernichtung des Sexualobjekts: Durch die Vernähung verschwindet die Vagina, durch die Klitorisabschneidung der Frauenpenis.«

Wir dachten, R. meinte kurz vorher, daß der Mann sich das Sexualobjekt *erhalten* wolle, und jetzt kommt das gerade Gegenteil! Vielleicht meint *Roheim*, daß die Ambivalenz darin zum Ausdruck komme; er meint noch mehr: *Sogar die phylogenetische und ontogenetische Entwicklung verlangen die Operation.*

»Ehe wir nun die Frage stellen, warum der Mann eine solche Vernichtung des Sexualobjektes braucht, müssen wir den Versuch machen, die Operation von dem Standpunkt der Frau aus zu verstehen. Es muß aber vor allem bemerkt werden, daß die Operation eigentlich eine dramatisch abgekürzte Wiederholung der phylo- und ontogenetischen Entwicklung ist. Die Frau soll (!) die

Klitoriserogenität aufgeben und zur vaginalen Erogenität fort-schreiten.«

Sic! Wir beugen uns dieser tiefen Wissenschaft, die gänzlich un-voreingenommen in die tiefsten Geheimnisse der Absichten der Phylo- und der Ontogenie einzudringen vermochte. *Roheim* ge-langt auch zu zentralen Aussagen über die Sexualpsychologie der Frau:

»Man könnte demnach meinen, die Operation fördere die richtige Einstellung der Frau im Sexualleben.« (!!)

R. hat sogar in gewissem Sinne recht. Diese Operation fördert in der Tat die »richtige« Einstellung der Frau im Sexualleben; es fehlt nur noch *ein* Wort, worin der gesamte Unterschied enthalten ist: »– im Patriarchat.«

Obgleich nun R. auch über die Unterschiede zwischen Patriarchat und Matriarchat erhaben ist und es nicht liebt, wenn man davon spricht, ist doch die Frage berechtigt: Wenn diese Operation eine Äußerung tiefster phylo- und ontogenetischer Gesetze ist, wes-halb merken wir nichts davon bei den Trobriandern? Oder haben diese eine andere Phylogenie als die Somali? Es ist im Prinzip die gleiche Frage, die ich einmal *Krische* stellte, der behauptete, 60 % der Frauen seien aus Vorsorge der Natur vaginal anästhetisch, damit nämlich der Geburtsakt schmerzlos verlaufe. Die restlichen 40 % sind offenbar von der Natur übersehen worden! Solche Ideen beherrschten die Sexuologie um die Jahrhundertwende.

Ich hatte beim Vergleich der mutterrechtlichen mit der vaterrecht-lichen Organisation und dem Übergang der ersten in die zweite gefunden, daß sich mit den wirtschaftlichen Interessen einer wer-denden Oberschicht und der Unterdrückung des Geschlechtslebens der Kinder und Jugendlichen auch die sexuelle Erlebnisweise der Gesamtheit verändert, daß Sexualstörungen und Neurosen auf-treten, sadistische Haltungen im Geschlechtsleben beim Manne, Sexualablehnung bei den Frauen, wodurch wieder künstliche Maßnahmen zur Wiederherstellung der zerstörten Sexualität not-wendig werden. So bestätigte sich ethnologisch eine klinische Tat-sache, die man systematisch totschweigt, weil sie viele Anschau-ungen umwälzt, daß nämlich der Sadismus im Geschlechtsleben seinen heute so breiten Raum erst dann einnimmt, wenn die na-türlichen genitalen Funktionen behindert oder gestört sind, kurz, daß sich gehemmte Genitalität nicht nur in Angst, sondern auch in Sadismus umsetzt, ihn vielleicht zum ersten Mal erzeugt. Eine für die Neurosenprophylaxe gewiß wichtige Feststellung. Für R. ist ebenso wie für die meisten Analytiker der Sadismus eine natürliche Haltung im Geschlechtlichen, also biologisch begründet. Infolgedessen wird nicht nur die individuelle Entwicklung in starre biologische Formeln gepreßt, die jede Möglichkeit einer prophylaktischen Praxis verrammeln, mehr, auch die Ethnologie muß hier helfen. Statt sich zu fragen, woher es kommen mag, daß es bei verschiedenen Völkern so verschieden aussieht, daß der Sadismus in der Sexualität, wie R. selbst berichtet, hier fehlt, dort so ausgeprägt ist, wird mit Autorität verkündet:

»Wir wissen ja, daß die tiefste sadistische Einstellung mit dem ersten Erscheinen der Zähne zusammenhängt und als Sexualziel das Aufessen des Partners hat. Nun sehen wir bei diesem Volk, bei dem die allgemeine Einstellung des Mannes der Frau gegenüber so stark vom Sadismus beeinflußt ist, daß für sie die wichtigste Vorbereitung zum Geschlechtsverkehr eine tüchtige Mahlzeit, symbolisch wohl das Aufessen der Frau, ist.« (S. 329)

Ich bin zwar kein Ethnologe, habe auch keine Expedition machen können, aber ich meine, richtiger gesehen zu haben, wenn ich den Eßkult der Verheirateten, der bei den Unverheirateten nicht existiert, zumindest bei den Trobriandern, damit in Zusammenhang brachte, daß das gemeinsame Essen als Symbol der Ehe seinen Sinn aus der *wirtschaftlichen* Gemeinschaft der Ehe bezieht; die wirtschaftlichen Produktionsverhältnisse bei den Primitiven drücken sich ja überhaupt weit mehr als bei uns sexuell aus.

Statt die Tatsache, daß »jeder Mann seine Frau schlägt« (S. 329) als Problem soziologisch zu fassen, die Herkunft aufzudecken, weil ja sicher das Schlagen des Geschlechtspartners weder eine allgemeine Naturerscheinung ist noch auch bei den Menschen überall vorkommt, verrät *Roheim* seine erzreaktionäre Weltanschauung in folgenden Sätzen:

»Im rein physischen Sinne scheint ihre Art, den Verkehr auszuführen, eine mehr genitale zu sein als die des Europäers. Sie dringen tiefer ein, arbeiten mit stärkeren physischen Reizen, *ja man könnte mit einer kleinen Übertreibung sagen, daß die Frau eigentlich nur befriedigt wird, wenn sie nach dem Geschlechtsverkehr an einer Entzündung erkrankt.*« (S. 330)

Mit einer *kleinen* »Übertreibung«? Ist dazu die Psychoanalyse begründet, das Unbewußte entdeckt, die krankhafte sadistische Auffassung des Koitus enthüllt worden, damit ein offizieller Vertreter der Psychoanalyse den Mut aufbringt und die Borniertheit dazu, derartige Dinge autoritär zu behaupten?

Die Verfechter der »freien wissenschaftlichen Forschung« werden sich wahrscheinlich in diesem Falle neutral äußern und sagen, sie könnten niemand hindern zu sagen, was er für richtig halte. Wir wissen dagegen, daß sie den lebensbejahenden Forschern gegenüber ganz und gar nicht liberal, sondern im Gegenteil höchst diktatorisch sind. Überdies darf man die sog. Freiheit der wissenschaftlichen Forschung nicht mit wissenschaftlichem Libertinismus verwechseln.

3. ROHEIM WIDERLEGT SICH SELBST UND BESTÄTIGT DEN EINBRUCH DER SEXUELLEN ZWANGSMORAL

Gelegentlich gibt Roheim Beobachtungen ungeschminkt und unverzerrt wieder; wo er dies tut, widerlegt er sich selbst und bestätigt die von mir vertretenen sozialökonomischen Anschauungen. Schon die klinischen Einsichten in die Wirkung der realen Unterdrückung des kindlichen Geschlechtslebens veranlaßten mich, an der biologischen Natur der sogenannten sexuellen Latenzzeit zu zweifeln. Es gibt Kinder in unseren Kulturkreisen, die eine beträchtliche Herabminderung der sexuellen Agilität im Alter zwischen 7 und 12 Jahren vermissen lassen; wenn zu Recht besteht, was die Klinik ergibt, daß in diesem Alter bei anderen Kindern, die äußerlich weniger sexuell erscheinen, unbewußt die sexuelle Dynamik unverändert fortwirkt, so muß es mit dem von *Freud* als *biologisch* angenommenen »zweizeitigen Ansatz des Geschlechtslebens«, der die Menschen von den Tieren unterscheiden soll, eine andere Bewandtnis haben. Das Fehlen der Latenzzeit an sich bei vielen Kindern sprach bereits gegen die biologische Begründung. Man darf schließen, daß es die Erziehungseinflüsse sind, die wir für das Auftreten der sexuellen Latenz verantwortlich zu machen haben. Nur die ethnologische Forschung konnte hier ein abschließendes Urteil gestatten. *Malinowskis* Erhebungen bestätigten meine Anschauung von der gesellschaftlichen Herkunft der Latenzzeit, denn bei den Trobrianderkindern, die – bis auf den Geschwisterinzest – sexuell uneingeschränkt leben, gibt es keine Unterbrechung oder auch nur Herabminderung der sexuellen Agilität. Die Latenz kommt also zustande durch den ersten großen Verdrängungsschub in der Frühpubertät, d. h. im 4. bis 5. Lebensjahr, der ein Erfolg der schweren genitalen Versagung der kindlichen Selbstbefriedigung und der kindlichen genitalen Spiele in diesem Alter ist. Dadurch wurde die *Freud*sche Annahme, daß die Neurosenentstehung biologisch durch den »doppelten Ansatz des Geschlechtslebens« mitbedingt wäre, erschüttert. Derart wurde auch die Annahme einer phylogenetischen Bereitschaft zur Sexualverdrängung sehr in Frage gestellt. Einen konkreten Inhalt hatte sie ohnedies nie gewinnen können; trotzdem war sie der Keim zu den in der englischen psychoanalytischen Schule immer breiteren Raum einnehmenden Anschauungen von der biologischen Natur der Sexualverdrängung, die den Zugang zur Soziologie der Sexualverdrängung verrammelt. Es ist aber leicht einzusehen, daß die Frage nach der Natur der sexuellen Latenz unserer Kinder und der Sexualverdrängung keine akademische, sondern eine praktische im vollsten Sinne des Wortes ist. Sind beide Erscheinungen im wesentlichen biologisch, dann gibt es keine Grundlage einer Neurosenprophylaxe, und auch die Therapie der Neurosen erhält dadurch einen pessimistischen Aspekt; sind sie aber im wesentlichen gesellschaftsbedingt, dann ist die Frage der Neurosenprophylaxe, d. h. die Geistesgesundheitspflege im allgemeinen, an die der gesellschaftlichen Sexualökonomie geknüpft. Meine Untersuchung über den »Einbruch der sexuellen Zwangsmoral« ist im wesentlichen eine theoretische Klärung und ethnologische Begründung der künftigen Neurosenprophylaxe, von der man bis dahin in der Psychoanalyse ebensowenig gehört hatte, wie von der sozialökonomischen Begründung der Sexualverdrängung.

R. teilt nun schlicht und einfach, ohne sich über die Tragweite dessen klar zu sein, mit, *daß sich die zentralaustralischen Primitiven von uns durch Fehlen der Latenzzeit* (S. 300) *unterscheiden.* Ich bin überzeugt, daß er trotzdem in seinem Glauben an die biologische Natur dieser Erscheinung unerschüttert ist, denn er kann mit einer anderen nichts anfangen, als seine Gesamtauffassung preisgeben.

Aus bestimmten klinischen Erscheinungen ergab sich nun des weiteren ein Zweifel an der in der heutigen psychoanalytischen Theorie vorherrschenden Auffassung, daß die Triebstruktur hereditär festgelegt sei und somit die konstitutionelle Grundlage der Neurosen darstelle. Nach dieser Auffassung bedeutet zum Beispiel eine quantitativ besonders stark angelegte orale oder anale Sexualzone die hereditäre Grundlage der Neigung zur Entwicklung einer depressiven beziehungsweise zwangsneurotischen Erkrankung. Auch hier gab die klinische Durchforschung der betreffenden seelischen Erkrankungen den ersten Anlaß zu berechtigtem Zweifel an der völligen Richtigkeit dieser biologischen Ansicht. Es konnte zwar kein Zweifel daran bestehen, daß es hereditär festgelegte *Unterschiede in der Erregbarkeit der verschiedenen erogenen Zonen* gibt; aber ebensowenig konnte daran gezweifelt werden, daß nicht die Anlage an sich entscheidet, ob die betreffende Person einmal erkrankt oder nicht, sondern wieder nur das Zusammenwirken von Anlage und Erleben, und zwar noch anders als im Sinne der Freudschen »Ergänzungsreihe«, die Anlage, kindliches Erleben und aktuelles Erleben bilden. Nach *Freud* wirken Anlage und Erleben zusammen als einander ergänzende absolute Größen: Ist die neurotische Triebanlage stark, dann genügt ein geringeres pathogenes Erleben zur Herstellung der Neurose; ist jene schwach, bedarf es intensiverer und gehäufter Erziehungseinflüsse. Mir scheint die Beziehung eine solche *veränderlicher* Größen, also eine funktionelle zu sein. Zunächst läßt sich zeigen, daß es Menschen mit starker prägenitaler Veranlagung ohne neurotische Folgen gibt. Ferner ergab die Beobachtung der Wandlung der Libidostrukturen in der charakteranalytischen Behandlung die Abhängigkeit der verschiedenen erogenen Quellen voneinander. Eine als starke anale Zone imponierende Veranlagung kann verschwinden, wenn die betreffende Erregung nach der Behebung der genitalen Verdrängung abgeführt wird. Die Erregungen kommunizieren also miteinander und hängen in erster Linie von der Ordnung des *Gesamt*sexualhaushalts ab. Man konnte ferner sehen, daß ein gutes Stück dessen, was man einer z. B. analen Veranlagung zuschrieb, Folge der analerotischen Eigenart der zwangskranken Mutter war. Wenn eine Mutter ihr Kind partout schon mit ½ Jahre völlig rein haben will, dann wird sie sich später leicht auf eine »anale Disposition« des an Zwangsneurose erkrankten Kindes berufen. Es wurde weiters klar, daß die Intensität der verschiedenen erogenen Zonen auch gesellschaftlich durch Art, Tempo und Intensität der erzieherischen Maßnahmen beeinflußt wird. Wenn sich nun eine Gesellschaft fände, die das Kind bis zur Entwicklung der genitalen Phase an der Mutterbrust saugen läßt, dann wäre zu erwarten, daß solche

Kinder keine analen Reaktionsbildungen und auch keine Symptome analer Natur aufweisen werden, einfach, weil sie keine anale Phase in unserem Sinne durchmachen. Die Trobriander sind trotzdem sehr reinlich; das beweist, daß die anale Reinlichkeit nicht unbedingt eine reaktive Bildung wie bei uns zu sein braucht. Durch derartige Erfahrungen und Überlegungen geriet manche Anschauung ins Wanken. Der wichtigste Schluß aus diesen Tatsachen war, daß eine Erziehung, die sämtliche Kinder in *ein* bestimmtes System von Versagung ohne Rücksicht auf die Veranlagung der *Triebintensität* preßt, Zustände erzeugt, die als Veranlagung imponieren, ohne es in Wirklichkeit zu sein. *Ein Kind mit geringerer allgemeiner Energieproduktion kann sich der gleichen Versagungssituation leichter anpassen als ein Kind mit stärkerer.* Wenn dieses letzte dann »nervös« wird, schließen von 1000 Psychiatern 100 auf »nervös-degenerative Veranlagung«. Eine stärkere Energieproduktion in einem biologischen System ist aber doch noch keine nervöse Veranlagung. Hätte die psychische Energie der verschiedenen Individuen der heranwachsenden Generation Spielraum genug, sich auszubalanzieren, wären sie nicht einer uniformen Ideologie und Erziehung unterworfen, die stärkere Trieborganisation würde nicht als »nervöse Veranlagung« in Erscheinung treten; es würde dann nur das Kind mit der stärkeren Bioenergieproduktion mehr tollen als ein anderes mit einer geringeren und jede zweite Nacht sich selbst befriedigen statt wie das schwächere in jeder vierten. Wenn aber von fünf Kindern in einer Familie alle *gleich* »brav«, ruhig, beherrscht sein müssen, dann ist klar, daß die Reaktion der verschiedenen Kinder eine verschiedene sein muß. Ich meine, diese Überlegung ist einwandfrei und widerlegt eine Reihe von hereditären Annahmen. Wir leugnen also nicht die Heredität, bestimmen sie aber nur nach dem Maß der Energieproduktion im biologischen System. Dann versteht man aber auch, daß gerade die Menschen, die von der borniertem Erbwissenschaft als amoralische, geistig unzurechnungsfähige Psychopathen angesprochen werden, sich der korrekten Charakteranalyse als die energiegeladensten, intelligentesten, agilsten erweisen. Sie passen nur nicht in diese lebensverneinende Gesellschaft und haben es deshalb schwer. Wenn in Hitler-Deutschland 15jährige Mädchen, die einen Freund haben, als Psychopathen zur Sterilisation verdammt sein werden, dann urteilt man darüber anders von unserem als vom *Roheim*schen Standpunkt. Wir beurteilen auch die rotfaschistische Abschaffung der Koedukation vom bioenergetischen Standpunkt aus.

Ich wollte nur zeigen, welche Bedeutung derartige Auseinandersetzungen für das Wohl und Wehe von Generationen haben. Deshalb ist nicht gleichgültig, ob ein prominenter Vertreter der Psychoanalyse falsche oder richtige Anschauungen von seiner Forschungsreise heimbringt. R. faßt die Triebe absolut und die Verdrängung biologisch gegeben auf. Das stützt, ob er will oder nicht, die Gesetze über die Sterilisation von Psychopathen und Schizophrenien, die eine verrottete Gesellschaftsordnung selbst erzeugt. R. selbst aber berichtet, daß in den von ihm durchforschten primitiven Kulturkreisen die analreaktiven Charakterzüge gänzlich fehlen und ebenso die sado-masochistischen Perversionen. R. ist zweifellos ein eifriger Vertreter der Theorie von der ursprünglichen Natur der sadistischen Aggression. Wie erklärt er ihr Fehlen bei ganzen Kulturkreisen? Da R. es für überflüssig hält, die ökonomischen und sozialen Strukturen der durchforschten Organisationen zu beschreiben und zu erörtern, bleiben darüber hinaus seine positiven Feststellungen ohne Wert. *Malinowskis* Ergebnisse dagegen gestatten weitgehende Einsichten, darunter die, daß die Entwicklung der natürlichen Aggressivität zum Sadismus die gesellschaftliche Hemmung des natürlichen genitalen Geschlechtslebens in der Masse der Menschen dieser Kultur zur Voraussetzung hat; das betrifft sowohl die sadistische Umstrukturierung des Einzelmenschen als auch das Auftreten sadistischer Sexualideologie. Der zentrale Mechanismus dieser gesellschaftlichen Entwicklung ist das Interesse an der Zwangsdauerehe, die sich aus der lockeren Paarungsehe entwickelt. In ihr tritt zum ersten Male das sadistische Verhalten des Mannes der Frau gegenüber auf, das sonst nicht vorkommt, also nicht biologisch ist, wie R. meint.

4. IST DIE KINDLICHE ANGST SOZIAL ODER BIOLOGISCH BEDINGT?

Daß die Angst, die unsere Kinder regelmäßig zu entwickeln pflegen, auf nicht befriedigten inneren bioenergetischen Impulsen beruht, ist heute allgemein bekannt und anerkannt. Für die Frage der Neurosenphrophylaxe ist entscheidend wichtig, zu bestimmen, *was für die Nichtbewältigung der Triebansprüche verant-wortlich ist.* Hier gehen die Meinungen auseinander, und zwar in einer Weise, die kein »Sowohl-als-auch«, sondern nur mehr ein »Entweder-oder« zulassen. *Freud* führt die Angst auf die Reak-tion des Ichs gegenüber äußeren oder inneren Gefahren zurück und hält an der Anschauung fest, daß jede Angst eine Wiederho-lung des traumatischen Geburtserlebnisses darstelle. Die englische psychoanalytische Schule behauptet, die Angst des Kleinkindes sei biologisch festgelegt in der Schwäche des kindlichen Ichs, das den mächtigen Triebregungen nicht gewachsen sei und sich ihrer durch Verdrängung erwehren müsse. Wir fragen dagegen: Wenn die Angst eine Wiederholung der Geburtsangst wäre, müßte sie ebenso alle Kinder, auch die der Trobriander, betreffen, wie wenn sie ein Ausdruck biologischer Unvollkommenheit des Ichs wäre[1]. Wenn dies aber nicht zutrifft, dann ist die Frage wichtig, was darüber entscheidet, ob das Ich des Kindes gegenüber seinen Trie-ben zurückbleibt beziehungsweise die Geburtssituation reprodu-ziert oder nicht. *Freud* gab seine These auf, daß Angst Ausdruck gehemmter Sexualerregung sei. Ich führte diese Annahme konse-quent durch, denn nur sie allein ist sinnvoll und richtig; sie ge-stattet nämlich die weitere These, daß es äußere Umstände und Erlebnisse sein müssen, die die Verkehrung der Sexualerregung in Angst bedingen, also soziale Faktoren. Das bedeutet eine Ein-beziehung der gesellschaftlichen Sexualökonomie in die Neuro-senlehre, während die früher skizzierten Anschauungen sie nicht nur ausschließen, sondern sich vielmehr wie zum Zwecke der Ver-meidung einer biosoziologischen Fragestellung ad hoc aufgestellte Thesen darstellen. Meine Anschauung hat überdies den Vorzug, daß sie von dem zentralen Konzept über den Konflikt: Bedürfnis-Welt, nicht abrückt, sondern sich ihr voll einordnet und sie wei-terentwickelt.

Indem derart die biologische und die soziologische Anschauung einander gegenübertreten, stellen sich die weiteren Differenzen einfacher dar. Die biologistische Ansicht über die Angst fragt nicht nach der sozialen Herkunft oder Verschiedenheit kindlichen Erlebens in verschiedenen sozialen Organisationen; sie hat es da-durch bequemer, aber sie weiß auch keine Antwort, wenn eine

1. Vgl. hierzu meine Ansicht über die Geburtsangst in »Die Funktion des Orgasmus«.

soziale Organisation entdeckt wird, in der die Kinder *keine* Angst haben. Man merkt, daß derartige gesellschaftliche Organisationen uns die entscheidenden Mittel an die Hand geben, an die Frage der Neurosenverhütung, deren Kernfrage die kindliche Phobie ist, praktisch heranzutreten; sie verraten uns nämlich beim Vergleich mit unserer Organisation die Bedingungen, unter denen die kindliche Angst und mit ihr der Kern der Neurosenbildung vermieden werden können, prinzipiell zunächst. Denn in der einen Frage sind sich wieder alle Analytiker einig, daß die Angst als aktiver Ausdruck einer aktiven, aber blockierten Bioenergie das Kernproblem der Neurose ist.

Roheim bestätigt meine Auffassung auch in der Frage der Angst gegen seinen Willen. Er beschreibt nicht nur das Erleben der »furchtlosen Söhne und Töchter der Wildnis«, sondern gibt ganz genau auch die Beziehung der Angst des Kindes zu seinem Sexualleben wieder, ohne zu ahnen, wie wichtig diese Tatsachen sind.

»Wenn ich diese Kinder (bei den *Arada, Luritjia, Pitchentara* und *Jumu*) ›furchtlos‹ nenne, so tue ich das ganz bewußt, obwohl ich weiß, daß sie streng genommen auch nicht gänzlich frei von Angsterlebnissen sind.«

Gewiß doch nicht! Welches lebendige Wesen ist frei von Angst? Es kommt aber doch auf die Unterscheidung von neurotischer und realer Angst an! Wenn bestimmte Organisationen von neurotischer Angst freie Kinder aufweisen, dann steht die Frage vor uns, was hinzukommt, daß die Kinder der anderen Organisation durchwegs ängstlich und neurotisch werden.

R. schildert ausführlich ein genitales Spiel, das Kinder völlig unverhüllt ausführten; es stellt im wesentlichen die genitale Umarmung dar. R. fragt nicht nach der relativen Offenheit, mit der die Kinder das genitale Spiel vor ihm demonstrieren; während er wieder den aus Europa mitgeführten Ödipuskomplex in das genitale Spiel willkürlich hineinlegt, spielt sich folgender Vorfall ab, der uns haargenau enthüllt, was die Sexualökonomie festgestellt hat: Den Einbruch einer gesellschaftlichen Einschränkung des Geschlechtslebens der Kinder und mit ihm eine schwerwiegende Veränderung ihrer ganzen Charakterstruktur.

»Was nun kommt, ist eine zwingende, an Deutlichkeit nicht zu übertreffende Darstellung des Ödipuskomplexes. Der kleine Junge nimmt eine Schlange und legt sie dem Affen an die Brust. ›Die Schlange trinkt Milch.‹ Dann drängt er die Schlange zwischen die

Beine des Affen. ›Die Schlange koitiert mit dem Affen.‹ – Ein Vorfall, der sich zwei Monate später zutrug, machte es vollkommen deutlich, daß Depitarinja selber die Schlange ist, die mit der milchspendenden Frau, d. h. der Mutter geschlechtlich verkehrt.« Das ist gänzlich uninteressant. Daß auch die Kinder der Wildnis mit ihren Müttern und Vätern koitieren wollen, ist selbstverständlich, wir zweifeln nicht daran. Wohl aber halten wir es für entscheidend wichtig zu erfahren, ob sich die Hemmung dieses Wunsches auch dann pathologisch auswirkt, wenn die Kinder sonst untereinander völlige Freiheit haben; und die Sexualökonomie behauptet, daß die pathogene Natur der Hemmung des Inzestwunsches ausbleibt, wenn das Kind sonst ungehemmt ist, daß sie sich dagegen voll entfaltet, wenn die Sexualhemmung allgemein ist. Daß also nicht der Inzestwunsch an sich, sondern nur die Bedingungen, unter denen er erlebt und erledigt wird, über die Gesundheit des Kindes entscheiden. R. fährt fort:

»*Deparintja*, sonst ein lebenslustiger Bursche, ist eines Tages sichtlich niedergeschlagen. Wir sind in Hermannsburg und die Nachkommen der altjiranga matina (totemistischen Ahnen) gehen in die Missionsschule. ›Warum bist du so traurig‹, frage ich ihn. Nach einigem Zögern entschließt er sich, mir den Grund zu sagen. Ich kenne ihn schon im voraus. Er ist von dem Missionar geschlagen worden, weil er ein vierjähriges kleines Mädchen geküßt hat. Der Missionar hat ihm dafür eine gewaltige Tracht Prügel verabreicht. Nach einer kleinen Pause fängt er an zu spielen, indem er behauptet, die Schlange sei traurig. Dann läßt er die Schlange an der Vagina der Ziege riechen. Darauf heißt es, die Schlange heirate die Ziege.«[1]

Würde der Forscher *Roheim* das brutale Verprügeln eines Kindes für einen Kuß, den es einem Gespielen gab, nicht durchaus im Sinne der »natürlichen Ordnung der Dinge« finden und im Interesse der »notwendigen Zucht und Ordnung«, er könnte an einer solchen Erscheinung nicht vorbeigehen, ohne zu fragen: »Woher kommt es, daß der Junge jetzt gerade die Ziege heiraten will? Ist das nicht eine Verschiebung auf ein Tier, die durch die reale Versagung eines natürlichen Interesses hervorgerufen und fixiert wurde?« R. aber hat's wieder mit der Tiefenpsychologie:

1. Siehe auch den Bericht über den Einfluß der Missionäre auf die Sexualökonomie der Primitiven in »Top of the World« von Hans Ruesch (Harper, 1950).

»Was Deparintja die Schlange tun läßt, ist sein eigenes Vergehen
. . . er hatte das kleine Mädchen auf das Genitale geküßt. Dafür
hatte er auch die Prügel bekommen. – Nun geht das Spiel weiter,
und alle Spieltiere und Puppen müssen an der Vagina und dem
After des Affen riechen, der schon immer als die Mutter aller
dieser Wesen zu gelten hatte. Darauf läßt er eine große Gummi-
puppe als Häuptling auftreten, und dieser Häuptling verprügelt
alle anderen Puppen und Tiere, weil sie die Ziege berochen haben.
Dabei ist zu bemerken, daß in Hermannsburg der inkata das
Haupt der Missionsstation ist . . . Eine der vielen Ausdrucksfor-
men, in denen sich der Ödipuskomplex in den Spielen manife-
stiert . . .«
Uns interessiert etwas anderes! Gerade, das, was R. jetzt so eifrig
übersieht, ist eine Bestätigung meines Standpunkts. Bedeutet
nicht das von R. beschriebene Spiel eine reale Veränderung im
geprügelten Jungen? Ist das nicht der Beginn einer für die mas-
senpsychologische Entwicklung des ganzen Stammes folgen-
schweren Identifizierung des Jungen mit dem Sendboten Gottes?
Nimmt nicht der Junge gerade etwas in sich auf, was er vorher
ablehnte und bald anderen gegenüber betätigen wird? Ist das
nicht die von mir beschriebene Reproduktion eines neuen gesellschaftlichen Systems in der Charakterstruktur der ihm unterlie-
genden Menschen, ein kleines Stück zwar, aber ein vorbildliches?
R. schreibt in seiner »Kritik« des »Ehebruchs etc.«:
»Schließlich sei noch an einigen Beispielen gezeigt, daß Reich
Schlußfolgerungen aus Annahmen zieht, welche den Tatsachen
nicht entsprechen. Reich schreibt S. 22: ›Da die sexualmoralische
Erziehung aber erst mit dem Interesse an Privateigentum in die
Geschichte der Menschen eintritt und sich mit ihm entwickelt,
sind die Neurosen Erscheinungen der patriarchalischen privat-
eigentümlichen Gesellschaftsordnung.‹ Bei der Weihe des Pitchen-
taraknaben, die ich mitgemacht habe, wurde mir erklärt, daß man
ihn glimpflich behandelt hat, bei dem Himmelwärtswerfen nicht
zu hart geschlagen hat, weil er sets ein guter Knabe war, den
alten Männern gehorchte und sich nicht zu viel mit den Mädchen
zu schaffen machte. Die Pitchentara sind gewiß jene Menschen
auf Erden, die man noch am ehesten als Kommunisten bezeichnen
kann. Nebstbei bemerkt sind sie weder matri- noch patrilinear
organisiert, haben auch keine Promiskuität, Eifersucht ist ein
Hauptmotiv ihrer Handlungen sowohl im Alltag wie in den Mär-

chen – aber hoffentlich würde nicht einmal Reich behaupten, daß es hier Klassenherrschaft und Kapitalismus gibt.« (S. 557/558) Niemand hat je behauptet, daß die mutterrechtlichen Primitiven Kommunisten sind, wohl aber, daß sie eine *ur*kommunistische, d. h. arbeitsdemokratische Gesellschaftsform haben, was etwas anderes ist, als der Kommunismus des 20. Jahrhunderts, der sich zum roten Faschismus entwickelt hat, der grausamsten Unterdrückung von Leben und Liebe, die die Menschheit je erlebt hat; sie unterscheidet sich sowohl in der Wirtschafts- wie in der Sexualorganisation von der patriarchalischen Form. Es muß auch einen Übergang geben; ich unterschied auf Grund des Vergleichs der beiden Grundorganisationen zweierlei Arten, in denen sich das Patriarchat aus dem Mutterrecht entwickelt: erstens die *innere* Entwicklung durch den Heiratsgutmechanismus, den Tribut von Clan zu Clan, den R. selbst ahnungslos beschreibt, zweitens *äußere* Einflüsse, wie etwa Eroberung durch bereits vaterrechtliche Stämme oder Einbruch der weißen »Kultur«. Innerhalb der mutterrechtlichen Organisation müssen sich somit die vaterrechtlichen Ansätze allmählich in besondere Formen vom übrigen gesellschaftlichen Milieu abzeichnen. So etwa fällt zunächst nur ein Teil der Kinder unter die Gewalt der Askese, nur ein Teil unter den Druck der puberilen Sexualeinschränkung, nur ein Teil der Erwachsenen unter den Zwang der dauermonogamen Ehe; diese keimhaften Formen des autoritären Patriarchats wachsen ständig auf Kosten der mutterrechtlichen. Ich glaubte auch den Punkt angeben zu können, wo das Mutterrecht plötzlich in Vaterrecht umschlägt; das geschieht dann, wenn die Erbfolge vom Neffen des Mutterbruders auf seinen Sohn übergeht. Aus *Malinowskis* Material geht dies eindeutig hervor, während R. erklärt, es gäbe ein Volks, das *weder* mutterrechtlich *noch* vaterrechtlich organisiert sei. Hätte er sein Material von diesem Gesichtspunkt überschaut, er hätte so Unmögliches nicht behauptet. Denn die genannten Völker müssen, da es nichts drittes gibt, eine der beiden genannten Formen aufweisen oder aber sich im Übergange befinden.

»Der Grad der Unverhülltheit, mit dem (die Kinder) Departarinja, Nyiki, Iliakurla und die anderen über den Koitus und sexuelle Perversionen sprechen, ebenso die Ausschließlichkeit und Deutlichkeit der Sexualbedeutung ihrer Spiele unterscheiden ... diese Kinder von Kindern unserer Rasse«. (S. 357) Es steht fest, daß sich die von *Roheim* beobachteten Kinder genau so verhalten, wie die von *Malinowski* beobachteten; das beweisen auch die Berichte über ihre Spiele. Und als ob Roheim meine ethnologische Auffassung, die zu der seinigen in diametralem Gegensatz steht, restlos akzeptiert hätte und sie bestätigen wollte, schließt er den Bericht folgendermaßen ab:

»Wir haben zwei Gruppen von Kindern studiert, die beide der gleichen Rasse angehören: die Missionskinder gehen in die Schule und haben ein in mancher Hinsicht verändertes Wesen angenommen, wenn sie auch noch in vielen Zügen die richtigen Kinder der Wildnis geblieben sind. Die Buschkinder dagegen toben herum, balgen sich und koitieren miteinander, aber ich habe bei ihnen nie irgend etwas gesehen, was den sadistischen und masochistischen Spielereien ähnlich gewesen wären, in denen sich Deparintja erging. (Dep. ist der Junge, der vom Missionar geprügelt wurde.) Er ist eben oft genug für ungehemmte Ausbrüche seiner natürlichen Triebhaftigkeit gezüchtigt worden, so daß sich ihm die Betätigung dieser Triebe mit der Vorstellung des Quälens oder Gequältwerdens verknüpft hat. Der Eingeborene hat ursprünglich zwar einen aggressiven, aber keinen sadistischen Charakter. Er mag in einem Wutanfall ein Kind anbrüllen, ja sogar den Bumerang nach ihm werfen, aber er wird es kaum mit vorbedachter Absicht bestrafen. So hat das Buschkind niemals Gelegenheit, ein sadistisches Überich durch Introjektion zu erwerben, und wird niemals lernen, aus dem Spiel vom Strafen und Gestraftwerden Lust zu ziehen.« (S. 363)

Eine bessere Bestätigung der sexualökonomischen Auffassung hätte ich mir kaum wünschen können. Was ist aus dem Gesagten zu schließen?

Daß der Sadismus ein *gesellschaftliches* Produkt ist, Folge der Unterdrückung der natürlichen kindlichen Liebesregungen, das Resultat einer muskulären Umlenkung libidinöser Energie;

daß die Erklärung dieser Erscheinung im gesellschaftlichen Einbruch der sexualmoralischen Zwangsregulierung des Geschlechtslebens zu suchen und zu finden ist;

daß die Neurosen aus der patriarchalischen Veränderung der sozialen Ordnung hervorgehen und der Kapitalismus nicht eine Folge der Neurose ist, wie *Roheim* meint;

daß sich das Geschlechtsleben entsprechend natürlichen Gesetzen von selbst, sexualökonomisch ordnet, wenn es nicht behindert wird;

daß mit dem Einbruch der moralischen Zwangsregulierung auch ihr dauerndes ideologisches Motiv, die Notwendigkeit der Triebbeherrschung, hergestellt wird in Gestalt unnatürlicher, sekundärer, asozialer Triebe, wie etwa des Sadismus und Masochismus; das gilt für alle perversen Regungen. Die menschliche Brutalität gleicht einer Explosion, einem Ausbruch aus dem Kerker, in dem das menschliche Liebesleben gefangen ist.

Die Konfusion in *Roheims* Anschauungen, die gleiche, die in weniger grotesker Form überall dort die Psychoanalyse beherrscht, wo die naturwissenschaftlichen Entdeckungen der Psychoanalyse mit der moralistischen Weltanschauung des Psychoanalytikers in Konflikt geraten, geht klar daraus hervor, daß er auf der einen Seite das Fehlen des Sadismus selbst behauptet und belegt, dann aber wieder anläßlich der Beschreibung eines patriarchalischen Stammes der *Aranda* berichtet: ·

»Bei dieser Gesellschaftsordnung kann ein Mann immerzu neue junge Frauen bekommen, sei es durch rohe Gewalt, sei es durch sein Ansehen als Häuptling ... Die sadistische Komponente der männlichen Sexualität kann also gut abreagiert werden. Männer und Frauen verfügen über eine natürliche Grausamkeit.« (S. 371)

Somit ist alles in Ordnung, auch bei uns! Der Sadismus ist eine natürliche Komponente des männlichen Geschlechtslebens, und der ungarische Bojar darf weiter seine Frau prügeln, genauso wie bei den *Aranda*, denn hier hat *Roheim* »gezeigt, was für ein glückliches, ungetrübtes Sexualleben die *Aranda* führen; der Mann, jeder Zoll ein Mann, ist Herr und Vater seiner Frau«. (S. 385). Das ist keine Politik und keine Weltanschauung, sondern »objektive Wissenschaft!« So denkt die gesamte alles menschliche Leben verneinende Wissenschaft. Aber diese Anschauung kann nicht mehr das Recht der Objektivität für sich in Anspruch nehmen und unsere Arbeit mit dem Vorwurf der politischen Befangenheit zu desavouieren versuchen.

5. WESHALB GEWINNT ROHEIM BEDEUTUNG?

Es ist schwierig, in einer wissenschaftlichen Polemik die Sache völlig von ihrem Vertreter zu trennen; wie wir gesehen haben, hängt eine wissenschaftliche Anschauung nicht in der Luft, sondern ist untrennbar verknüpft mit Struktur, Denken und sozialer Stellung des betreffenden Wissenschaftlers. Ich halte es für richtig, an jeder geeigneten Stelle zu betonen, daß es nicht darauf ankommt, ob eine Wissenschaft von der menschlichen Natur einer Weltanschauung entspringt und durch sie gefärbt ist; daß dies nicht anders sein kann, ist jedem Wissenschaftler klar; wohl aber ist entscheidend, mit *welcher* Weltanschauung sich eine wissenschaftliche Tätigkeit verbündet; mit der, die das Wissen, die ganze Persönlichkeit des Forschers und oft auch seine Existenz und sein Leben in den Dienst der Erforschung des Seins stellt, oder mit der, die alles tut, buchstäblich alles, von der harmlosen falschen Theoriebildung über den Boykott des Gegners und wissenschaftlichen Raub an ihm bis zu reaktionären Taten und Manifesten, um zwar den Nimbus der Wissenschaft für sich zu sichern, aber im übrigen jedes Stückchen mühsam errungenen Wissens zu verschleiern, abzubiegen, seine Konsequenz zu vermeiden. *Roheim* ist ein glänzendes Beispiel solcher Art der Wissenschaft und ist *deshalb* wichtig. Aus dieser Diskussion lassen sich klar die zukünftigen Aufgaben der Sexualökonomie ablesen.

Wir wollen sie kurz zusammenfassen:

Die Aufrechterhaltung und weitere Fortführung der psychosoziologischen Methode der Forschung ist derzeit eine der wichtigsten Aufgaben jedes Kulturforschers und -politikers. Wir stehen vor der Aufgabe, eine Frage endgültig theoretisch und praktisch zu lösen, die seit Jahrtausenden die Menschheit unbewußt und bewußt beherrscht: *Kann es eine gesellschaftliche Ordnung, die ihre Funktion, die Regelung der menschlichen Beziehungen und die Sicherung der Bedürfnisbefriedigung, erfüllen soll, ohne Sexualunterdrückung, Sexualverdrängung und Panzerung geben?*

Die ganze bisherige Kulturforschung behauptet, daß es gesellschaftliche Ordnung bei Triebfreiheit nicht geben kann. Dagegen behauptet und beweist die Sexualökonomie nicht nur, daß es das gibt und geben kann, sondern vielmehr, daß mit der sexualökonomischen Regulierung des Liebeslebens, welche restlose Sexualbejahung anstelle der Sexualverneinung zur ersten Voraussetzung hat, sich zum ersten Male einige der großen Fragen der Menschheit lösen lassen werden, die heute ihr Leben bedrücken; daß mit dem sexualökonomischen Liebesleben der arbeitenden Bevölkerung der Erde die soziale Demokratie und wirkliche *Massen*kultur erst beginnen kann. Da existierende Widersprüche zu einer Lösung drängen und sie schließlich auch immer finden, so kann der Widerspruch zwischen Sexualität und Moral, Natur und Kultur, Sexualleben und Arbeitsleistung, Individuum und Kollektiv prinzipiell keine Ausnahme bilden.

Hierher gehören folgende Detailfragen:

1. Die Sexualunterdrückung, unter der die Massen der Menschen stehen und die sich als Aberglauben, Mystik jeder Art, Denkhemmung, Autoritätsfurcht, blinder Gehorsam, Opferbereitschaft für die Unterdrücker etc. etc. äußert, ist die mächtigste Waffe jeder Form von Tyrannei. Das sexuelle Erwachen der breitesten Massen, das auch das Bewußtsein ihres wirtschaftlichen Elends entbindet, bedeutet das *endgültige* Ende der Tyrannei.

2. Die gesellschaftliche Sexualunterdrückung schafft die Leiden, die eine Massenseuche bilden. Eine massenmäßige Prophylaxe seelischer Erkrankungen hat die Aufhebung der Sexualunterdrückung zur wichtigsten Voraussetzung.

3. Die Sexualhemmungen und -störungen zerrütten die menschliche Intelligenz, den menschlichen Mut und Realitätssinn, die menschliche Arbeitskraft. Die Kluft zwischen der Leistungs*fähigkeit* der Menschen und ihren effektiven Leistungen und Arbeitsinteressen ist riesenhaft. Eine Lösung der Frage einer rationalen, frohen Zusammenarbeit im Arbeitsprozeß ist ohne soziale Sexualökonomie unmöglich. Ist dies falsch, dann sind die ganze Charakteranalyse und die Orgasmuslehre falsch.

4. Der Fortbestand der Mystik in jeder Form ist eine Frage des Fortbestandes der Panzerung des bioenergetischen Systems und der Sexualunterdrückung. Solange die sexualökonomische Regelung des Geschlechtslebens nicht hergestellt ist, ist mit einer großangelegten Lösung dieser Fragen nicht zu rechnen.

5. Jedes gesellschaftliche System reproduziert sich ideologisch in der Charakterstruktur seiner Mitglieder, und die Strukturbildung ist im wesentlichen eine Frage der sexuellen Strukturierung. In Sowjetrußland, wo die Tendenz zur entsprechenden sexuellen Umstrukturierung in den Jahren 1918 bis 1923 deutlich, jedoch den Führern der Revolution nicht bewußt, durchbrach, herrscht heute (1931), und zwar fortschreitend, ein Widerspruch zwischen der wirtschaftlichen Grundlage des Sozialismus und der menschlichen Strukturbildung, der eine Rückentwicklung der ersten Ansätze zu einer sozialistischen Kultur zur Folge hat[1].

1. Eine genaue Begründung dieser Behauptung ist in Vorbereitung. (Vgl. »Die sexuelle Revolution«, 1967).

Die Anpassung des Menschen an das sozialistische Wirtschafts-system muß dort im wesentlichen als mißglückt bezeichnet wer-den. Da sich aber jedes gesellschaftliche System entweder in den Menschen libidinös reproduziert oder aber, wenn es das nicht tut, sich selbst gefährdet; da nur die Menschen, nicht aber die toten Produktivkräfte, das treibende Material des gesellschaftlichen Prozesses sind (was *Marx* genau wußte, wenn er seine Lehre auf dem Unterschied zwischen lebendiger und toter Produktivkraft basierte), ist die Frage der Sexualökonomie für die Sowjetunion von lebenswichtiger Bedeutung.

Diese der Erforschung harrenden Probleme rechtfertigen unseren Willen zu unnachgiebiger, rücksichtsloser Kritik und ernster, kompromißloser Arbeit. Unser Weg ist mühsam und sozial heute gefährlich, die Erreichung des Zieles deshalb sehr unsicher, die Widerstände gerade der maßgebenden und verantwortlichen Füh-rer der heutigen politischen Parteien ebenso wie der wissenschaft-lichen Kreise sind ungeheuer.

Unsere Kenntnisse vom menschlichen Sehnen, von menschlicher Struktur und ihren Widersprüchen, von den Hindernissen, den inneren sowohl wie den äußeren, die der Erreichung einer arbeits-demokratischen, rationalen Gesellschaftsordnung im Wege ste-hen, befähigen uns besser als bloß gefühlsmäßiges Wollen, uns Schritt um Schritt durchzukämpfen. Was heute unglaublich klingt, wird einmal zu den einfachsten Selbstverständlichkeiten gehören. Wir »schwimmen gegen den Strom«, haben aber dabei ehrfurchtgebietende Vorbilder. Daß wir hier und dort irren, ist sicher. Daß wir eben im Begriff sind, die Geheimnisse einer meh-rere Jahrtausende alten Kulturbarbarei zu enthüllen und die se-xuelle Revolution der Zukunft praktisch zu beginnen, ebenso.

Index

Wilhelm Reich
Die Funktion des Orgasmus

Sexualökonomische Grundprobleme
der biologischen Energie

Mit der »Funktion des Orgasmus« beginnt eine Neuausgabe der
Werke des Psychoanalytikers und Naturwissenschaftlers Wilhelm
Reich, die seit ihrem Verbot im Dritten Reich (mit Ausnahme der
»Sexuellen Revolution«, 1966) in Deutschland nicht wieder erschienen sind. Reichs Arbeiten, schon bei ihrem ersten Erscheinen
so unkonformistisch, daß sie, wie Reich später schrieb, »von den
Kommunisten ebenso verboten (wurden) wie von den Faschisten,
von polizeilichen Instanzen ebenso angegriffen und angeklagt
wie von Sozialisten und Bürgerlich-Liberalen«, sind heute noch
genauso revolutionär. Radikaler als alle Sexualkritik, die augenblicklich vielfach entstellt und zögernd ins öffentliche Bewußtsein
dringt, hat Reich die zentrale Bedeutung der Sexualökonomie für
den Einzelnen und die Gesellschaft erkannt. Über Freud hinaus,
der die Notwendigkeit der Triebsublimierung für die kulturelle
Entwicklung postuliert, stellt Reich die Frage nach den gesellschaftlichen Bedingungen der Neurosenentstehung und kommt zu
der Feststellung, daß jede Neurose die Folge einer gestauten
Sexualenergie ist, deren Verdrängungsmechanismen von der autoritären Familien- und Ehestruktur automatisch erzeugt werden.
Er weist nach, daß die orgastische Potenz gleichzeitig soziale
Potenz ist, die eine Humanisierung und ungestörte Leistungsfähigkeit erst garantiert. Die Auswertung seiner klinischen Arbeit
führt Reich zu einer grundsätzlichen Aufklärung des Orgasmus-
reflexes, dessen biologische Abläufe er eingehend analysiert und
zum Ausgangspunkt der Vegetotherapie macht, die die muskulären und charakterlichen »Panzerungen« löst und die unterdrückte Genitalität freisetzt. Er fordert zur Neurosenverhütung
(die für ihn gleichbedeutend ist mit einer Verhütung faschistischer
Ideologie) eine der Sexualökonomie entsprechende Gesellschaft,
die von den Zwängen einer zu eng konzipierten Institutionalisie-
rung befreit.

Kiepenheuer & Witsch

Wilhelm Reich
Charakteranalyse

Als 1933 nach der »Funktion des Orgasmus« (1927) Wilhelm
Reichs zweites bedeutendes Werk »Charakteranalyse« erschien,
wurde die Arbeit von vielen Psychoanalytikern als »das Beste
und Durchdachteste, was über die Psychotherapie gesagt worden
ist« begrüßt. Kurz darauf jedoch wurde die Verbreitung des Buchs
im faschistischen Deutschland verboten, und 1934 schloß die
Internationale Psychoanalytische Vereinigung Reich aus. Reich,
der seine Einsicht in die sexualökonomische Struktur der Neurosen und Psychosen immer konsequenter verfolgte und metho-
disch begründete, wurde zum Außenseiter. Erst 1945 erschien die
»Charakteranalyse« erneut in den USA. Heute beginnt die internationale Wissenschaft Reich wiederzuentdecken. Die Rezeption
seiner Arbeitsergebnisse wird auch für die deutsche Psychoanalyse unvermeidlich sein. Im Gegensatz zur »Funktion des Orgasmus« ist die »Charakteranalyse« ein Lehrbuch. Es ist für den
Analytiker geschrieben, entwickelt exakt – wieder an Hand zahl-
reicher klinischer Beispiele – die besondere therapeutische Technik Reichs. »Charakteranalyse« ist für Reich Widerstandsanalyse,
weil sich der neurotische Charakter als ein Abwehrsystem erweist,
in dem sich seit der Kindheit Defensivangst in verschiedenen Ent-
wicklungsschichten verfestigt hat. Gegen die vorschnelle Freud-
sche Deutungsanalyse setzt Reich die kontrollierte Verhaltens-
analyse, die sich vom Körperausdruck zu den vielfältigen Schichten der Verdrängung vorarbeitet. Bei dieser analytischen Arbeit
entdeckte Reich den Zusammenhang zwischen gebundener psy-
chischer Energie und physiologischer Spannung. Er stellte fest, daß
die Lösung von Muskelverkrampfung Sexualenergie freisetzt, die
Fehlverhalten abbaut, und entwickelte von daher das Verständnis der vegetativen Strömungen, das die Basis seiner späteren
Biopsychiatrie oder Orgontherapie wurde.

Kiepenheuer & Witsch

Wilhelm Reich
Die Massenpsychologie
des Faschismus

1933 erschien Reichs »Massenpsychologie des Faschismus« zum
erstenmal. Das Buch kam zu spät, um noch viele Leser zu erreichen: es wurde zur Lektüre der Emigranten und blieb notwendig
folgenlos. Inzwischen läßt sich eine Kritik des Faschismus (nicht
nur des deutschen, sondern der faschistischen Struktur überhaupt)
ohne Reich nicht mehr denken. Reichs klinisch und soziologisch
geschulter Blick durchschaute den fundamentalen Zusammenhang
zwischen autoritärer Triebunterdrückung und faschistischer Ideologie. Er analysierte die Gestik, Phraseologie, die moralischen
Schemata und Aktionen der »Hitlerei« und wies in ihnen die Verschiebung von Sexualangst zu einem Mystizismus nach, der die
Freiheitsfähigkeit des Menschen in einem irrationalen Mechanismus chronischer Abhängigkeit pervertiert. In der 3., erweiterten
und korrigierten Ausgabe der »Massenpsychologie«, die Reich 1942
in den USA abschloß, ist die erste Fassung enthalten. Aber die
Enttäuschung über die aufgehaltene revolutionäre Entwicklung
und die damit verbundene antisexuelle Haltung in Sowjetrußland
hat die Perspektive in einigen wichtigen Punkten verändert. Reich
sieht den Faschismus jetzt nicht mehr auf einzelne Staaten und
Regierungen beschränkt, sondern erkennt ihn als Phänomen der
modernen Massengesellschaft überhaupt. In einem neuen Abschnitt deckt er faschistische Züge in der Propaganda der Sowjets
und das Eindringen reaktionärer Herrschaftsformen seit der Fixierung der »Sowjetdemokratie« von 1935 auf. Dem »Kulturbol-
schewismus« der »Massenpsychologie« von 1933 stellt er das
alternative Konzept einer Kulturrevolution durch die »Arbeitsdemokratie« gegenüber, die auf der gesellschaftlichen Selbst-
bestimmung aller Arbeitenden basiert. Die Grundthese Reichs
bleibt auch in diesem erweiterten Konzept bestehen: daß eine
Überwindung des Faschismus nur möglich ist durch eine rationale
Neuregelung der Sexualökonomie der Gesellschaft.

Kiepenheuer & Witsch

In Vorbereitung:

Wilhelm Reich
Ausgewählte Schriften

Wilhelm Reich
Die Krebsbiopathie

Kiepenheuer & Witsch